KB152016

공기의 연구

「空気」の研究

공기의 연구

펴낸날	1판 1쇄 2018년 2월 20일
	1판 2쇄 2019년 3월 15일
지은이	야마모토 시치헤이
옮긴이	박용민
펴낸이	윤미경
펴낸곳	헤이북스
출판등록	제2014-000031호
주소	경기도 성남시 분당구 황새울로 234, 607호
전화	031-603-6166
팩스	031-624-4284
이메일	heybooksblog@naver.com
책임편집	김영회
디자인	류지혜
마케팅	김남희
찍은곳	한영문화사

KUUKI NO KENKYU by YAMAMOTO Shichihei
Copyright @ 1977 by YAMAMOTO Reiko
All rights reserved.
Original Japanese edition published by Bungeishuju Ltd., Japan 1977.
Korean translation right in Korea reserved by Heybooks, under the license granted
by YAMAMOTO Reiko, Japan arranged with Bungeishuju Ltd.,
Japan through Linking-Asia International Inc.

이 책의 한국어판 저작권은 연아인터내셔널을 통해 일본 저작권자와 독점 계약한
헤이북스에 있습니다. 저작권법에 의해 한국 내에서 보호를 받는 저작물이므로
무단 전재와 복제, 광전자 매체 수록 등을 금합니다.

ISBN 979-11-88366-05-7 03300

이 책의 일부 또는 전부를 이용하려면 저작권자와 헤이북스의 동의를 받아야 합니다.
책값은 뒤표지에 적혀 있습니다. 잘못된 책은 구입하신 곳에서 바꾸어 드립니다.

공기의 연구

「空気」の研究

일본을 조종하는 보이지 않는 힘에 대하여

야마모토 시치헤이 지음 · 박용민 옮김

헤이북스

일러두기

1. 원서는 1977년에 출간되었지만, 이 책의 번역 작업은 1983년에 출간된 문고판을 사용했다.
2. 성서의 우리말 번역은 새번역 성서를 따랐다.
3. 외래어는 국립국어원 표기법에 따르는 것을 기본으로 했다. 고유명사의 경우 처음 한 번에 한해 원어를 병기했다. 관례로 굳어진 경우 우리말로 번역하지 않고 외래어를 그대로 차용해 썼다.
4. 《 》은 책의 제목이나 신문, 잡지의 이름 등을 나타낼 때 썼고, 〈 〉은 소제목이나 기사 제목, 예술 작품의 제목, 법률, 규정 등을 나타낼 때 썼다.
5. 모든 각주와 미주는 독자의 이해를 돕기 위해 옮긴이가 달았다.

'누구든지 물과 성령pneuma으로 나지 아니하면, 하나님의 나라에 들어갈 수 없다.'1

하나님의 나라라는 새로운 신적 체제神的 體制, Basileia tou Theou에 들어가려면 물과 성령 두 가지에 의한 회심回心이 필요하다.

신의 질서에 관한 예수의 이런 말씀을 조금 바꾸어 '사람은 공기pneuma와 물로 심적 전환에 이르지 아니하면 사람의 나라에 들어갈 수 없다.'고 하면, 그것이야말로 일본에 잘 들어맞는 말이 된다. 공기와 물로 끊임없이 심적 전환을 이룸으로써 항상 새로운 심리적 질서에 들어가는 일본적 인간 체제Basileia tou Anthrop의 표본을 찾고자 하는 것, 그것이 이 책의 주제다.

---

1   요한복음 3장 5절. (저자가 인용한 '프네우마', '바실리아 토우 테오' 등은 그리스어 단어의 알파벳 표기다.)

2017년 3월 도쿄에서 외신 기자회견이 열렸다. 아베 총리와 부인 아키에昭惠 여사가 연루된 의혹을 받는 사학 스캔들과 관련해, 가고이케 야스노리籠池泰典 모리토모 학원 이사장은 '어떻게 국유지를 그토록 헐값에 살 수 있었나'라는 외국인 기자들의 질문에 '총리가 직접 지시하지는 않아도 (주변 사람들의) 손타쿠忖度가 있었을 것'이라고 답했다. 같은 해 11월, 야후 재팬은 한 해 동안 어떤 단어가 특별히 많이 검색됐는지 조사해 '손타쿠'를 올해의 유행어로 선정했다. 손타쿠라는 단어도 번역이 불가한 일어 표현 중 하나로 알려져 있다. 그것은 '상대의 심중을 헤아리는 것' 또는 '구체적으로 지시를 내리지 않았지만 스스로 알아서 그 사람이 원하는 방향으로 행동하는 것'을 의미한다. 이런 식으로 말없이 이루어지는 일본식 의사소통을 가능케 해주는 메커니즘이 이른바 '공기'다.

야마모토 시치헤이가 1977년에 집필한《'공기'의 연구》는 40년의 세월이 지난 지금도 일본을 더 깊이 탐구하려는 사람들에게 길잡이 역할을 충실히 해내는 일본론의 교과서다.[i] '공기'와 '물'이라는 수사적 표현을 '프네우마'와 사회적 '소화효소'의 작용에 대한 설명으로 연결한 저자의 주장이 기이하리만치 독특한 설득력을 지니는 것은 단지 그의 인문학적 상상력의 기발함 때문만이 아니라 밑바닥까지 파고드는 그의 분석의 집요함 덕분이다. 모든 것을 대립 개념으로 파악하며 철저한 상대화를 추구하는 서구 사회가 고정적 규범의 지배를 받는 반면, 상황 윤리의 가변적 잣대를 사용하는 일본 사회가 절대자의 존재를 필요로 한다는 역설을 지적해낸 그의 관찰력은 촌철살인寸鐵殺人적이기까지 하다.

외부의 펀디를 보지 않는 전통이 스스로의 '펀디'를 보는 것을 불가능하게 만든 것이리라. 그리고 이것이 서너 번 전환을 거듭하게 되면 언젠가는 스스로 그 힘을 잃고 '생각과 삶이 괴리되지 않는' (평온한 상태라기보다는) 일종의 정체 상태에 접어들고 쇄국적 사회가 재현되지 않을까.

이와 같은 저자의 예언은 지금 일본의 모습에 견주어 보더라도 적확한 것이어서 섬뜩한 느낌마저 든다. 이 책을 읽기 전, 내 눈에 비친 일본 사회의 가장 낯선 모습도 바로 이 '평온한 정체 상태'였기 때문이다.[ii]

허구가 존재하지 않는 사회는 없을 뿐더러 인간을 움직이는 것이 허구라는 것, 아니 실은 허구뿐이라는 것도 부정할 수 없다. 그러니까 '그 어떤 힘'이 거기에 작용하는 것은 당연하다. 연극이나 제사 의식을 예로 들면 누구나 쉽게 알 수 있을 것이다.

이 책의 이러한 대목은 최근 들어 큰 인기를 끌고 있는 이스라엘 역사학자 유발 하라리Yuval Noah Harari가 저서 《사피엔스Sapiens: A Brief History of Humankind》와 《호모 데우스Homo Deus: A Brief History of Tomorrow》를 통해 펼친 주장과도 맞닿아 있다. 하라리는 인류가 대규모 집단으로 협력을 할 수 있었던 이유가 수만 년 전 이른바 '인지 혁명'을 통해 공통의 신화라는

'허구'를 만들어내는 능력을 개발했기 때문이라고 주장했다.[iii] 이런 관점에서 본다면 일본의 '공기'는 일본 사회가 다른 어떤 집단보다 더 정교하고 순조롭게 작동하도록 만들기 위해 구성원들이 발명해낸 '허구' 또는 '신화'라고 해야 할지도 모른다. 하라리 식으로 표현하자면, 일본의 '상호주관적 의미망'의 그물코가 유난스레 (일본인들 스스로도 이상하다고 여길 만큼) 촘촘해서 큰 힘을 발휘하고 있다고 할까.[iv]

　　일본인들이 사용하는 '공기'라는 표현을 우리말로 굳이 번역하자면 '분위기' 정도가 될 것이다. 그걸 어떤 각도에서 보건, 또는 뭐라고 부르건 간에 다중多衆을 휘어잡는 눈에 보이지 않는 정체불명의 강압적인 힘은 일본에만 있는 게 아니다. 아니, 오히려 사적 영역에까지 미치는 강력한 획일화의 힘은 어쩌면 우리나라에서 더 폭력적인 힘을 발휘하고 있는지도 모른다. 나의 어느 지인은 선행 학습이 난무하는 우리나라의 사교육 행태를 영화관에 비유했다. 앞쪽 사람이 더 잘 보겠다고 자리에서 일어나니까 너 나 할 것 없이 다 일어선 채 영화를 관람하는 이상한 극장. 우리나라의 출산율 하락에도 큰 역할을 하고 있는 이 사교육 붐을 조장하고 있는 것은 특정 인물이나 구체적인 정책이 아니라 한국 사회의 분위기다.

　　유전자-문화 공진화 이론의 바탕을 마련한 생물학자 리처드 도킨스는 개체의 기억에 저장되거나 다른 개체의 기억으로 복제될 수 있는 비유전적 문화 요소 또는 문화의 전달 단위를 유전자gene에 빗대어 밈meme이라고 불렀다. 밈은 문화를 복제시키는 복제자이고, 개인이나 집단의 뇌에서 다른 사람들의 뇌로 전달되면서 널리 전파된다. 도킨스는 밈이 전달하는 문화의 예로 노랫가락, 캐치프레이즈, 패션, 항아리를 만드는 방법,

아치 건설 등을 들었다. 정보 기술IT 혁명이 사회 관계망 서비스SNS의 폭발적 유행으로 이어지면서 밈은 과거 어느 때보다 강력한 복제력을 지니게 되었다. 우리나라에서 단순하고 선명한 밈이 그 논리적 옳고 그름과 무관하게 강력한 힘을 발휘하는 배경에는 대한민국 국민이 전 세계에서 가장 조밀한 고성능 정보 통신망으로 묶여 있다는 사정과도 무관하지 않아 보인다.

이것이 이 책을 우리말로 번역한 첫 번째 이유다. 오르테가 이 가세트José Ortega y Gasset가 1930년에 이미 평범함을 추구하는 대중이 자발적으로 피지배자로 전락하는 현상을 날카롭게 분석했지만, 사람들이 무형의 분위기에 집단적으로 지배당하는 일본 특유의 이유를 찾고자 애썼다는 점에서 야마모토 시치헤이는 선구적인 역할을 했다.

일본인론을 쓰는 서구인들은 흔히 일본과 서구의 비교에서 일본의 정체성을 발견하려 애쓰는 실수를 범한다.[v] 이어령 선생은 저서《축소지향의 일본인》에서 이와 같은 현상을 날카롭게 지적한 바 있다.[vi] 재미있는 사실은, 일본인들도 서구와 일본의 비교가 일본의 정수를 보여주리라고 굳게 믿는 것처럼 보인다는 점이다. 도이 다케오土居健郎의 1971년 명저《아마에甘え의 구조》라는 책도 그러했다.[vii] 아쉽지만, 야마모토 시치헤이도 이러한 유구한 전통을 벗어나지 않는다. 그는 '공기'의 조성 과정과 그 배경에 관하여 '우리(일본)'와 '그들'을 대비시키고 있는데, 여기에서 그들이란 헬레니즘과 헤브라이즘의 세례를 받은 서구 사회를 가리키며, 편의상 저자는 많은 경우 유대인과 서구인을 하나로 묶어서 취급하고 있음에 주목할 필요가 있다. 이 책이 출간된 지도 어언 40년이 흘렀지만 일본인

의 탈아시아적 사고는 아직도 크게 변하지 않은 것처럼 보인다.

그것이 이 책을 우리말로 번역한 두 번째 동기다. 이웃은 스스로를 비춰보는 가장 선명한 거울이다. 한국의 '분위기'와 일본의 '공기'를 비교하는 작업은 양국에서 발휘되는 무형의 집단적 압력의 정체를 밝혀내는 데 도움을 줄 것이고, 멀리 떨어진 나라들과 비교할 때에 비해 훨씬 더 큰 도움을 줄 것이다. 두 나라에 공히.

그런 점에서 야마모토 시치헤이의 《공기의 연구》가 우리나라의 독자들에게 던지는 것은 해답이 아니라 질문일 것이다. 이 책이 던지는 질문이 우리 독자들의 머릿속에 더 많은 물음표를 만들어내고, 그것이 궁극적으로는 우리 사회를 더 정의롭고 명랑하게 만들 수 있는 깨달음과 실천으로 이어지기를 비는 마음으로, 나는 이 책을 번역했다.

몇 해 전에 헨리 키신저Henry Kissinger 박사의 저서를 번역할 때도 느꼈던 점이지만, 어려운 문장으로 쓰인 책을 만난 번역자는 번역서가 아닌 해설서를 쓰려는 유혹을 받는다. 《공기의 연구》에는 종종 야마모토 시치헤이가 자신만의 개념을 만들어 보통의 어휘에 그 독특한 의미를 덮어씌우면서 거기에 대한 설명은 인색한 대목이 등장한다. 저자의 불친절함으로 생겨난 문장과 문장 사이의 비약을 번역 과정에서 메우고 싶은 유혹에 저항하면서 저자의 문체를 가급적 살리려 애썼다. 저자의 숨결을 독자에게 전하는 것이 번역자의 소임이라고 여겼기 때문이다.

일본 사회를 이해하고 싶으면 꼭 읽어보라며 이 책을 권해준 이시카와 히로시 심의관과 출판을 흔쾌히 결정해준 헤이북스의 윤미경 대표께 이 번역서는 가장 큰 빚을 졌다. 고백컨대 나의 부족한 일어 실력으로 이 책을 번역한다는 것은 턱없는 만용이었다. 귀한 조언을 주신 조세영 교수, 사카모토 토미오 총영사, 노자키 모네토시 후지TV 업무부장, 심준보 판사, 신상목 대표, 서명진 교수, 이원경 박사, 이지훈 서기관, 정지훈 사무관, 성호철 기자, 문재연 기자, 박시은 행정관 등 동학 제현께 감사드린다. 그래도 남아있을지 모르는 번역상의 오류는 물론 역자만의 몫이다.

박용민

차례

공기의 연구

1.

꽤 오래전 일이다. 어느 교육 잡지의 기자가 찾아와 나에게 '도덕 교육'에 관한 의견을 물은 적이 있었다. 질문의 내용은 차치하고 우선 '도덕 교육'이라는 말의 의미가 분명치 않았기 때문에 나는 이렇게 말했다.

"일본 사회에 도덕이라는 규제가 있는 건 사실이죠. 다나카田中角栄² 총리가 사직하게 된 원인은 정책의 파탄보다는 오히려 도덕적 문제에 있었다고 봅니다. 닉슨 대통령의 경우도 물론 그렇습니다만 …… 도덕은 한 나라의 총리가 사직할 수밖에 없도록 만들 정도로 강력한 것이죠. 이런 걸 보더라도 규범은 틀림없이 존재하니까, 그게 어떤 규범인지 가르쳐두지 않으면 아이들이 사회에 나와서 매우 곤란해질 거라고 생각합니다. 말하자면 '현실 사회에는 이런 규범이 있다.'는 사실을 하나의 지식 내지 상식으로 체계적으로 가르쳐주어야 할 의무가 교사에게 있는 거죠. 안 그러면 아이들이 불쌍해집니다."

그랬더니 그 기자는 "네, 그럼 도덕 교육에 찬성이시네요. 요즘은 대체로 그런 공기입니다."라는 참으로 기묘하고 의미도 분명치 않은 말을 하더니 "그럼, 어디서부터 시작하는 게 좋을까요?"라고 물었다.

---

2 다나카 가쿠에이(1918~1993)는 1972~1974년간 총리대신을 지낸 일본의 정치인이다. 총리 재임 중이던 1972년 중국과의 국교를 수립하는 데 결정적 역할을 했지만, 1974년 정치자금 문제로 사임한 후 록히드 사건 관련 뇌물 수수 혐의로 1976년 기소되어 1983년 유죄판결을 받고 벌금과 4년의 징역형을 선고받았다. 실제 복역은 하지 않았다.

나는 "간단합니다. 우선, 일본의 도덕은 차별의 도덕이라는 현실을 설명하는 데서 시작하는 게 좋겠다고 생각합니다."라고 대답했다. 그런데 이것이 완전히 의외의 대답이었던지, 그는 어처구니없다는 표정으로 나를 보면서 이렇게 말했다.

"그, 그, 그런 말, 그런 말을 했다간 큰일 납니다."

"어째서 그런가요? 저는 뭔가를 '차별하라'고 주장하는 게 아니라, 단지 '차별의 도덕이 있다'는 사실을 있는 그대로 아이들에게 전해주는 것이 우선이라고 말하는 것뿐입니다. 사실을 사실 그대로 말하고, 그것이 사실이기 때문에 그대로 입에 담는 것일 뿐인데, 말을 하는 것 자체가 큰일 날 일은 아니겠죠. 큰일인 것은 내가 입에 담든 아니든 큰일인 것이죠."

"그렇게 말할 수는 있겠습니다만…… 글쎄 이론은 그렇지만, 현장의 공기로 본다면…… 그럼, 어떤 사례가 있을까요?"

나는 간단한 실례를 들었다. 그것은 미쓰비시 중공업 폭파 사건[3] 당시 어느 외국 언론 특파원이 쓴 기사였다. 그 기사에 따르면 도로에 중상자들이 쓰러져 있었는데도 사람들은 말없이 방관했다. 군데군데 몇 사람들이 피해자에 달라붙어 부지런히 보살핀 사례도 있긴 했지만 나중에 알아보니 이들은 모두 그 사람이 속한 회사의 동료, 즉 '지인'들이었다. 여기에서 그 특파원은 아는 사람과 모르는 사람에 대한 명확한 '차별의 도덕'을 보았다. 이것을 하나의 도덕률로 표현한다면 '인간은 자신이 아는 사람과 모르는 사람으로 나뉜다. 위급한 어려움에 처한 사람이 만일 지인이라면 온갖 수단을 동원해 도와주라. 모르는 사람이라면 그런 상황을 목격하더라도 일체 묵살하고 상관하지 말라.'는 것이 될 터이다. 지인과 타인을 집단 내와 집단 외로 구분할 수도 있다. 모두가 그런 규범에 따라 움직이고 있는 것은 사실이기 때문에 그에 대한 비판은 논외로 하더라도, 그런 사실은 우선 있는 그대로 알려줄 필요가 있다. 그러지 않고는 그것을 극복할 수가 없다. 내가 말하려는 것은 그뿐이라고 말해주었다.

"그런 이야기는 절대로 할 수 없습니다. 다른 건 관두고서라도, 차별의 도덕이라니……."라고 기자가 말했다.

"그러면 당신은 예를 들어, 미쓰비시 중공업 폭파 사건 같은 경우를

---

3   《한겨레21》 제886호에 게재된 〈일본을 폭파한 일본인〉 기사를 요약 발췌한 내용을 살펴보자. '동아시아 반일무장전선'이라는 이름에서 사람들은 무엇을 떠올릴까? (생략) 이 조직에는 조선인·중국인은 없다. 모두 일본인이다. 그렇다면 당연히 의문이 생긴다. 일본 제국주의는 이미 1945년 8월15일에 무너졌는데, 1970년대에 왜 일본인들이 '자기부정'에 가까운 '반일'이라는 이름을 붙여 이런 조직을 만들어 활동했을까? 일본의 사회운동은 1960년대에 최정점을 찍었다. 그리고 1970년대에 몰락의 길을 걷게 된다. 그렇다면 이 조직은 일본 사회운동의 끝자락에 자리해 있는 셈이다. 운동의 끝자락답게 지금의 감각으로는, 아니 당시 일본 사회의 '평화로운' 시대감각으로는 이해할 수 없을 정도로 과격하고 급진적인 행동으로 일관돼 있다. 이른바 폭탄 테러다. 하지만 이 조직을 특징짓는 것은 과격함만이 아니다. 이 조직의 문제의식이다. 1960년 안보 투쟁 이후 셀 수 없을 만큼 많은 운동조직이 등장하고 사라졌지만 이 조직만큼 일본 제국주의를 '살아 있는 실체'로 받아들인 조직은 없다. 일본 제국주의가 1945년 8월15일에 사라졌다는 세간의 문제의식을 이들은 거부한다. 이들의 행적은 매우 격렬하다. 예를 들어보자. 동아시아 반일무장전선이라는 이름을 사용하기 전이었던 1971년 12월11일, 시즈오카에 있는 '관음상 흥아관상(興亞觀音) 순국7사비'에 폭탄을 설치해 비석을 파괴한다. (생략) 1974년 8월14일에는 미쓰비시 중공업의 도쿄 본사 건물을 폭파했다. 이 폭탄 테러로 통행인을 비롯해 8명이 사망하고 376명이 다쳤다. 이들은 범행 성명에서 폭탄 테러를 '미쓰비시를 비롯한 일본 제국주의의 침략 기업, 침략자에 대한 공격'으로 규정했다. 폭탄으로 죽거나 부상당한 사람들은 '무고한 일반 시민'이 아니라, '일본 제국주의의 중추에 기생하고 식민주의에 참여해 식민지 인민의 피로 비대해진 식민자'라 했다.

당하면 어떻게 할 건가요?"

"음, 그렇게 말씀하시니 참 곤란합니다. 할 말이 없어지네요."

"왜 곤란한가요? 왜 아무 말도 할 수 없게 되나요? 곤란할 이유는 아무것도 없잖아요? 있는 그대로 말하면 되는 건데 말입니다. 모두가 그렇게 하기 때문에 자기도 그렇게 하려고 생각하는 겁니다. 단지 그걸 말로는 절대 표현하지 않는 거죠. 일본의 도덕은 자기가 실제로 하고 있는 행동의 규범을 말로 표현하는 것을 금하고 있고, 그걸 말하면 설령 사실이라 하더라도 '말했다는 것을 부도덕한 행위'로 간주하는 겁니다. 그러니까 절대로 말해서는 안 되는 거지요. 이게 일본의 도덕이에요. 어른들은 모두 이렇게 하고 있습니다. 그게 올바르다고 생각하는 사람은 그렇게 하라고 말하면 되는 거죠."

"말도 안 됩니다. 그런 소리를 했다간 큰일 날 거라니까요."

"큰일 안 나요. 표현만 조금 바꾸면 말이죠. 모두가 그렇게 하는 건 미처 모르는 사이에 그렇게 배웠기 때문인 겁니다. 당신이 그런 반응을 보이는 것도 그렇게 배워 왔기 때문이에요. 모두들 체계적이 아니라 단편적으로 주변에서 벌어지는 각각의 사례에 대한 판단을 말로 표현하는 가운데 아이들을 계속 가르쳐 왔던 겁니다. 하지만 그건 하나도 '큰일 날 일'이 아니었던 거죠."

"듣고 보니 그렇긴 합니다만……."

"그럼 그렇게 쓰면 되잖아요. 당신도 방금 '듣고 보니 그렇다.'고 동의했으니까."

"아뇨, 아니에요. 우선 편집부가 받아들이지 않을 겁니다."

"왜 그런가요? 언론의 자유가 있는데."

"그건…… 말이 그렇다는 거지. 우리 편집부는 그런 이야기를 꺼낼 수 있는 공기가 아닙니다."

대단히 재미있다고 생각한 것은 당시 기자가 거듭 언급했던 '공기'라는 단어였다. 그는 정체 모를 '공기'라는 것이 자기 의지의 결정을 속박하는 상황을 받아들이고 있었다. 요컨대 그를 지배하고 있는 것은 사람들과 논의한 결과로 도출된 결론이 아니라 '공기'라는 것이었는데, 마치 사람이 진짜 공기로부터 도망칠 수 없듯이 그는 그것으로부터 자유로워질 수가 없었다. 그러니까 그가 결론을 내린다 하더라도 그것이 논리적 결과라서가 아니라 '공기'에 적합하기 때문이다. 채택 여부는 '공기'가 결정한다. 그러니까 뭔가가 '공기 때문'이라는 이유로 거부당하는 경우에는 반론할 방법도 마땅히 없다. 누구도 공기를 상대로 따질 수는 없기 때문이다. 확실히 '공기'라는 말은 어떠한 상태를 나타내기에 적절한 표현이긴 하다. 사람은 무색투명하고 존재를 의식적으로 확인하기 어려운 공기에 구속되는 것이 틀림없다. 그러니까 이유가 뭔지 알 수 없는 절대적 구속은 '정신적 공기'인 셈이다.

이전부터 나는 이 '공기'라는 단어에 신경이 쓰였다. 일단 신경을 쓰고 보니, 이 단어가 하나의 '절대적 권위'처럼 곳곳에 얼굴을 내밀면서 놀라운 힘을 발휘하고 있다는 사실을 알 수 있었다. '그런 결정이 이루어진 데 대해 비난이 있지만, 당시 회의의 공기는 ……', '그때 회의장의 공기로 말하자면 ……', '그 당시 사회 전반의 공기를 모르면서 비난하시는데……', '그 당시의 공기도 모르면서 잘난 척하지는 마.', '그곳의 공기는 내가 예상했던 것과 전혀 달랐다.' 등등 도처에서 일본 사람들은 어떤 일의 최종적 결정자가 '사람이 아닌 공기'라고 말하고 있었다.

놀랍게도, 《분게이슌주文藝春秋》 1975년 8월호에 게재된 〈전함 야마토大和〉(요시다 미쓰루吉田満4 감수 기사)에도 "전반적인 공기에 따르면 당시나 오늘날이나 (야마토의) 특공 출격은 당연하다고 생각된다."(군령부차장 오자와 지사부로小沢治三郎5 중장)라는 발언이 나온다. 이 글을 읽어보면, 전함 야마토6의 출동이 무모했다고 말하는 사람들은 모두 그렇게 판단하게 된 자세한 데이터, 즉 명확한 근거를 가지고 있다. 반면에 출격을 당연시하는 쪽의 주장에는 그런 데이터 내지 근거가 전혀 없고, 그들이 주장하는 정당성의 근거는 오로지 공기였다. 그러니까 여기에서도 모든 논의가 최종적으로는 '공기'에 의해 결정되었다. 최종 결정을 내리는 대목에서 '그럴 수밖에 없도록 만드는' 힘을 가진 것은 전적으로 공기였을 뿐, 다른 것은 없었다. 이것은 매우 흥미로운 사실이다. 이는 아마도 온갖 토론과 주장을 초월해 우리의 모든 것을 구속하고 있는 '무언가'가 있다는 증거이고, 그 '무언가'는 큰 문제에서부터 일상적인 문제, 또는 갑자기 당하는

---

4   요시다 미쓰루(1923~1979)는 영화와 대하드라마로도 제작된 〈전함 야마토의 최후(戦艦大和
ノ最期)〉의 원작 소설을 쓴 일본의 소설가다. 그는 해군 복무 경험을 바탕으로 일본의 전쟁 책임
문제 등에 관한 의견을 언론에 자주 개진했다.

5   오자와 지사부로(1886~1966)는 일본의 패전 당시 중장 계급으로 제국 해군의 마지막 연합함
대 사령관을 역임한 인물이다.

돌발 사고에 대한 대처에 이르기까지 우리를 지배하는 모종의 기준일 터이기 때문이다. 다시 앞으로 돌아가면, 미쓰비시 중공업 폭파 사건 당시 그 주변에 있던 사람들을 규제하고, 일정한 패턴의 행동을 취하도록 만든 것도 아마 '공기'였을 것이다. 그리고 그것을 입에 올리지 못하게 만드는 것도 '공기'일 것이다.

그렇다면 이 '공기'라는 것은 대체 무엇일까. 공기는 교육도 논의도 데이터도 그리고 아마 과학적 해명조차 당해내지 못하는 '그 무언가'다. 가령 앞에서 언급했던 '차별의 도덕'에 관해서, 만일 내 이야기를 들은 교사가 그 사례를 학생에게 자세히 설명하고 절대로 그런 식으로 행동하지 말라고 가르친다 하더라도, 학생은 고사하고 교사조차 정작 그런 일을

---

6   전함 야마토는 1941년 12월에 취역한 거대 전함으로, 기준 배수량 6만 9100톤에 만재 배수량이 7만 2809톤, 길이 263미터, 최대 폭 38.9미터, 증기터빈 4기 4축 추진으로 15만 마력에 최대 속도 27노트, 항속거리 16노트에서 7200해리, 연료 탑재량 6300톤, 승무원 2800명 규모였다. 연료 소모가 많은 거대 전함 야마토는 미드웨이, 마리아나, 레이테 등 전장에 출격했지만 별다른 전과는 올리지 못했고, 일본의 전세가 기울면서 항구에 묶여 있었다. 이런 상황에서 1945년 초 미군이 오키나와 문턱까지 이르자 일본 해군은 4월 6일 오키나와행 편도분의 연료 4000톤과 1170발의 주포탄으로 무장한 야마토를 출항시켰다. 그러나 이튿날 큐슈 남서쪽 약 200킬로미터 해상의 항모 베닝턴 및 호넷에서 출격한 132대의 미군 전투기와 50기의 급강하폭격기, 98기의 뇌격기가 야마토를 발견, 공격을 개시했다. 야마토는 많은 대공포와 주포에서 발사할 수 있는 대공포탄도 무장하고 있었지만 사격 관제와 포탑의 회전속도가 느려서 대공사격에 취약했다고 전해진다. 갑판에 명중한 4발의 폭탄으로 화재가 발생하고, 이로 인해 탄약고가 폭발하며 부포가 완파되었다. 거기에 좌현에 2발의 어뢰가 명중하여 침수가 시작되었다. 지속적인 어뢰 공격으로 침수가 심해지자 근처의 섬에 좌초시켜 해안포대로라도 사용하려고 애썼지만 결국 14시 경에 격침되면서 퇴함 명령이 내려졌다. 3000명에 달하는 승조원 중 구조된 인원은 269명뿐이었다.

자기가 당하게 되면 '그곳의 공기'에 지배되어 자신이 부정했던 바로 그 행동을 하게 될 것이다. 이런 사례는 전혀 드물지 않다. 나 자신도 지금껏 '이러이러한 것은 절대로 해서는 안 된다'고 말하고 가르쳐 왔던 사람이 막상 닥치게 되면 자기가 '해서는 안 된다'고 했던 일을 '하겠다'고 말하고, 심지어 '하라'고 명령까지 하는 예를 전쟁터에서 직간접적으로 몇 번이나 체험했다. 그리고 전쟁이 끝난 후에 그 이유를 물어보면 그 대답은 언제나 '그때의 공기로는 그럴 수밖에 없었다.'는 것이었다.

'그럴 수밖에 없었다'는 건 '강제되었다'는 뜻이니까 자신의 의지는 아니다. 그 사람을 강요한 것이 정말 '공기'였다면 공기의 책임은 그 누구도 추궁할 수 없고, 공기가 어떤 논리적인 과정을 거쳐 결론에 이르는지를 탐구할 방법은 없다. 그러니까 '공기'라고 부를 수밖에 없는 것이긴 한데, 이처럼 '공기' 대 '논리 및 데이터'의 대결에서 '공기가 승리하는' 과정이 매우 흥미롭다. 예를 들기 위해 전술한 '전함 야마토'의 경우를 좀 더 인용해볼까 한다.

주목할 점은 그 결정 과정에 등장하는 인물 모두가 바다와 배와 하늘에 관해서 모르는 게 없는 전문가들이었고 비전문가의 의견은 개입되지 않았다는 사실이다. 게다가 미군이라는 상대와는 1941년 이래 계속 싸워 오던 상황이었기 때문에 상대방의 실력도 완전히 파악하고 있었다는 점이다. 요컨대 베테랑급 엘리트 집단의 판단이었으며 무지나 식견의 모자람, 정보의 부족에 따른 착오 같은 것은 생각할 수 없었다. 먼저 사이판 함락 당시에도 야마토 출격 방안이 제시되었는데, '군령부軍令部는 전함이 도착할 때까지의 어려움과, 도착하더라도 주포의 발사가 가능하려면 기관·수압·전력 등에 차질이 전혀 없어야 한다는 등의 이유로 출격이라는 방안을 거부했'고 되어 있다. 그러니까 이치를 따지자면, 오키나와의 경우에는 사이판과는 달리 '차질 없이 도착할 수 있다'는 판단, 그 판단의 바탕을 이루는 객관적 정세 변화, 그것을 뒷받침하는 데이터 등이 있었던 것이 아니라면 전함 야마토의 출격은 논리적으로는 있을 수 없는 일이었다. 하지만 두 경우 사이에 그런 차이가 있었다고는 생각되지 않는다. 만일 사이판과 오키나와 두 경우의 데이터를 컴퓨터로 처리해 컴퓨터에게 판단을 맡긴다면, 사이판에서의 거부는 당연히 오키나와에서도 거부로 이어졌을 것이다. 그러니 이것은 앞서 인용한 '전반적인 공기에 따라서'라는 말이 보여주듯이 사이판 때 없었던 '공기'가 오키나와 때에는 생겨서, 그 '공기'가 결정을 내렸다고 생각할 수밖에 없다.

　　이것을 분명하게 보여주는 것이 작전참모 미카미三上[7]와 이토伊藤[8] 사령관의 대화다. 이토 사령관은 그 '공기'를 몰랐기 때문에 당시 이 작전을 납득할 수 없었다. 설명을 하고 있던 미카미 참모 스스로가 '어떤 상황에서도 적의 기동부대가 활개치고 다니는 외해外海에 무방비 상태의 함대를 내보내는 것은 작전으로서의 모양새를 갖췄다고는 말할 수 없다. 그

7　　야마토 전함 작전 당시 해군 중좌 계급으로 함대 작전참모였던 미카미 사쿠오(三上作夫, 1907~1996)를 가리킨다. 그는 야마토 전함의 작전에 참여하지 못했고, 패전 후에는 자위대 함대 사령관을 역임했다.

8　　이토 세이이치(伊藤整一, 1890~1945)는 야마토 전함 격침 당시 중장으로 제2함대 사령관을 역임하고 있던 해군 장성이다. 그는 1945년 4월 7일 야마토 격침 시 전함에 남아 전사했고, 전사 후 대장으로 특진했다.

것은 분명한 사실이다.'라고 생각하고 있었으니까, 그렇게 생각하는 사람의 설명에 이토 사령관이 설득을 당했을 리는 없다. 그 정도의 베테랑이 논리의 속임수 따위에 속아 넘어갔을 리도 없다. 하지만 "육군의 총반격에 호응하여 적의 상륙 지점 깊숙한 곳까지 쳐들어가 육상 병력으로 전환하는 문제까지 챙겨주시기 바란다."라는 말을 들은 그는 베테랑인 만큼 그 말이 의미하는 바를 더욱 잘 이해했을 것이고, 그것이 더는 논의의 대상이 되지 않는 공기의 결정 사항이라는 것도 알 수 있었다. 그 대목에서 그는 반론도, 의심에 대한 규명도 포기하고 "그렇다면 여부가 있겠는가. 잘 알겠다."고 답했다. 물론 이 '알겠다'는 의미는 상대의 설명을 논리적으로 납득할 수 있다는 의미가 아니었다. 출격이 불가능하다는 것은 이미 사이판 때 논증이 끝난 일이다. 따라서 그는 '공기가 결정했다는 것을 알겠다.'고 말한 것이고, 그렇게 된 이상 무슨 말을 하더라도 소용이 없으며, 따라서 '그렇다면 여부가 있겠는가.'라는 말밖에 할 수가 없었던 것이다.

그러면 이 문제에 관한 최고 책임자였던 연합함대 사령관은 전쟁이 끝난 후 뭐라고 말했을까. "전쟁이 끝난 후 본작전의 무모함을 힐난하는 여론이라든지 역사가의 논평에 대해, 저는 당시로서는 '**그렇게 할 수밖에 없었다**'고 답하는 것 이외의 변명을 할 생각은 없다."면서, 어떤 데이터를 바탕으로 그런 결정을 내렸는지는 명확히 밝히지 않았다. 당연한 것이, 그를 '그렇게 할 수밖에 없도록' 만든 것은 '공기'였기 때문이다. 이렇게 되면 '군에는 항명죄가 있어서 명령에 거역할 수 없기 때문'이라는 논리는 조금 미심쩍어 보인다. 오히려 일본에는 '공기거역죄抗空氣罪'라는 죄가 있어서 이것을 위반하면 가장 가볍더라도 '무라하치부村八分'9 형에 처해지기 마련이고, 이러한 사정은 군인이나 민간인, 전전이나 전후를 가리지 않고 적용된다고 생각한다.

'공기'라는 것은 엄청난 절대 권력을 지닌 요괴다. 일종의 '초능력'일지도 모른다. 어쨌거나 전문가들로만 이루어진 해군 수뇌부로 하여금 '작전으로서의 모양새를 갖췄다고 할 수 없음'이 '분명한 사실'인 일을 강행하도록 만들고, 나중에는 그 최고 책임자가 왜 그렇게 했는지 한마디도 설명할 수 없는 상태로 만들어놨으니, 숟가락을 구부리는 정도의 초능력에는 비할 수도 없는 노릇이다. 이쯤 되면 통계도 자료도 분석도 또는 그와 비슷한 어떤 과학적 수단이나 논리적 증거도 소용이 없어지니까, 제아무리 치밀하게 준비해도 정작 일이 벌어지면 이 모든 것들은 사라지고 '공기'에 의해 결정이 이루어지는 것인지도 모른다. 그렇다면 우리는 다른 무엇보다도 먼저 이 '공기'라는 것의 정체를 파악해야 할 것이다. 그러지 못하면 장차 어떤 일이 벌어질지 짐작조차 할 수 없게 될 것이다.

전쟁이 끝난 후에 이 공기의 위력은 쇠약해진 것일까, 더 강해진 것일까. 물론 '전쟁 전후 공기의 비교' 같은 것은 불가능하기 때문에 설명하기는 어렵지만, 공기는 지금도 변함없이 맹위를 떨치고 있다고 생각된다.

---

9   무라하치부란 에도시대에 촌락 공동체 내의 규율 및 질서를 어긴 자에 대해 집단이 가하는 소극적인 제재 행위를 가리키는 속칭으로, 오늘날에는 따돌림이나 이지메를 가리키는 용어의 하나로 사용되기도 한다. 무라하치부를 가하는 공동체는 지역공동체가 공동으로 협동하여 처리하는 행위 중 시신의 수습(시체를 방치하면 전염병의 원인이 되므로)과 화재 진화(목조건물이 많은 일본에서 화재는 공동체 전체에 대한 위협이므로) 등 두 가지 사항을 제외하고는 제재 대상자와 모든 교류를 끊었다.

더욱이 전쟁 후에는 '무드mood'라고 불리기도 해서, 예전 같으면 '회의장의 공기'라고 불렀을 것을 '당시 회의장의 전반적인 무드로 말하자면' 따위의 표현이 사용되기도 한다. 때로 이 '공기'가 맹렬한 돌풍의 형국을 이루면 그것을 '붐boom'이라고도 한다. 어찌 되었든, 이런 표현들은 전쟁 전후를 막론하고 지속적으로 사용되고 있는 '공기'와 같은 계통에 속하는 표현이라고 볼 수 있다. 게다가 이 공기(또는 무드)가 모든 것을 제어하고 통제하는 강력한 규범이 되어 사람들의 입을 막고야 마는 현상, 그것은 예나 지금이나 다름이 없다.

전문 학자가 공해 문제에 관해 설명한 어떤 소책자를 읽은 적이 있는데, 그 책에 등장하는 여러 사람이 "지금의 공기로는 아무래도 이런 내용을 매스컴에 밝힐 수는 없다."는 취지로 말하고 있었다. 특히 복합 오염 관련 금속의 경우 복합시키면 독성이 줄어든다는 데이터에 관한 이야기 같은 것을 들으면 비전문가인 나로서는 '독으로 독을 제어한다'는 뜻인지, 또는 이것이 '자연의 회복력'이라는 것인지 등등 공해를 극복하는 문제를 넘어 여러 방면으로 큰 흥미를 느끼게 된다. 이런 데이터는 마치 자료에 명확하게 '설명할 수 없는 공기'가 있기라도 한 것처럼 보인다. 이런 경향은 공해만이 아니라 모든 분야에 걸쳐 나타난다. 그러니까 만일 일본이 다시 파멸을 향해 돌입해 가고 있다면 그렇게 만들고 있는 주범은 전함 야마토의 경우와 마찬가지로 '공기'일 것이고, 파멸 후에도 만일 명목상의 책임자에게 그 이유를 묻는다면 똑같이 '그 당시에는 그렇게 할 수밖에 없었다.'고 답할 거라는 생각이 든다. 이쯤 되면 이 '공기'라는 것의 실체를 설명해야 할 필요성은 더욱 커진다. '공기'라고 일컬어지는 점을 감안하면, 그것이 모종의 힘을 지닐 수 있는 이유는 기압과도 같은 그 어떤 압력을 가지고 있기 때문이 아닐까 싶다. 사람들은 그걸 느낄 수 있기 때문에 '공기'라는 표현을 사용하는 것이다. 따라서 공기에 대항하여 논쟁을 벌인 논설을 그 공기가 사라져버린 이후에 읽어보면, 그때 사람들이 왜 그토록 열심히 반론을 주장했던 것인지 거꾸로 영문을 알 수 없게 되어버린다. 아주 최근의 예를 들자면《분게이슌주》(1974년 6월호)에 게재된 1984년 그룹[10]의 '민주연합정부강령 비판'을 들 수 있다. 이른바 '보혁 역전'이라는 공기 속에서 쓴 비판은 그 공기가 안개 걷히듯 흩어져 사라지자 역으로 거기에 대한 정연한 반론이 기묘해 보이는 것이다. 같은 이야기를 전함 야마토에 관해서도 할 수 있을지도 모른다. 만약 야마토의 경우에 무모한 출격은 쓸데없는 죽음을 초래하리라는 반론에 의해 출격이 중단되었다면, 나중에 그것을 읽는 사람은 '전문가인 해군이 역시 전문가인 다른 해군에게 무엇 때문에 이처럼 아마추어조차 쉽게 알 만한 소리를 열심히 주장해야만 했던 걸까'라는 매우 이상한 느낌을 받을 수밖에 없었을 것이다.

　나는 20년쯤 전에 실험용 원자로 도입의 필요성을 설명한 치타니

10　익명의 일본 보수파 지식인 그룹으로, 1974년부터 1977년까지《분게이슌주》지상에〈일본공산당 민주연합정부강령 비판〉(1974년 6월호),〈일본공산당 재비판〉(1974년 8월호),〈일본의 자살〉(1975년 2월호),〈현대의 마녀사냥-일본 사회는 제정신이 아닌가〉(1975년 12월호),〈마녀사냥 사고의 표본-'현대의 마녀사냥'에 대한 반론을 읽고〉(1976년 2월호),〈부패의 연구〉(1976년 6월호),〈일본의 성숙-5700만 표의 정치학〉(1977년 2월호) 등 7편의 논문을 게재했다.

도시조千谷利三[11] 교수의 논문을 교정해드린 적이 있었다. 일전에 그 사본이 눈에 띄어 무심코 읽어보다가 놀란 것은, 치타니 교수가 '실험용 원자로는 원자폭탄과는 무관하다'는 점을 참으로 열심히, 어딘가 애처롭다는 느낌이 들 정도로 전력투구하면서 필사적으로 강조했다는 사실이었다. 지금이야 그런 필사적인 노력이 이상해 보이지만, 이것은 당시에 '원자'라는 이름이 붙은 것은 뭐든지 거부하는 강렬한 '공기'가 있었음을 역으로 증명해주는 셈이다. 그리고 당시의 반대자에게 이 논문을 가지고 가서 의견을 물어본다면, 그 대답은 아마도 '당시의 공기에서는 그런 주장을 하지 않을 수 없었다'는 것이리라. 그렇다면 설령 '공기의 결정'을 배제할 수 있었다 해도, 한 명의 학자가 그 때문에 낭비한 에너지는 실로 막대한 것이었다.

---

11   치타니 도시조(1901~1973)는 오사카 제국대학 교수를 역임한 화학자로 중수소, 중산소 등 동위원소 연구의 권위자였다. 저서로는 《중수소와 중수(重水素と重水)》, 《연소와 폭발(燃焼と爆発)》 등이 있다.

2.

그러면 '공기'라는 것은 대체 무엇일까. 그것은 매우 강력하고 거의 절대적인 지배력을 가진 '판단의 기준'으로, 저항하는 사람을 이단시하고 '공기거역죄'로 사회적으로 매장시킬 정도의 힘을 가진 초능력임이 분명하다. 앞에 설명한 여러 사례는 우리 일본인이 객관적 정세에 대한 논리적 검토를 종합적으로 판단해 결단을 내리는 것이 아니라 '공기'에 순응하여 판단하고 결정을 내린다는 사실을 보여주고 있다. 그러나 보통 이 기준을 거론하지는 않는다. 논리를 단계적으로 전개해 설명할 수 없기 때문에 '공기'라고 부르는 것이니 당연한 노릇이다. 따라서 우리 일본인은 통상의 논리적 판단의 기준과 공기적 판단의 기준이라는, 일종의 이중 기준double standard에 근거하여 살아가고 있는 셈이다. 그래서 보통 때는 논리적 판단의 기준에 따라 말하지만, 진정한 결단의 기초로 삼는 것은 '공기가 허락하지 않는다'는 공기적 판단 기준이다. 전함 야마토의 출격이 그저 하나의 사례에 지나지 않는다고 해버리면 단순한 이야기가 되겠지만, 현실에서는 이 두 가지 기준이 확연히 구별되지 않는다. 논리적 판단이 어느 정도 축적됨으로써 공기적 판단 기준을 만들어나가는 형태로 양자는 일체가 되어 있기 때문이다. 이를테면 어떤 논의에 있어서 말하는 사람이 취하는 논리의 내용보다 오가는 말 자체가 일종의 공기를 조성하고 결국 그 공기가 결정의 기준이 되는 형태를 취하는 경우가 많은 것이다.

그렇다면 이 '공기'라는 것은 대체 어떻게 만들어지고, 어떻게 작용하고, 작용이 끝나면 어떻게 흔적도 없이 사라져버리는 것일까? 이것을 탐구하는 데 하나의 단서가 되는 것은 누군가가 어떤 의도를 가지고 모종의 공기를 의식적으로 조성한 경우다. 즉, 논의가 논의 자체보다 모종의 공기를 조성하는 것을 명확한 목표로 삼고 있는 경우다. 보통 '공기'란 이렇게 인위적 조작으로 만들어지는 것이 아니라 말이 오가는 가운데 무의식 속에서 작위에 의하지 않고 자연 발생적으로 만들어지기 때문에 '공기'인 것이지만, 그렇다고 해서 어떤 의도를 가지고 작위적으로 '인공 공기'를 만드는 것이 불가능하다는 뜻은 아니다. 그러니까 이런 '인공 공기 만드는 법'을 잘 살펴보면 '자연 발생적 공기'가 성립되는 과정에 대해서도 조금 더 잘 알 수 있으리라고 생각한다.

이 점에 관해서는 《분게이슌주》 1975년 8월호에 게재된 호조 마코토北条誠[12] 씨의 〈자동차는 과연 유죄인가—미국보다 엄격한 일본 머스키 법Muskie Law[13]의 진의는?〉이라는 논문이 흥미롭다. 이 논문을 '인공 공기

---

12 호조 마코토(1918~1976)는 일본의 소설가 겸 극작가로, 1940년 와세다 대학 국문과를 졸업하고 가와바타 야스나리에게 사사했다. 여러 편의 소설과 라디오, TV, 연극 극본을 집필했다.

13 1970년 12월 미국 E. S. 머스키 상원의원의 제안으로 성립된 대기오염 방지법을 가리킨다. 이 법의 자동차에 대한 규제로는 일산화탄소와 탄화수소는 1975년형 차에서, 질소산화물은 1976년형 차에서 각각 평균 배출량을 5년 전 차의 90퍼센트로 줄일 것을 규정했고, 배출 기준은 환경보호국(EPA)에서 정하도록 되어 있으며, 1마일(1.6킬로미터) 주행 시 일산화탄소 3.4그램 이하, 탄화수소 0.41그램 이하, 질소산화물 0.4그램 이하로 이것에 위배되면 자동차 1대당 1만 달러의 벌금을 과할 수 있도록 한 엄격한 법이다. 1973년 석유파동으로 업계로부터 정치적 압력이 강하게 제기되어 최종 목표치의 규제 실시는 유보되었고, 1977년 상하 양원 협의를 통해 수정 법안이 성립되었다. 미국의 대기 질 개선에 획기적인 계기가 된 법으로 평가받고 있다.

조성법의 해설'이라는 관점에서 읽으면 정말 재미있다. 나는 자동차 공해 문제에 관해서는 아는 게 없으므로 호조 씨의 설명을 있는 그대로 받아들였다. 그에 따르면 자동차 '마녀재판'의 목적은 '방만하고 무계획한 정책 때문에 파산에 직면한 지자체가 그 손실을 보충할 재원으로 (자동차를) 점찍어 두고' 논문 뒷부분에 인용된 '본색을 드러내는 보고서'에서 볼 수 있는 것처럼 '…… 국가가 지방세법을 개정하지 않으면 적어도 대도시 및 대도시가 소재한 부현府縣이 연대하여 이 두 가지 세금(자동차 관련 세금)의 세율에 대해 **우선 3배 내지 그 이상**의 인상을 도모'하고, 아울러 거기에 대해 '노No'라고 거부할 수 없는 '공기'를 인공적으로 만들어내려는 것이었다. 요컨대 사람들이 비공해 자동차세라는 명목으로 3배, 4배나 인상된 세금을 빼앗기고도 '그 정도 세금은 별 수 없잖아. 공해를 퍼뜨린다니. 그렇다 치더라도 떼돈을 벌고 있는 대형 자동차 회사가 태업이나 일삼으며 저공해 자동차를 만들지 않았기 때문에 이렇게 된 거라니, 그놈의 대형 자동차 회사 놈들! 우리는 언제나 피해자라니까.'라고 말하는 공기를 만들어내려는 것이었다고 한다.

확실히 일본에서 인공적으로 만들어진 '공기'라는 것은 유럽과도 미국과도 전혀 다른 상태를 연출하는 것처럼 보인다. 우선 유럽은 아무런 규제도 시행하지 않는다. 호조 씨는 다음과 같이 쓰고 있다.

"미국에서는 금년 1월 15일 포드 대통령이 '연두교서'를 발표해서 '신 머스키 법'의 개정을 요구했다. 1977년 규제가 다시 5년 연장되고 그동안의 잠정 기준이 확정되었다.[14] 하지만 지금의 일본에서 그것은 먼 나라의 이야기일 뿐이다."

흥미롭게도 일본은 이 문제에 관해서는 서유럽을 모범으로 삼지 않고(일본에서는 반미 성향의 사람들을 자극하는 근원이 신기하게도 서유럽이 아니라 미국이다.), '무작정 따라 하자'고 외치며 미국의 기준을 취했다. '일본판 머스키 법'이라는 명칭이 그것을 증명한다. 약 5년 전의 출발점은 미국의 것을 매우 비슷하게(비슷하다기보다 거의 똑같이) '베껴온' 것이었지만 서서히 일본식으로 변화해 갔고, 마침내 포드 대통령이 '당연한 일'이라고 말하는 것을 일본에서는 '절대로 말할 수 없는 공기'가 되어버렸다.—단, 일본의 경우는 인공적으로. 그리고 그 기간은 겨우 5년에 불과했다. 이 점에서 이것은 매우 흥미로운 자료다. 출발점은 동일하지만 미국에서는 '공기'가 되지 않고 일본에서는 '공기'가 만들어지는 결정적인 차이가 생겨난다는 것, 이것은 공기의 연구에 아주 좋은 재료임을 말해준다.

그러면 '공기'가 이대로 점점 짙어지고 절대적인 것이 되어 모든 것을 결정한다면 어떻게 될까. 아마 미국에서라면 상상조차 할 수 없는 상황으로 발전할 것이다. 호조 씨의 분석이 옳다면 마치 '경제 전함 야마토'의 출격 같은 상황이 될지도 모른다. 그는 다음과 같이 적었다.

'연관 산업을 포함하면 일본의 자동차 산업에는 1억 인구 중 400만여 명의 노동 인구가 포함되어 있다. 400만여 명의 실직은 일본 경제의 파

---

14 미국 대기오염 규제법 1977년 개정안(Clean Air Act Amendments of 1977)은 국가 대기 품질 기준(NAAQS: National Ambient Air Quality Standard)에 관한 새로운 규정들을 포함하였다.

괴로 이어질 것이다. 자동차 무역수지는 일본 전체 산업에서 두 번째 규모이므로, 이것을 무너뜨리면 자유로운 일본 사회는 소멸될 것이다. …… 국내용 저공해 자동차, 유럽 및 기타 국가용 비공해 대책 자동차, 미국용 중간 자동차 등 일본의 생산자가 세 종류 자동차의 생산 계획을 과연 실현할 수 있을까? 생산 라인이 무너질 것이다. 리드 타임lead time이 지연됨에 따라 해외 점유율을 다른 외제 차에 빼앗기지 않는다는 보장이 있는가?'

　　몇 년이 흐른 뒤 산화질소NOx가 무해한 것으로 드러났다고 가정해보자. 그렇다면 유럽은 애당초 아무런 규제도 행하지 않고, 미국도 방향 전환을 꾀하고 있었는데, 왜 일본만 이런 자멸의 길을 달렸느냐는 질문이 제기될 수 있을 것이다. 미국인이라면 태연스레 할 수 있는 '산화질소가 인체에 해롭다는 확증은 없다.'는 말을 일본에서는 어째서 아무도 하지 않았느냐고 묻는다면, 결국 그 대답은 '당시의 공기로는 도저히 그런 말을 입에 올릴 수 없었다.', '당시의 공기로는 그렇게 할 수밖에 없었다.', '당시의 공기를 모르는 기술적 역사가나 평론가의 힐난에 대해서는 답변하지 않겠다.'는 등등이 될 것이다. 물론 실제로 그렇게 될지 여부에 관해서는 전문가가 아닌 나로서는 알지 못한다. 게다가 나는 기타가와 데쓰조北川徹三 씨(요코하마 국립대학교 명예교수)가 《미니코미ミニコミ》지 '커런트' 코너에 게재한 논문에서 '일본 노동자를 포함해 세계 각국의 노동 위생상 공장 내 이산화질소 허용 농도는 5피피엠ppm인데, 현재 각국이 이 기준을 사용하고 있으므로 불편하지도 않고 변경할 필요도 인정되지 않는다.'고 쓴 대목을 읽고, 5피피엠이라면 '환경 기준 하루 평균 0.02피피엠'의 250배이므로 뭐가 뭔지 도무지 알 수 없게 되어버렸다. 그런 질문을 할 수 없

게 만드는 것이 현실의 공기이므로, 만약 장차 일본을 파괴할 무언가가 있다면 아마도 그건 30년 전의 파멸[15] 때와 마찬가지로 '공기'일 것이다. 만일 그 어떤 사정으로 이 '공기'가 흔적도 없이 사라져버린다고 해보자. 그로부터 30년이 흐른 뒤 누군가가 호조 마코토 씨의 논문을 읽는다면, 소설가인 호조 씨가 도대체 뭐 때문에 이토록 열심히 자료를 검토하고 자신의 전문 분야도 아닌 일에 강한 비난을 담은 글을 써야만 했을까 하고 궁금해 할 것이다. 또는 기타가와 데쓰조 씨의 논문은 아마도 내가 20년 전 치타니 도시조 교수의 논문을 우연히 읽었을 때 느꼈던 것 같은 느낌을 갖게 할 것이다. '공기'에 저항하는 것은 참으로 대단한 에너지를 소비해야 하는 작업이다. 그렇다면 이 '공기'라는 것은 어떻게 생겨나는 것일까.

　　호조 씨는 이 과정을 자동차에 대한 '마녀재판'이라는 형태로 다루었다. 그래서 '**자동차는** 과연 유죄인가'가 이 논문의 제목인 것이고, 그 논문의 가장 중요한 대목은 시바타 도쿠에柴田德衛 씨(도쿄도 공해연구소장)를 '이단 심문관'으로 하는 7대 도시 자동차 배기가스 규제 문제 조사단이라는 이름의 '대사제단'이 '사정 청취'라는 명목으로 벌이는 '마녀재판'인 것이다. 그 배후에는 '공해죄'에 대한 '면죄부'를 팔아 재정 위기를 넘겨보려는 미노베美濃部 도쿄도지사라는 교황이 있다. 그러니까 자동차는 유죄여야만 하는 것이다. 이런 도식은 확실히 서구적이고, 전형적인 '마녀재판'의 도식을 떠올리게 한다. 그러나―독자들은 벌써 눈치채셨겠지

15　　이 책은 1977년에 집필되었으므로 30년 전의 파멸은 일본의 패전을 의미한다.

만—일본식 '마녀재판'의 대상은 사람이 아니라 자동차라는 물체라는 점이 특징이다. 물건에 대한 재판은 서구에도 존재한다. 다만 그것은 희극의 소재가 되거나 무언가에 빗댄 어릿광대극에 등장할 뿐, 제대로 된 학자나 지식인이 진지하게 물건을 재판하고 그 판결이 그 어떤 공식적인 결과를 초래한 사례를 나는 알지 못한다. 그런 일은 기독교 전통에서는 생각하기 어렵다.

　일본의 자동차 재판에도 인간이 등장하기는 한다. 시민 대표라 불리는 검찰 측 증인도 있고, 닛산과 도요타라는 중요 참고인도 있다. 그러나 피고이자 범인인 '마녀'는 어디까지나 자동차지 사람은 아니다. 그렇지 않으면 이 재판은 성립하지 않는다. 그러니까 '**자동차는** 과연 유죄인가'라는 것이고, 호조 씨도 지적했듯이 배기가스 문제나 생산업체와 직접적인 관계가 없는 교통사고 문제까지 함께 제기되는 것이다. 이것은 조사단 위원이 이 문제에 관해 판정할 대상이 **자동차**라고, 다시 말해 '자동차가 주범'이라고 생각하고 있으며, 교통사고가 일어나는 경우에도 '운전사는 기껏해야 종범'이고 생산업체는 중요 참고인에 불과하다는 관점을 가지고 있음을 보여준다. 즉, 고발당해야 하는 죄인은 '자동차'인 것이다. 죄'인'인 이상 그것은 더는 물건이 아닌 '물신物神'이 되고 '마녀'로 치자면 '구루마米魔', 그러니까 앞으로 올 마녀인 셈이다.[16]

　대체 '자동차가 유죄인지 무죄인지'를 따지는 발상은 어디서 나온 것일까. 두말할 필요 없이 그것은 방금 언급한 '물신론'에서 비롯된 것이

16　일본어 발음상 구루마는 車, 즉 자동차를 의미한다는 점에 착안한 말장난이다.

다. '정어리 대가리도 신심[17]'이라는 말처럼 믿음을 가지는 것만으로도 대상이 하나의 '신격 또는 인격'을 가질 수 있다면 '자동차도 신심'이라고 못할 것도 없고, 믿기만 하면 '구루마라는 마격魔格'도 일종의 '인격'을 획득하여 종교재판의 대상이 될 수 있는 것이다. 이것은 전혀 이상한 일이 아니다. 하지만 서구의 재판은 먼 옛날 소크라테스 시절부터 피고의 변론이 없으면 성립되지 않는다. 따라서 피고 '자동차'가 스스로 변호하고 이단 심문관에 반론을 제기할 수 없으면 재판이 될 수 없는 것이다. 그러나 자동차가 말을 할 수는 없으므로, 마녀재판보다도 저열하고 완전히 일방적인 양상의 재판이 되어버린다. 이 점을 좀 더 명확히 드러내려면, 자동차에게 입이 있다고 가정하고 '자동차 씨'가 반론을 펼치면 어떻게 될지 상상해보면 된다. 호조 씨의 문맥을 따라 그 가상 문답을 적어보자.

대심문관: 광화학 스모그의 범인은 그대 자동차의 배기가스다. 오만불손하구나. '대기오염의 원흉', '광화학 스모그의 범인', '인류 평화와 건강을 좀먹는 벌레', '비참한 교통사고의 책임자'이자 '인간에게서 걸어 다닐 길을 앗아간 폭군' 같으니라고. 어디 할 말이 있거든 해보라.

자동차 씨: 늘 '광화학 스모그=자동차 배기가스, 질소산화물'이라는 공식이 일방적으로 반복되고 있습니다만, 그렇다는 증거가 어디 있습니까? 증거도 없이 일방적으로 단정하는 것은 옳지 않다고 생각합니다. 유죄로 단

---

17 'イワシの頭も信心'이라는 말은 정어리 대가리같이 아무 쓸모없는 것이라도 신앙심만 깊으면 신령과 부처처럼 고맙게 여겨진다는 뜻이다.

정하신다면 증거를 보여주십시오. 증거 없이 범인으로 몰리는 것은 거부합니다.

심문관: 그게 무슨 말인가, 대기오염의 원흉이?

자동차 씨: 그렇다고들 말합니다만, 산화질소가 인체에 유독하다는 증거가 있는 것은 아니지 않습니까? 실제로 서구에서는 제가 대기오염의 원흉이기 때문에 고발하고 단죄해야 한다고 말하는 사람이 없습니다. 유독 일본에서는 그것을 증명하는 증거라도 있는 것입니까?

심문관: 말대답을 하는 걸 보면 반성이 부족하도다. 이 구루마 녀석. 너는 비참한 교통사고의 범인이지 않은가.

자동차 씨: 어째서 그렇습니까? 제가 그저 존재하는 것만으로 교통사고가 일어난 예는 없습니다. 이 문제의 가장 큰 책임자는 지자체로, '운전면허증'을 남발한 데 원인이 있습니다. 저 자신은 각양각색의 사람을 태워본 경험이 있는데, 이런 사람에게도 면허증을 발급하다니 지자체는 머리가 좀 어떻게 된 것이 아닌가 생각한 적이 한두 번이 아니었습니다. 저로서는 엄중한 자격 심사를 하지 않고 면허증을 남발한 사람이야말로 교통사고의 가장 큰 책임자라고 생각합니다. 미노베 교황은 이 점을 어떻게 생각하고 계십니까? 교통사고를 제 책임이라고 하면서, 한편으로는 아무렇지 않게 면허증을 남발하는 것은 위선적인 짓입니다. 그러나 지금 문제가 되고 있는 배기가스는 면허증 남발과는 무관합니다. 왜 관련도 없는 문제를 꺼내서 저를 마녀로 만들려고 하시는 겁니까?

'자동차 씨'의 반론을 다 쓰자면 그것만으로도 길고 긴 글이 될 테니 이쯤에서 생략하겠다. 물론 자동차는 이런 식으로 반론을 제기할 수 없다. 그리고 불려 나온 중요 참고인은 자동차의 유무죄에 큰 이해관계를 가지고는 있지만 어디까지나 참고인일 뿐인데다, 규탄을 당하는 피고는 '자동차'이기 때문에 자동차의 입장에 서서 반론을 펼 수도 없다. 말하자면 발언권이 없는 셈이다. 따라서 재판은 피고의 반론도 변명도 없이, 이단 심문관의 단죄로만 진행된다. 현인신現人神18이 없어졌나 했더니 이제는 '현기계신現機械神'이 등장하고 그에 대한 전범戰犯 재판이 시작된 형국이다. 바로 이것이 '인공 공기 조성법'의 기본적인 한 가지 방식이고, 그 배후에 있는 것은 대상에 대한 '임재감적臨在感的 파악19'에 근거한 판단 기준이다.

'자동차가 나쁘다'거나 '자동차가 원흉이다'라고 말해봤자 자동차 자체는 하나의 '물체'에 불과하다. 물체는 인격이 아니고, 윤리적 판단의 대상도 아니고, 선도 악도 아니며, 물론 재판의 대상이 될 수도 없고, '자동차가 나쁘다'는 말도 '자동차가 선하다'는 말도 성립하지 않는다. 그러니까 자동차가 재판의 대상이 될 수 있는 것은 '물신'으로서 인격을 부여받는 경우밖에 없다. 요컨대 '정어리 대가리'처럼 '자동차의 인격화도 신

18 '아라히토가미'라고 한다. 인간의 모습으로 세상에 나타난 신을 의미하며, 태평양전쟁에서 패전하고 전범 재판이 이루어지기 전까지 과거 일본에서는 덴노를 현인신의 개념으로 설명했다.

19 사물에 대한 '임재감적 파악'이라는 개념은 야마모토 시치헤이가 일본의 '공기'를 설명하면서 이 책의 전반에 걸쳐 일관되게 사용하고 있는 개념이다. 뒷부분에 저자의 설명이 나오지만, 사물을 단순히 그 사물 자체로 파악하는 것이 아니라 거기에 '무언가가 깃들어 있다'고, 즉 '임재해 있다'고 파악하는 관념을 가리킨다.

심'이라는 식이 되어야만 성립되기 때문에 이 재판 자체가 하나의 종교성을 띠게 된다.

시바타 공해연구소장 휘하의 '조사단'은 직함은 모두 과학자이지만, 과학자가 윤리적 판단을 도입해 물건 자체를 재판하는 법은 없으므로 실질적으로는 물신론적 종교인이 되어버렸다. 그러니까 호조 씨가 '물론 이런 것(광화학 스모그 발생 원인에는 정설이 없다는 것)을 전문가인 학자들이 모를 리는 없다'는 점에 대해 의아하게 생각했던 것은 '조사단'의 이단 심문관들을 그들의 직함대로 과학자로 간주한 데서 비롯된 것일 뿐, 그들이 물신론적 종교의 성실한 신도로서 그 종교적 규범에 바탕을 두고 자동차를 재판한다고 생각하면 조금도 이상한 일이 아니다. 아마도 전함 야마토의 출격에 대해서도 마찬가지 이야기를 할 수 있을 것이다. 바다와 공중에서 실전을 경험한 베테랑의 판단이라고 보면 이상하지만, 야마토를 별개의 인격으로 보는 물신론적 발상에 바탕을 둔 종교적 결단이라고 생각한다면 별로 이상하지 않은 것과 같은 이치라고 할 수 있다.

이렇게 되면 '공기'라는 것은 하나의 종교적 절대성을 가지게 되고 우리가 저항할 수 없는 '그 무언가'가 되어버린다. 물론 종교적 절대성은 잘 활용될 수도 있고 악용될 수도 있다. 그것을 이용해 '면죄부'를 판매함으로써 재정 파탄을 막을 수도 있다. 자동차 마녀재판도 그런 사례의 하나다. 이런 경우, 즉 특정한 저의를 가지고 종교적 감정을 작위적, 인공적으로 조성하는 경우에는 '그 의도가 쉽게 탄로 나기' 때문에 오히려 실제 피해는 적다. 물신화와 그 물신의 반론 없는 일방적인 규탄을 통해 공기를 만드는 과정도 알아채기 쉽기 때문에 오히려 문제가 적다. 면죄부의 발매는 항의자protestant의 궐기를 불러오기 때문에 실제로 시행했다가는 교황의 권위가 실추되고 종교성이 저해되어 '공기'는 산산이 흩어져버리게 된다. 그러나 이 '공기'가 진짜 자연 발생적으로 생겨난 경우라면 그렇게 되지 않을 것이다. 그것이 무엇에 의해 어떻게 나타나고 어떤 과정으로 절대적 규범이 되는지 탐구해보고자 한다. 아마도 그 바탕을 이루는 것이 앞서 말한 임재감적 파악일 것이다.

3.

대체 '공기'란 무엇인가. 이것을 알아보기에 가장 좋은 방법은 먼저 간단한 '공기 발생 상태'를 조사해서 그 기본적 도식을 살펴보는 것이겠다. 다음은 대단히 흥미로운 사례여서 《비교문화론의 시도比較文化論の試み》[20]에서 이미 다루었지만 다시 예로 들겠다.

오하타 기요시大畑淸 교수[21]가 어느 종교학 전문 잡지에 쓴 재미있는 수필이 있다. 이스라엘에서 유적을 발굴하던 중에 고대의 묘지를 발견했다. 사람 뼈와 두개골이 줄줄이 나왔다. 이런 경우 필요한 샘플 이외의 유골은 조금 떨어진 장소에 버리고 무덤의 형태 등을 조사하게 되어 있는데, 유골을 옮기는 작업량이 제법 많다 보니 일본인과 유대인이 매일 함께 유골 운반 작업에 참여하게 되었다. 이런 일이 일주일 정도 계속되자 유대인들 쪽은 아무 일도 없는데 함께 일하고 있던 일본인 2명은 상태가 좀 이상해지더니 병이라도 걸린 것 같은 상태가 되었다. 그런데 막상 인골 유기 작업이 끝나자 두 사람 모두 씻은 듯이 나았다. 이 두 사람에게 필요했던 것은 필경 액막이 행사였던 것처럼 보인다. 실은 이 두 사람도 기독교인이었다. 반면에 유대인들은 시종 아무런 영향도 받지 않는 것처

---

20 저자의 1975년 저서다.
21 오하타 기요시(1904~1983)는 일본의 종교학자로 동경대 명예교수를 역임했으며, 고대 유대교 및 히브리 역사를 전공했다.

럼 보였다는 것이다.

본시 뼈라는 것은 물질이다. 이 물질이 방사능처럼 인간에게 어떤 영향을 미쳤다면, 유독 일본인에게만 영향을 미쳤을 리는 없다. 따라서 뼈가 미친 영향은 비물질적인 것으로 인간의 유골이나 두개골이라는 물질이 일본인에게는 뭔가 심리적인 영향을 미쳤고, 그 영향은 신체적인 질병에 걸린 것처럼 보이게 만들 만큼 강력한 것이었던 반면에, 유대인들에게는 아무런 심리적 영향도 미치지 않았다고 볼 수밖에 없다. 아마도 이것이 '공기의 기본형'일 터이다.

이렇게 말하면 이상하게 생각할 사람이 있을지도 모르겠는데, 우리가 일반적으로 말하는 '공기'와 이 '공기의 기본형'의 차이는 후술하는 바와 같이 그 조성 과정의 단순함과 복잡함의 차이에 불과하다. 그러니까 이런 상태를 통상적인 표현으로 쓰자면, '두 사람이 묘지 발굴 현장의 공기를 견디지 못하고 결국 병자나 다름없는 상태가 되어 휴식을 취해야 했다.'고 말해도 틀린 표현은 아니다.

물질로부터 그 어떤 심리적·종교적 영향을 받아, 다시 말해 물질의 배후에 무언가가 임재해 있다고 느낌으로써 자기도 모르는 사이에 어떤 영향을 받는 상황에 대한 지적과 그런 상황에 대한 저항은《후쿠오지덴福翁自伝》22에서도 볼 수 있다. 그러나 후쿠자와 유키치福澤諭吉는 물론이고 다른 메이지明治 시대의 계몽가들도 '돌은 물질에 불과하다. 이런 물질을 숭배하는 것은 미신이고 야만이다. 문명개화의 과학적 태도란 그런 태

---

22   에도 바쿠후 말기 학자인 후쿠자와 유키치가 쓴 자서전이다.

도를 부정하고 버리는 것이므로 계몽적인 과학 교육을 해야 한다. 그것으로 충분하다.'고 생각했으면서도, 정작 '어째서 일본인은 물질의 배후에 뭔가 임재한다고 생각하고, 어째서 뭔가가 임재한다는 느낌만으로 신체적 변화가 생길 정도로 강한 영향을 받는 것인지, 먼저 그것부터 해명해야 한다.'라고는 생각하지 않았다. 더구나 후쿠자와의 시각으로 보자면 개화되지도 않고 과학적이지도 않은 '야만적' 민족—가령 셈족—중에 어째서 임재감을 철저히 거부하고 죄악시한 민족이 존재했던 것인가라는 물음은 애당초 놓치고 있었다. 그것도 무리는 아니다. 그에게는 서구적 계몽이 전부였고, 비단 그만이 아니라 메이지 시대의 모든 일본인들은 선진국에 대해 학습은 했을망정 '탐구'까지 할 여력은 없었기 때문이다. 그러니까 이런 태도는 계몽적이라고 할 수는 있어도 과학적이라고 할 수는 없다. 덕분에 후대의 사람들은 무언가의 임재를 느끼더라도, 그것을 감지했노라고 말했다가는 '고루하다'는 소리를 들을까 봐 차마 말도 못하고, 못 느낀 체하는 것을 과학적이라고 생각하면서 오늘날에 이르렀다. 이런 사정은 초능력이 붐을 일으키던 시절에 대단히 재미있는 형태로 표출되었다.

내가 어떤 잡지에 '소위 초능력이라는 것은 존재하지 않는다.'고 썼더니 '당신이 그토록 과학을 맹종하는 사람인 줄은 몰랐다.'는 투서가 날아왔다. 이 투서를 쓴 사람은 초능력이라는 것을 설령 느끼더라도 느끼지 않은 셈 치는, 이른바 '후쿠자와식 계몽주의'를 과학으로 간주하고 이런 계몽주의에 대한 맹종을 과학에 대한 맹종으로 여기면서 거기에 반발하고 있는 것이다. 그런 식으로 많은 사람들이 과학이라고 말하는 것이 실상은 메이지 시대적 계몽주의를 가리키는 것이다. 그러나 계몽주의라는 것은 '민도'를 일정 수준으로 향상시키려는 수험 공부식 속성교육주의로서, '이렇게 생각해야 한다'고 강요할 수는 있어도 탐구나 규명을 통해 어려운 문제를 초월하거나 극복하게 만들어주는 것은 아니다. 그러다 보니 부인한 것은 거꾸로 깊숙이 잠재하게 되어버린다. 그런 까닭에 오늘날에도 소리 없이 잠재되어 있는 임재감에 최종적 결정권을 박탈당한 채 아무것도 할 수 없게 된 것이다.

이제부터는 앞에 쓴 내용을 증명하기에 충분한, 진정한 임재감의 지배를 보여주는 오늘날의 사례를 적어보려 한다. 3년 전의 일이다. 어찌어찌 복잡한 소개 경로를 거쳐 어떤 사람과 만나게 되었다. 용건은 잘 기억나지 않지만, 어째서인지 그 사람은 이 드넓은 일본에서 말 상대가 나밖에 없다고 믿고 있는 것처럼 보였다. 내가 만나 이야기를 나눈다 한들 뭔가 해결될 리도 없지만, 딱히 면담을 거절할 이유도 없었기 때문에 만났다. 그는 내게 제법 두꺼운 책을 한 권 건네며 말했다.

"현 시점에 이런 사실을 이만큼 확실히 알게 되었습니다. 그래서 알고 있었다는 것을 후일 증거로 삼을 수 있도록, 이것을 맡아주셨으면 합니다."

책을 열어 보니, 이타이이타이병이 카드뮴과 관련이 없다는 사실을 명확하게 증명한 전문 서적이었다. 하지만 나는 그 방면의 전문가가 아니라서 비판도 할 수 없고 충분히 이해조차 할 수 없는 내용이었다. 이해도 못 하는 내용을 평가할 수는 없는 법. 그러니 내가 맡아 가지고 있어 봤자 무의미할 뿐더러, 무엇보다 책을 출판하지 않고 맡겨두겠다는 태도가 놀라왔다. 그래서 말했다.

"발표하시면 되지 않습니까?"

그가 말했다.

"도저히 그럴 수 없습니다. 지금의 **공기**로는 이런 것을 발표했다가는 매스컴에 두들겨 맞을 뿐입니다. 이미 후생성 장관도 인정했고 재판에서도 졌기 때문에, 이 시점에 이것을 발표하면 협박이나 받고 회사만 점점 더 불리해질 겁니다. 힘들여 만든 것이긴 합니다만 상부의 결단으로 전량 폐기하게 되었습니다. 하지만 너무 안타깝습니다. 지금 이 시점에 이미 이토록 사실이 분명했다는 것을 후일 증거로 삼을 수 있도록 누군가에게 한 부만이라도 맡겨두고 싶다고 개인적으로 생각한 겁니다. ……《분게이슌주》를 읽다 보니, 이걸 부탁할 사람은 야마모토 씨밖에 없다는 생각이 들어서……."

"어휴, 그렇지만 저는 수다스러운 편이라서 모르는 사람한테 이런 걸 받았다면서 그 내용까지도 죄다 써버릴지도 몰라요."

"좋을 대로 하십시오. 어떻게 하시든 상관없습니다."

"그러면 선생께서 발표하시면 되잖습니까?"

"아뇨, 아뇨. 도저히 그럴 순 없어요. 지금은 사내의 **공기**를 보든, 회사 밖의 **공기**를 보든 아무래도……. 우선 저의 상사가 '**지금의 공기로는 폐기시킬 수밖에 없다.**'고 말씀하셔서 책을 회수하고 있는 형국이라……. ('폐기'를 '출격'이라고 바꾸면 전함 야마토 출격 시의 공기와도 마찬가지다.) 사실 무리도 아닙니다. 신문기자들이 잔뜩 찾아와 '카드뮴이라는 게 어떤 거냐?'고 물어보기에 '이거다.'라고 금속봉을 쥐고 내밀었더니 '앗!' 하고 뒤로 피하면서 도망가더라고요. 물론 카드뮴 금속봉을 손에 쥐거나 핥아도 아무렇지도 않습니다. 제가 핥아 보여주기까지 했다니까요. 무지라고 해야 할지, 뭐라고 해야 할지…….'

"아하하하, 그건 재미있네요. 하지만 그것은 무지가 아니에요. 전형적인 임재감적 파악인 거죠. 그게 바로 공기인 겁니다."

"어, 임재감적이라는 게 어떤 건지……?"

"그걸 좀 연구 중입니다."

이렇게 기묘한 문답이 되었다. 기자더러 무지하다고 말한 이 사람도 사람 뼈가 줄줄이 튀어나오면 어쩔 수 없이 열이 날지도 모른다. 그는 카드뮴 금속봉에 아무런 감정이입도 하고 있지 않기 때문에 그 배후에 뭔가가 임재하고 있다는 느낌을 전혀 갖지 않았지만, 이타이이타이병을 취재하고 그 비참한 증상을 목격한 기자는 그 금속봉에 일종의 감정이입을 하고, 거기에 뭔가가 임재하고 있다고 느끼고 있었던 것뿐이다. 이 사람은 다른 모든 일본인과 마찬가지로 후쿠자와 유키치식 전통 교육을 받았기 때문에 유키치가 신사의 위패 부적(오후다お札)을 밟은 것[23]처럼 '무지'한 신문기자를 교육하고 계몽시켜주려고 금속봉을 핥아 보이기까지 했던 것이다. 핥아 보인다는 건 확실히 계몽적인 행위로서 상대가 놀라서 피하려다 다치기라도 하는 일이 없도록 만들어주려는 친절한 행위일지

---

23   후쿠자와는 열두세 살 무렵에 나카쓰번(中津藩) 번주의 이름이 적힌 종이를 무심코 밟았다가 형으로부터 큰 꾸중을 듣자 이상하게 여기고 신사의 위패 부적을 일부러 밟아도 보고 화장실에 가서 휴지로 써보기도 했는데 별 탈이 없더라는 에피소드를 남기고 있다. 후쿠다 유키치의 자서전 《후쿠오지덴》 참조.

는 몰라도, 과학적인 태도라고 말하기는 어렵다. 요컨대 그런 짓을 해봤자 그 후에 속속 나타나는 그 어떤 '금속봉 비슷한 존재', 즉 물질에 대한 비슷한 태도를 없앨 수는 없기 때문이다.[24]

대체 왜 우리는 사람 뼈, 자동차, 금속봉 따위에서 또는 전함 야마토라는 물질, 물체에서 모종의 임재감을 느끼고 거기에 지배당하게 되는 것일까. 그것을 규명하여 '공기의 지배'를 끊어버리는 편이 과학적일 터다.

여담이지만, 앞서 말한 기묘한 책은 아직 내 집에 사장되어 있는 상태다. 작고하신 고다마 다카야児玉隆也[25] 씨가 이타이이타이병에 관해 멋진 르포 기사를 썼을 때, 이 책을 내가 사장시킬 일이 아니라는 생각이 들어서 고다마 씨에게 전해드려야겠다고 생각했다. 어느 모임에서 그를 만날 예정이었기 때문에 그때 드리려고 했는데 그만 그의 부고를 접하고 말았다. 고다마 씨라면 아마도 이것을 활용하고 이것을 열쇠로 삼아 실체에 가까이 다가갈 것이라고 생각했고, 다시 그것을 자세히 참조한다면 임재감적 파악의 다양한 형태라든지, 그것이 **공기**를 만들어내는 다양한 과정이라든지, 그것이 결국 어떤 결말로 이어지는지 밝힐 수 있지 않았을까 하는 생각이 들어서, 돌이켜보면 여간 유감스러운 일이 아니다.

---

24   이와 같은 저자의 설명에도 불구하고, 오늘날에도 일반적으로 이타이이타이병의 주원인은 카드 뮴 중금속 중독이라고 알려져 있다. 이 병은 1910년경부터 도야마(富山)현 카드뮴 광산 부근 주 민들이 다수 걸린 것으로 조사되었다. 다만, 1970년대 이후 이 병의 발병률이 낮아진 것은 카드 뮴 오염의 감소 외에도 영양 상태 개선 등 다른 조건들도 영향을 미친 것으로 추정되고 있다.
25   고다마 다카야(1937~1975)는 일본의 저널리스트다.

임재감이 지배력을 발휘하여 인간의 말과 행동을 규정하게 되는 첫 단계는 대상의 임재감적 파악에서 시작되는데, 이것은 감정이입을 전제로 한다. 감정이입은 모든 민족에 나타나지만, 임재감적 파악이 성립하려면 감정이입을 절대화하여 그것을 감정이입이라고 생각하지 않는 상태에 이르러야 한다. 따라서 그 전제가 되는 것은 감정이입의 일상화, 무의식화 내지 생활화다. 한마디로 말하자면, 그것을 하지 않고서는 '살아 있다'는 실감이 나지 않는 세계, 즉 일본적 세계여야만 하는 것이다.

성서학자인 쓰카모토 도라지塚本虎二[26] 선생은 〈일본인의 친절〉이라는 매우 흥미로운 수필을 썼다. 그가 젊은 시절 살았던 하숙집의 노인은 매우 친절한 분이었는데, 한겨울에 병아리들이 얼마나 추울까 싶어 뜨거운 물을 먹여 결국 전부 죽게 만들고 말았다. 쓰카모토 선생은 '웃지 마시라. 일본인의 친절이라는 게 이런 것이다.'라고 썼다. 나는 이 이야기를 읽고 꽤 오래전의 신문 기사가 떠올랐다. 그것은 젊은 엄마가 인큐베이터 안에 있던 자신의 아기가 추울까 봐 휴대용 손난로를 넣었다가 아기를 죽게 만들어 과실치사죄로 법정에 섰다는 기사였다. 이것은 병아리에게 뜨거운 물을 먹이는 것과 똑같은 행동 방식인데, 두 가지 다 완전한 선의에 바탕을 둔 친절이다.

종종 '선의가 통하지 않는다'든지 '선의가 통하지 않는 사회는 나쁘다'는 식의 발언을 신문의 투고 등에서 보게 되는데, 이런 선의가 통했다가는 그거야말로 목숨이 아무리 여러 개라도 부족할 터이다. 그래서 '이

---

26 쓰카모토 도라지(1885~1973)는 무교회파 전도자이자 신약성서 연구가였다.

런 선의는 통하지 않는 편이 좋다'고 말한다면, 아마 거기에 대한 반론은 '선의로 손난로를 집어넣어도 갓난아기가 죽지 않는 인큐베이터를 만들지 않는 사회가 나쁘다'는 주장이 될 것이다. 그러나 이렇게 되면 사실 선의냐 악의냐가 상관없게 되는데, 악의로도 동일한 관계가 성립되기 때문이다. 또한 병아리에게 뜨거운 물을 먹인다든지 인큐베이터에 손난로를 집어넣는 행동은 '과학적 계몽'이 부족하기 때문이라는 주장도 어리석다. 문제의 초점은 어째서 감정이입을 절대화하느냐에 있다. 다시 말해, 병아리에게 뜨거운 물을 먹이고 인큐베이터에 손난로를 집어넣는 것은 완전한 감정이입이고, 상대방과 자신의 또는 제3자와의 구별이 없어지는 상태이기 때문이다. 그리고 그런 상태가 되는 것을 절대화하여, 그런 상태가 되지 못하면 그것을 방해하는 장애물 또는 방해한다고 상상하는 대상을 악으로 간주하면서 배제시키려는 심리적 상태가 바로 감정이입의 절대화다. 이것이 대상을 임재감적으로 파악하는 것, 말하자면 '물신화와 대상의 지배'의 기초가 되는 것이다.

이런 현상은 간단히 말하면 '빙의하기' 또는 '빙의시키기'라고 부를 수 있다. 병아리에 자신이 빙의하거나 또는 제3자를 빙의시키는 것이다. 즉, '자신은 한겨울에 냉수를 마시는 것을 싫어하고, 한겨울에 남에게 냉수를 마시게 할 정도로 냉정한 짓은 절대로 하지 않는 친절한 인간이다.' 그런 고로, 자신 또는 제3자를 병아리에 빙의시키고 거기에 투사된 자신 또는 제3자에게 뜨거운 물을 마시도록 만드는 셈이다. 이런 현상은 사회의 도처에서 나타난다. 치맛바람을 일으키는 엄마들은 '학력이 없어서' 고생하는 남편을 아이들에게 투사하여, 아이라는 병아리 입에 '교육 배합

사료'를 억지로 밀어 넣고 학교라는 인큐베이터 속에 손난로를 집어넣는 것이다. 그러다가 무슨 사고라도 생기면 '선의로 난로를 넣었는데 사고가 일어났을 때처럼, 그런 선의가 통하지 않는 인큐베이터=사회 및 학교 제도가 나쁜 것이다'라고 할 것이다. 그리고 그렇게 말하면 그 누구도 아무 반론도 할 수 없게 되어버린다.

대체 임재감적 파악은 어떻게 생겨나는 것일까. 한마디로 말하면 임재감은 당연한 역사적 산물이다. 임재감의 존재는 그 나름의 의미를 지니고 있긴 하지만, 언제나 역사관에 입각해 재파악하지 않으면 절대화된다. 그리고 일단 절대화되고 나면 사람이 거꾸로 대상에 지배당하는, 이른바 '공기'의 지배가 일어나는 것이다. 임재감적 파악의 전통을 무시한 메이지 시대 이래의 잘못된 계몽주의적 행태가 이런 결과를 낳은 것으로 생각된다. 하지만 이렇게 설명하면 너무 추상적이어서 의미를 충분히 전달하기도 어렵고 내가 원래 이런 설명 방식을 좋아하지도 않기 때문에, 중복되는 느낌은 있지만 다시 예를 들어서 설명해보겠다.

위에서 설명한 관계가 가장 명확히 드러나는 것은 대상이 물질인 경우이기 때문에 (말하자면, 감정이입에 의한 임재감적 파악의 절대화가 상호적으로 일어나지 않는다. 서로에게 감정이입을 하지 않기 때문이다.) 앞서 설명한 사람 뼈와 카드뮴 금속봉을 예로 들어보자. 일본인은 사람 뼈에 뭔가가 임재해 있다고 느끼기 때문에 미처 깨닫지 못하는 사이에 그 느낌이 절대화되고, 그 결과 거꾸로 사람 뼈에 심리적으로 지배당해 병이 난 것 같은 상태가 된다. 그 원인은 아마도 무라마쓰 다케시村松剛[27] 씨가《죽음의 일본

문학사死の日本文學史》에서 지적한 것 같은 전통에 기초한 역사적 소산일 터이다. 즉, 인간의 영혼은 그 유체, 유골의 주변에 머물고, 그 영혼이 인간과 교류할 수 있다는《고지키古事記》,《니혼쇼키日本書紀》,《만요슈万葉集》이래의 전통적 세계관이 바탕을 이루고 있는 것이다.

이러한 전통은 서구에는 없다. 그리스인은 육체를 감옥으로 간주하고, 거기에 '영혼pneuma'이 갇혀 있어서 죽음은 이 영혼이 감옥으로부터 해방되는 것이고, 해방된 영혼은 하늘의 영계aether로 올라간다고 생각했다. 이때 남게 되는 '감옥'은 물질에 불과하다. 그 감옥의 주변에 영혼이 얼쩡대는 일도 없다. 히브리인의 사고방식은 그것과도 다를 뿐더러 대단히 회의적인 일면이 있어서, 구약성서의 전도서에서는 '사람의 영이 하늘에 오른다고는 하지만, 그런 일을 누구에게 증명할 수 있으랴.'28라는 취지의 말씀도 찾아볼 수 있다. 요세푸스Flavius Josephus29의《유대전쟁사》는 스스로를 가장 전통적이라고 규정했던 에세네파30의 사고방식이 그리스

27 무라마쓰 다케시(1929~1994)는 일본의 프랑스문학자 겸 평론가다.

28 저자의 원문은 '人の靈が天に昇るなどというが、そんなことはだれに証明できよう.'라고 되어 있다. 새번역 성서 전도서 3:21에는 '사람의 영은 위로 올라가고 짐승의 영은 아래 땅으로 내려간다고 하지만, 누가 그것을 알겠는가?'라고 기록되어 있다. 킹 제임스판 영문 성서에는 'Who knoweth the spirit of man that goeth upward, and the spirit of the beast that goeth downward to the earth?'로 되어 있다.

29 플라비우스 요세푸스(37~100?)는 제정 로마 시대 유대인 정치가 겸 역사가다.

30 에세네파는 쿰란(Qumran) 동굴에서 금욕적인 공동체 생활을 하던 유대교의 한 조류다. 이들은 도래할 종말에 대한 기대와 신앙을 갖고 있었기 때문에 사회와 격리되려는 경향이 강했다. 유대 독립전쟁 중에 로마 군에 의해 궤멸된 것으로 보이며, 이들 공동체의 유적에서 현존하는 구약성서 사본들 중 가장 오래된 사해사본이 1947년 베두인 청소년에 의해 발견되기도 했다.

인과 매우 비슷했다는 사실을 기록하고 있다. 그 둘 사이의 차이는 별도의 연구 과제이겠으나 최소한 그 둘 모두 사람 뼈에 뭔가가 임재해 있다고 보는 전통은 아니다. 설령 이런 전통이 일본에서든 서구에서든 끊임없이 지하수처럼 집요하게 계속 흐르고 있다 해도, 그 존재를 증명하자면 무라마쓰 씨의 저작과 같은 방대한 문헌이 필요할 것이다.

카드뮴 금속봉의 경우는 대상에 대한 임재감적 파악을 절대화하고, 그에 따라 사람이 금속봉에 지배당하는 상황까지 다다르는 역사적 과정이 매우 명확하고 무척 짧은 기간에 걸쳐 일어났기 때문에, 오랜 역사에 뿌리를 두는데다 표면적으로 잘 드러나지도 않는 사람 뼈의 경우보다 이해하기가 쉽다. 이해하기 쉽다는 것은 그렇게 되기까지의 역사적 과정을 금세 알 수 있기 때문이지만, 반면에 그 '공기'는 쉽사리 흩어져 사라지기 때문에 이런 측면에서는 오히려 파악하기가 더 어렵다는 문제가 있다. 어찌 되었든, 이타이이타이병이 발생하기 전에는 카드뮴 금속봉을 보고 기자가 몸을 뒤로 피하는 일도, 달아나는 일도, 또는 그런 행동을 하는 사람 앞에서 금속봉을 핥아 보일 필요도 전혀 없었다. 따라서 이런 공기의 역사는 사람 뼈의 경우에 비하면 매우 새롭고 짧다. 메이지 시대의 문명개화 이후에 생겨난 일인 것이다. 카드뮴 광산은 세계 여러 곳에 있지만 이타이이타이병이 존재하는 것은 진주우강神通川 유역뿐인 듯하다(내가 직접 조사해본 건 아니라서 확실히 말할 수는 없지만). 물론 카드뮴 금속봉은 보통의 금속봉으로 거기에서 뭔가가 발산될 리는 없고, 유적의 사람 뼈라는 물질도 마찬가지다. 이런 사실은 초등학생도 알 수 있는 과학적 상식이다. 지금 이타이이타이병에 관해 아무것도 모르고 '과학적 상식'만 가지고 있는 외국인과, 앞서 말한 일본인 기자들이 동석하여 '그 책을 가지고 있던 아무개 씨'와 기자회견을 했다고 치자. 카드뮴 금속봉이 나온다. 이것은 누구에게나 똑같은 물질, 즉 '금속봉'에 지나지 않는다. 사람 뼈가 누구에게나 똑같이 '물질'에 지나지 않는 것과 마찬가지다. 그러나 일본인 기자단은 몸을 뒤로 피하면서 달아난다. 아무개 씨는 아무렇지도 않다고 말하며 이것을 혀로 날름 핥는다. 이건 그 자리에 동석한 외국인 기자단에게는 전혀 이해가 가지 않는 상황일 것이다. 만일 이 금속봉을 발굴 터의 사람 뼈처럼 매일매일 운반시키기라도 한다면 일본인 기자단 쪽은 아마 시름시름 열이 날 것이고, 외국인들은 멀쩡할 것이다.

이런 차이는, 말할 것도 없이 그 시점까지의 '이타이이타이병의 연혁'이라는 '사진과 말로 기록된 내용이 쌓인 역사'의 소산이다. 물론 그것은 그 역사의 내용이 지니는 가치와는 무관하다. 기자들은 이타이이타이병의 비참한 상태를 임재감적으로 파악하여, 자신이 파악한 내용에 따라 그 비참함을 카드뮴 금속봉에 '빙의시키고'(다시 말해 감정이입을 하고), 빙의시킨 것에 따라 금속봉이라는 물질의 배후에 비참함을 임재시킨 다음, 그 임재감적 파악을 절대화함으로써 그 금속봉에 의해 거꾸로 지배당하게 된 것이다. 임재감적 파악을 절대화했기 때문에, 이때 자신과 마찬가지인 어떤 **인간**이 그 금속봉을 태연히 손에 들고 있다는 사실은 간과된다. 이 점은 사람 뼈를 처리하는 경우도 마찬가지다. 따라서 이 도식을 악용한다면 카드뮴 금속봉을 손에 들고 있음으로써 한 무리의 인간을 지배하는 것이 가능해진다. 이것이 물신화라는 것이다. 우상을 이용해 사람을 지배하는 것인데, 메이지 시대 이래로 계몽을 통해 '과학화'된 현대인조차

'카드뮴 금속봉이 뿜어내는 공기'에 지배당해 자기도 모르게 몸을 뒤로 피한다거나 달아나는 따위의 행동을 하는 것이다. 물론 카드뮴 금속봉은 그 일례에 불과하고, 앞서 설명한 것처럼 대상은 자동차가 될 수도 있고, 그 밖의 다른 물질이 될 수도 있다. 옛 사람들의 표현을 빌린다면 '정어리 대가리'라고 부를 수 있는 그 무엇이라도 좋겠다.

신이라는 개념은 원래 사람이 '두려워하는' 대상이었다. 많은 신사는 비참함을 체현한 대상이 그 비참함을 세상에 전파하지 못하도록, 그 상징적 물질을 고신타이御神体[31]로 모시면서 달래는 것이다. 따라서 카드뮴 금속봉을 고신타이로 삼는 '카드뮴 신사'의 존립도 가능하다. 아니, 가능한 게 아니라 오히려 어떤 '경우'에는 이미 존재했던 것이고, 쇼와 시대[32]의 후쿠자와 유키치는 그것이 고신타이가 될 수 없음을 증명하려고 했아 보였던 것이다.[33] 이런 물신화는 이타이이타이병에 대한 과학적 규명이나 그 '역사'와는 전혀 무관하다. 여기서 '무관'하다는 의미는, 설령 양자 사이에 의학적인 관계가 있다 하더라도 '무관'하다는 뜻이다.

이것을 서로 무관한 것이라 단정하고, 인류는 우상의 지배로부터

---

31 신도에서 신사의 신령이 머문다고 생각하는 예배의 대상물을 말한다. 경우에 따라 칼, 거울, 구슬, 돌, 나무 등 여러 형태가 있을 수 있다. 그중 위패 형태로 된 것은 미타마시로(御靈代)라고도 부른다.

32 쇼와 덴노의 통치에 해당하는 1926년 12월 25일부터 1989년 1월 7일까지를 가리킨다. 쇼와(昭和)는 《상서(尚書)》〈요전(堯典)〉의 '百姓昭明協和萬邦(백성이 밝고 똑똑해져 만방을 화평하게 하다.)'에서 따온 글자다.

33 저자는 카드뮴 금속봉을 핥아 보인 사람을 '쇼와 시대의 후쿠자와 유키치'라고 비유적으로 표현했다.

독립하기 위해 실로 오랜 투쟁의 역사를 겪었고, 많은 피를 흘렸던 것이다. 그것은 임재감적 파악을 절대화함으로써 그 대상을 물신화하고 그 대상에 지배당하는 사람, 예컨대 '카드뮴 금속봉이 뿜어내는 공기에 지배당하는 자'를 이단으로 선고하고, '카드뮴 오염 규명 역사' 및 그 성과와는 무관한 것으로 배제함으로써[34] 비로소 성립하는 것이었다.

또한 그것은 우리로서는 무척이나 이해하기 어려운 초기 기독교도의 정통–이단 논쟁의 배후에 있는 문제이기도 하다. 예컨대, 카드뮴 공해를 누구보다 열심히 연구해서 그 비참함을 속속들이 아는 (또는 속속들이 알고 있다고 자인하는) 사람은 바로 그 때문에 금속봉이라는 대상을 '연구라는 자기 역사'의 역사적 결과물로 그 비참함의 임재감으로만 파악하게 되고, 자기가 파악한 것을 절대화하지 않을 도리가 없게 된다. 이처럼 가장 성실하고 열심이면서 진지한 사람, 당시의 상태로 표현한다면 그 물신에 대한 신앙이 가장 돈독한 사람을—설령 그 물신을 그리스도라고 부른다 하더라도—오히려 이단으로 단죄하고 배제하는 결과가 되어버리는 것이다. 하지만 그렇게 하지 않으면 물신의 지배, 즉 공기의 지배에서 영원히 벗어날 수 없게 되어버린다. 이 문제는 잠시 뒤로 미루어두고, 앞서 설명한 공기 지배가 어떤 형태로 완성되는지부터 살펴보자.

---

34   물신화 현상을 과학적 규명과는 무관한 것으로 배제한다는 의미로 추정된다.

4.

지금까지 든 예는 쉽게 말해 '공기가 한 방향으로만 지배하는' 경우였다. 다시 말해, 임재감적 파악으로 인해 절대화되는 대상이 하나이므로 서로 감정이입함으로써 상호간의 임재감적 파악이 일어나지 않는, 가장 단순화된 경우였다. 하지만 우리 현실 세계는 그렇게 단순하지 않다. 인골, 카드뮴 금속봉, 병아리, 인큐베이터의 내부, 자동차 등등의 경우는 제각기 임재감적 파악을 절대화시키는 대상이 있고, 사람들은 이들 물신에 제각기 역으로 지배당하고 그 지배의 망 속에 갇힌 상태가 되었다고 할 수 있다. 결국 그것이 '공기'가 지배력을 발휘하는 경위인데, 그 복잡한 그물코를 전부 풀어헤칠 수는 없으니까 우선 두 방향 또는 두 극점에 대한 임재감적 파악을 절대화하고, 그 절대화에 의해 역으로 그 두 극점에 지배됨으로써 사람이 완전히 '공기에 지배'당하고 옴짝달싹할 수 없게 되는 예를 들어보도록 하자. 이런 예는 일본이 중요한 결정을 내릴 때, 가령 중일전쟁의 본격화라든지 태평양전쟁의 개시, 일중 국교 정상화 등의 국면에서 반드시 나타나는 도식이다.

여기에서는 지금까지 분명히 남아 있는 가장 좋은 예라고 생각되는 세이난 전쟁西南戰争[35]을 가지고 논의해보자. 세이난 전쟁이라면 이미 오래된 역사상의 사건으로서 싸움의 주체도 같은 일본인끼리였고, 그래서 외교적 배려로 허위를 '사실'이라고 강변할 필요도 없는데다, 설령 사실과 다른 이야기를 한다 해도 역사에 대한 반성이 부족하다는 비난을 들을 일도 없을 터이다. 또한 어느 한쪽을 덕성이 넘치는 신격화된 존재로 만들거나 반대로 다른 쪽을 잔학한 집단으로 규정하더라도 양쪽 다 일본인이니까 외부로부터의 불평은 없을 것이다. 국내에서 벌어진 역사상 사건의 경우 이런 점 때문에 이를테면 '무해하게' 되어서 다루기가 쉬워진다. 그럼에도 그 기본적 도식은 실은 현대와 다를 게 하나도 없기 때문에 딱 좋은 샘플이라고 할 수 있다.

　세이난 전쟁은 근대 일본에서 벌어진 최초의 근대적 전쟁으로서 관군 대 반란군이라는 명확한 개념이 처음으로 현실에 드러난 전쟁이었다. 이런 현상은 전국시대에는 볼 수 없는 것이었다. 아울러 사이고 다카모리 西鄕隆盛36는 그때까지 전 국민의 신망을 얻고 있던 인물이었다. 따라서 사이고가 위험에 처하면 전국적인 소동이 될 수도 있는, 아니 적어도 '그렇게 될 수 있다는 걱정'을 메이지 정부 당국이 가지고 임했던 전쟁이다. 요

35　세이난 전쟁은 1877년 현재의 구마모토현·미야자키현·오이타현·가고시마현에서 사이고 다카모리가 맹주로서 주도하여 일으킨 사무라이의 무력 반란이다. 사이고 다카모리가 하야한 후 설립한 사학교가 중심이 되었던 사건이기 때문에 사학교 전쟁이라고도 불린다. 메이지 초기에 일어난 일련의 사무라이 반란 중 최대 규모였으며, 일본 역사상 마지막 내전이 되었다.

36　사이고 다카모리(1828~1877)는 사쓰마번(薩摩藩) 무사 출신의 군인이자 정치가로, 사쓰마-쵸슈 동맹의 성립과 왕정복고 성공에 큰 역할을 하여 메이지유신의 주요 지도자가 되었다. 이후 메이지 정부의 육군 대장·근위도독 등 요직에 올랐으나 조선 정벌에 관한 정쟁에서 패하여 은퇴하고 고향인 가고시마에서 은거하며 교육에 전념했다. 자신을 옹립한 사쓰마 사족들의 뜻을 따라 최후의 사무라이 전쟁이라고 할 수 있는 세이난 전쟁을 일으켰으나 정부군에 패배를 거듭하여 패잔병을 이끌고 가고시마에서 전투 도중 사망하였다. 메이지유신의 일등 공신이었으면서도 메이지 정부에 대한 반역자로 죽은 역설적 인물로, 일본에서는 '최후의 사무라이'로 널리 숭앙받고 있다.

컨대 '여론'의 동향이라는 것이 처음으로 중요해진 전쟁이었고, 그에 따라 언론이 본격적으로 활동하기 시작했기 때문에 정부가 언론을 이용하기 시작한 것도 세이난 전쟁부터의 일이었다. 원래 일본 농민들은 전쟁이란 건 무사들의 일이니까 자신들과는 무관하다는 식의 태도(청일전쟁 당시만 해도 이런 태도가 있었다.)를 가지고 있었는데, 농민들을 징발해 병사로 사용하는 관군 측은 이런 무관심층을 전쟁에 '심리적으로 참가'시킬 필요가 있었다. 그래서 전의를 고양시키는 기사가 필요하다고 보았고, '관군=정의롭고 자애로운 군대, 반란군=불의하고 잔학한 집단'이라는 도식화가 이루어졌다. 관군은 박애사博愛社[37]를 통해 적과 아군을 가리지 않고 부상자를 구하는 정의로운 군대라는 선전도 시작했는데, 이것은 훗날의 '황군 대분투' 식 기사의 선례가 되었다. 그러니까 일·중 간 국교회복에 이르기까지 전쟁 기사의 원형이라고 할 수 있는 '공기 배양법'의 기본은 모두 이 시기에 완성된 것이었다.

가장 먼저 나온 기사는 사이고의 군대가 '잔학한 집단'이라는 것이었다. 이하는 그 내용의 일부다.

〈관군 병사를 잡아 화형에 처하는 잔학성은 보아 넘길 수 없다〉

[9. 25. 우편 보도] 반란 역도들의 잔학무도함도 이 정도까지는 아니리라고 생각했거늘, 요즈음 전장에서 돌아온 자가 그 참상을 보고 말한 것을 또 전해 들으니, 언젠가의 전투에서는 일고여덟 명의 관군이 반란군에 붙

---

37 일본 정부가 적십자를 모방해 1877년에 설립한 결사로, 일본적십자사의 전신이다.

잡혀 줄줄이 엮인 채 어떤 신사의 경내로 끌려가 큰 나무 아래 결박당했는데, 반란군들은 서로 모여 말하기를, 목을 치고 배를 갈라 생간을 끄집어내어도 흥이 나지 않으니 뭔가 재미있는 방법이 없겠냐며 저희들끼리 수군대더니, 신사 앞에 세워진 동으로 만든 기둥 문을 가운데서부터 두 개로 잘라 내어, 그 안에 산처럼 쌓아올린 숯불을 피워 이것이 새빨갛게 타오르면, 하늘을 향해 울부짖고 땅을 향해 곡을 하는 살아 있는 포로들을 한 사람씩 줄줄이 끌어내 이 불타는 기둥을 끌어안게 하여 지져 죽였다 하니, 저 옛날 중국의 이야기에 나오는 은殷의 주왕紂과 하夏의 걸왕桀이 즐기던 포락炮烙의 형벌이 흡사 그러하였으리라고 짐작되며, 예전에 육군에 소속된 문관 모씨도 이렇게 형장에서 불태워 죽임을 당하였다.

이런 기사를 자꾸 읽다 보면 일·중 국교회복 이전에 회자되던 '일본인 잔학 민족설'과 흡사한 '가고시마현인[38] 잔학 민족설'도 성립할 것처럼 보이지만, 조금만 주의해서 읽어보면 이것이 창작 기사라는 사실은 누구라도 쉽게 간파할 수 있다. 먼저 '보아 넘길 수 없다'는 제목은 마치 스스로 목격을 했거나 목격자를 직접 취재했다는 인상을 주고 있지만, 사실은 목격자인 '증인'이 누구인지 분명치 않고, '보고 말한 것을 또 전해 들으니'라는 복선이 깔려 있다. 설령 사이고 측이나 그 동조자들이 '사실 여부를 조사하기 위해 목격자를 만나보자'고 주장하더라도 (그런 일이 있었을 리도 없지만) 알 수가 없다고 버텼을 것이다. 둘째, '언젠가의 전

---

[38]   사이고 다카모리 및 그의 추종 세력의 출신지였던 사쓰마번은 오늘날 가고시마현에 해당한다.

투에서'라고 하여 '일시'가 분명치 않고, '어느 신사의 경내'라고만 하였
으므로 장소가 명확치 않다. 그러면서도 반란군에 대한 묘사는 실로 구
체적이어서 마치 직접 본 것처럼 쓰고 있다. 게다가 사건은 이것만이 아
니었다는 식으로 신빙성을 더하기 위해 '예전에 육군에 소속된 문관 모씨
도 이렇게 형장에서 불태워 죽임을 당하였다.'고 썼지만 그 이름이나 계
급, 날짜도 밝히지 않았다. 더 이상한 것은, '예전에' 동일한 형벌로 누군
가를 죽였다면 '동으로 만든 기둥 문을 가운데서부터 두 개로 잘라 내어'
뭔가를 한 것도 그 당시에 했던 방식을 이번에도 그대로 이용하는 것이었
으리라는 점이다. 이것이 처음으로 시도한 방식이 아니었다면 마치 직접
본 것처럼 묘사하고 있는 '반란군'들의 상의하는 모습은 분명 어색한 데
가 있다. 그 의논하는 모습에 대한 묘사는 여태껏 해본 적 없는 새로운 방
식을 취해보자는 식의 논의였다는 것인데, 그렇지 않다면 '뭔가 재미있는
방법이 없겠냐며' 의논 끝에 기둥을 둘로 갈랐을 리는 없겠다. 이것은
졸저《내 안의 일본군私の中の日本軍》에서 분석한 '100명 베기 경쟁'이나 '살
인 게임'의 효시 격이라고도 할 수 있는 기사다. 몹시 우려스럽게도, 일본
신문에는 이런 식으로 기사를 창작하는 1세기 가까운 전통이 있다고 보
아야 한다. 이 기사는 1877년에 쓰인 것이기 때문이다. 물론 잔혹한 기사
는 이것만이 아니라 '관군 전사자의 음경을 잘라 그것을 입에 쑤셔 넣다',
'강간, 윤간 등 말로 못할 짓거리' 등 다양한 취향을 발휘해 창작한 기사
들이 넌덜머리가 날 지경으로 많다.

　　말할 필요조차 없겠지만 이런 식으로 사이고 군을 임재감적으로 파
악하여 그 파악을 절대화시키면 사이고 군은 '카드뮴 금속봉', 즉 당장 제

거해야만 하는 신격화된 '악' 그 자체, 이른바 '악의 화신'이 되어버린다. 그렇게 되면 당초에는 사이고 측에 동정적이던 사람도 또는 정부와 사이고의 사이를 조정하여 불필요한 유혈 사태를 조속히 중단해야 한다고 주장하던 사람도, 사이고와 오쿠보를 법정에 불러내 시비곡직是非曲直을 가릴 것을 주장하던 사람도 모두 '더는 그런 이야기를 할 수 있는 **공기**가 아니'라는 심리 상태가 되어버린다. 이런 기사는 아마도 그런 공기를 조성하기 위해 정부의 교사를 받은 사람이 벌인 계획적인 캠페인이었을 것이다.

한편, 그 반대쪽에는 말할 필요도 없이 신격화된 '선' 그 자체, '인자함'의 극치인 덴노와 관군이 있다. 그리고 그들에 대한 임재감적 파악을 절대화하기 위해 여러 번에 걸쳐 지면에 크게 등장하는 것이 박애사에 관한 내용이다. 그 일부를 아래 인용하니, 앞에 예로 든 '반군 잔학 집단 기사'와 비교하며 읽어보시기 바란다.

〈일단 좌절되었던 박애사 드디어 설립—사노 쓰네타미佐野常民39, 오규 유즈루大給恒40의 주장〉

[6. 27. 우편 보도] …… 성상께서 지극하신 인애함으로 마음 아파하시며 누누이 위로 서한을 주시고, 황후께서도 많은 하사품을 내리신다니 신하

---

39   사노 쓰네타미(1823~1902)는 사가(佐賀) 출신의 무사, 정치인으로 박애사의 설립자이다.

40   오규 유즈루(1839~1910)는 미카와(三河) 출신의 다이묘로, 메이지유신 후에는 백작이 되었다. 그 또한 박애사의 창시자 중 한 명이다.

된 자들로서 감읍할 따름인바, 우리는 이러한 때에 임하여 …… 재주 없음
만을 탓하지 않고 결사를 맺어 박애사라 하고 …… 사원社員을 전장으로
보내어 …… 관군 부상자를 구제할 것을 지원하고자 함. 폭도의 사상자는
관군의 수배에 달할 뿐 아니라 구호 방법도 갖추지 못하고 있어 종종 부
상자를 산야에 두고 비바람에 방치한 채 거두지 못하기에 이는 대의를 거
스르는 것인바, 관군의 적이라고는 하지만 이들 또한 황국의 인민이며 황
가의 자식이니 부상을 입어 죽음을 기다리는 자를 돌보지 않고 버리는 것
은 인정이 허락하지 않으므로 이들 또한 수용하여 치료하고자 하는 ……
조정의 관대한 뜻을 내외에 …….

이런 식으로 관군을 임재감적으로 파악하여 그것을 절대화하는 것
이다. 그러면 사람들은 거꾸로 이렇게 신격화된 대상에 지배당하게 되어
버리고, 여기에서 양쪽의 극단에 의해 두 방향으로 '공기'의 지배가 완성
된다. 이렇게 되면 사람들은 이미 옴짝달싹할 수 없게 된다. 그리고 이것
과 완전히 동일한 도식이 일·중 국교회복 당시에도 만들어졌다.

지금으로부터 30년 정도가 지나면 일·중 국교회복의 방식에 대해
다양한 비판이 제기될 것이다. 물론 무슨 일이든 후대의 비판을 피할 수
는 없으므로 그것은 그것대로 받아들여야 할 일이다. 다만, 그때 가서 다
나카 전 총리의 말을 들어보자면 아마도 '그 무렵 유행하던 공기로는 그
렇게 할 수밖에 없었다.', '그 당시의 공기를 상기하면 그렇게 해도 된다는
생각은 당시나 지금이나 마찬가지다.'라든가, 또는 '당시의 공기를 모르
는 역사가나 외교평론가의 의견에는 일체 답하지 않겠다.'는 식으로 '전

함 야마토 출격 비판에 대한 관계자의 답변'과 똑같은 내용이 될 것이다.

여기에서 공기 지배의 또 다른 원칙이 등장한다. 그것은 '대립 개념으로 대상을 파악하는 것'을 배제하는 것이다. 대립 개념으로 대상을 파악하면, 예컨대 그것이 임재감적 파악이었다 하더라도 절대화할 수는 없기 때문에 대상에 지배당하지는 않는다. 그걸 배제하지 않으면 공기로 사람들을 지배하는 것은 불가능하다. 이렇게만 말하면 너무 추상적이니까 구체적인 예를 들어보겠다.

예를 들어, 한 사람을 '선악이라는 대립 개념'으로 파악하는 것과, 인간을 선인과 악인으로 구분하여 어떤 인간에게 '내면적인 선이라는 개념'을 덧씌워 그것을 '선'으로 파악하고 다른 인간에게는 '내면에 존재하는 악'이라는 개념을 덧씌워 이를 '악'으로 보는 것은, 언뜻 보기에는 비슷하지만 실은 전혀 다른 파악 방식이다. 설령 양쪽 모두 임재감으로 파악한다 하더라도 한쪽은 관군과 반란군 모두를 선악이라는 대립 개념을 사용하여 파악하고 다른 한쪽은 관군은 선, 반란군은 악으로 파악하고 있다면 이 양자의 파악이 전혀 다른 형태가 될 것은 당연한 노릇이다. 그러므로 '선악 개념을 가지고 있기 때문에 세계의 모든 민족이 대상을 선악으로 파악한다는 점에서는 마찬가지다. 단지 선악의 기준이 다를 뿐이다.'라고 말할 수는 없다. 이 부분에 관해서도 메이지 시대의 오해가 아직까지 남아 있다. 전자, 즉 '선악이라는 대립 개념'으로 대상을 파악하는 경우 자기가 파악한 것을 절대화할 수는 없기 때문에 대상에 의해, 요컨대 공기에 지배되지는 않는다. 반면에 후자는 일방에 대한 선이라는 파악과 다른 일방에 대한 그 반대 극단인 악이라는 파악이 함께 절대화되기 때문에 양극단에 대한 파악의 절대화에 의해 역으로 스스로가 양방향으로부터 규정됨으로써 거기에 완전히 지배당해 옴짝달싹할 수 없게 되는 것이다. 바꾸어 말하면, 쌍방을 모두 '선악이라는 대립 개념'으로 파악하는 대신 일방은 선이고 다른 일방은 악이라고 규정하면, 그 규정에 자기가 구속당해 꼼짝도 못하게 되는 것이다. 게다가 언론 등이 이런 규정을 확대해 모든 사람을 구속하면 그 결과는 지배와 마찬가지가 된다. 즉, 공기의 완전한 지배가 되어버리는 것이다. 더구나 이것이 세 방향, 네 방향이 되면 (일·중 국교회복 당시에는 대체로 네 가지 대상의 임재감적 파악의 절대화에 기초하여 네 방향의 지배가 이루어졌다고 필자는 생각하고 있다.) 더는 그 누구도 그 '공기의 지배'에 저항할 수 없게 된다.

여기에서 문제를 극복하기 위한 요체는 두 가지로 요약된다고 생각한다. 첫째는 역사관을 통해 임재감을 다시 파악하는 것이고, 둘째는 대립 개념으로 대상을 파악하는 것이다. 여기에 대해서는 다음 장에 설명하겠다.

5.

다시 '공해 문제'를 조금 거론하려 한다. 지금까지 '공기'의 연구를 위한 소재로는 주로 해군과 공해를 들었는데, 그렇게 된 것은 그 두 분야에서 '과학적인 데이터'와 '조성된 공기' 사이의 차이를 매우 쉽게 구별할 수 있기 때문일 뿐, 이 두 가지 사례가 공기에 의한 지배의 전형이어서는 아니었다. 원래 이 두 부문에서는 전문가가 과학적 근거만 가지고 결정을 내린다면 '큰 실수 없는' 결정이 이루어질 수밖에 없는데도 결국은 완전히 이상한 '공기'의 결정에 끌려갔다. 그렇다면 이 두 분야보다 '데이터'와 '공기'의 차이를 구별해내기가 훨씬 더 어려운 부문에서는 '의사 결정을 죄다 공기에 맡기게' 되거나 '결정이 데이터에 바탕을 둔 것처럼 보이게' 하는 것이 실상이라 한들 이상할 것은 없다. 단지 그 차이가 명확히 무엇인지 포착하기 어려울 뿐이다.

해군이 국제적 성격을 지닌 것과 마찬가지로 과학적 데이터에도 '국제성'이 있다. 그러니까 그 국제적 기준을 기초로 일본의 결정을 재검토한다면 '공기의 결정'의 실태가 밝혀질 터이다. 그러나 표면상으로는 일본의 기준에 따른 결정은 어디까지나 '과학적 근거'에 따른 것이지 '공기'에 의한 것이 아닌 걸로 되어 있기 때문에 외국으로부터 결정의 과학적 근거가 뭐냐는 문의를 받게 되면 아무도 답변을 할 수 없게 되어버린다.

이런 점에서 〈잘못된 이산화질소 기준에 국제적 불신 확산-과학적 질문에 답변하라〉(《세이론正論》 1975년 10월호)라는 기요우라清浦 도쿄 공업

대 명예교수의 논문은 대단히 흥미롭다. 이 교수가 지적한 문제점의 배후에 있는 것이야말로 '공기의 결정'이다. 그 일부를 인용하면 다음과 같다. ('……'는 중략)

…… 금년 봄부터 두 번에 걸쳐 서구 및 미국으로 환경 과학 분야에 관한 출장을 다녀보니 일본 과학계에 대한 강한 불신감이 점차 확산되고 있다는 것을 느낄 수 있어 실로 안타깝다. 서구는 일본과 정보 교류를 원하면서 손을 내밀고 있는데, 일본 환경청과 일부 관계 과학자들이 교류를 거부하고 있다는 사실을 알게 되어 유감일 따름이다. …… 우리 일본의 이산화질소 환경 기준의 오류에 관해서는 이미 여러 방면으로부터 지적이 있었으나 …… 미국 환경보존청 샤이 박사는 미국 상원 의회에서 증언을 통해 '일본의 이산화질소 기준 설정의 과학적 근거가 되는 전문위원회 보고서에 포함된 의학 논문이 여러 가지 과학적 오류를 범하고 있어 의학적으로 전혀 받아들일 수 없는 내용'이라고 지적하고 있다. …… (가스가春日 대기보전국장은 '샤이 박사의 의견에는 몇 가지 오해가 있다.'며 문제의 소재를 슬쩍 바꾸고 있다.) …… 그러나 일본 이산화질소 기준의 오류를 지적한 것은 샤이 박사만이 아니다. …… 미국 과학 아카데미의 〈대기오염이 건강에 미치는 영향〉이라는 보고서에도 일본 이산화질소 기준 설정의 기초가 된 역학적 연구의 오류를 강하게 지적하는 세 페이지에 걸친 데이터가 포함된 논문이 게재되어 있다. …… 더욱 놀라운 것은, 미국 정부의 보고서에 '일본 측에 역학 연구의 근거 자료 제공을 요청하였으나 아직까지 입수되지 않았다.'고 기록되어 있고 …… 필자도 미국 방문 계기에 '일본의 이산화

질소 기준 설정의 근거가 된 역학조사 자료의 제공을 환경청 또는 기준 설정 전문위원회에 2년 전부터 정중히 요청하고 있으나 한 번도 답신이 없었다.'는 불만을 미국 환경보존청이나 관련 학계의 과학자들로부터 들은 바 있다. 이런 상황이 일본 정부와 과학계에 대한 미국 내의 불신감을 한층 강화시키고 있다. …… 환경청은 일본이 공해 행정의 선진국이라고 착각하고 세계에 모범이 되고 있다는 자부심을 품고 있는 것처럼 보인다. 그리고《환경백서》에는 환경 과학의 국제 협력을 소리 높여 강조하고 있다. 국제 협력이 필요하고 일본의 기준에 자부심을 느낀다면 왜 미국 정부 및 과학계가 요청한 자료를 여태 제공하지 않고 있는 것일까. 국제관습을 어기며 자료를 보내지 않으면서도 다른 한쪽으로는 '미국 측에 오해가 있다.'는 둥 국회에서 문제를 호도하는 답변을 함으로써 국민을 속이고, 나아가 마치 미국의 이산화질소 기준 설정에 문제가 있는 것처럼 날조해 비판을 회피한다면 일본의 이산화질소 기준이 너무나도 엉터리여서 해명할 길이 없기 때문일 것이라고 국민들이 받아들여도 할 수 없는 노릇이다. …….

꽤나 긴 인용이 되었다. 여기에서 내가 검토하고 싶은 첫 번째 문제는 정부가 이 문제를 어떻게 처리해야 하느냐이고, 둘째는 이렇게 결론을 내리는 과정에서 '공기의 조성' 과정이 어떤 패턴으로 이루어지는가, 그것이 과거의 여러 유사한 결론, 그 결론을 바탕으로 결정에 이르는 패턴과 어떤 점에서 유사한가 하는 문제다.

우선 그 첫 번째 문제로서, '국제성을 추구'한다고 하면서도 상대의 요청에 대해 자료는커녕 답신조차 보내지 않고 2년이나 방치해두는 것은 대단히 실례일 뿐더러, 이런 식으로는 국제적 신용을 완전히 잃게 될 것으로 우려된다. 국제적 신뢰를 잃으면 그것은 결국 국내로 영향을 되미쳐 국민의 신뢰도 잃는다. 국제성을 띠고 있다면 자료건 상품이건 기술이건 이런 반사 효과는 당연한 현상이며, '미국에서 결함이 있는 자동차라면 일본에서도 결함이 있는 자동차'가 되는 것이다. 그러니까 환경청은 즉시 답신을 해야 할 것으로 생각한다. 그 답신 문안을 한번 써본다면 아래와 같이 되지 않을까 생각된다.

"일본에서는 이러한 문제에 최종적 결정을 내리는 주체가 '공기'인 바, 과학적 근거라고 불리는 것이 공기에 적합하도록 재구성되는 것이 일반적이기 때문에 과학적 근거만을 가지고 '여러 가지 과학적 오류를 범한 것'이라고 주장하는 샤이 박사를 비롯한 많은 기관의 비판에 승복할 수 없습니다. 일찍이 도요타 연합함대 사령관이 그랬듯이, 우리는 '그 당시의 공기를 모르는 자의 비판에는 일체 답할 수 없다.'라고 답변드릴 수밖에 없습니다."

그리고 거기에다 〈공해 문제의 진상을 밝히다〉라는 기사를 연재해 온 《실업의 일본実業の日本》 잡지 편집장 요시다 노부요시吉田信美 씨가 주장한 것처럼, '큰 실수로 점철된' 공해 행정의 추진 방식이 마치 '제2차 세계대전 직전에 미국의 실체에 대한 인식도 충분치 않은 상태로 저돌적으로 진격했던 육군의 단세포적인 감투 정신敢鬪精神과 비슷한 것'이라는 내용으로 시작하는 설명(〈게쓰요효론月曜評論〉)을 덧붙이면, 그로써 충분한 설명이 되지 않을까 생각된다.

이런 식으로 말하면 제일 먼저 나올 수 있는 질문은 "그 '공기'라는 것이 영어로는 어떻게 번역되나? air라고 하면 의미가 통하는가?"라는 것이리라. '공기'라는 것은 일본에만 있는 것이라서 외국어로는 번역될 턱이 없다고 오해하고 있는 사람이 있을지도 모르겠다. 그러나 걱정하실 필요 없다. '공기'가 존재하지 않는 나라는 없으니까. 단지 문제는 그 '공기'의 지배를 허락하느냐 또는 허락하지 않느냐, 허락하지 않는다면 어떻게 대처하는가 하는 데 있을 뿐이다. 이 '공기'라는 것은 프네우마pneuma, 루아rûach, 또는 아니마anima 등에 해당한다고 말하면 대체로 이해될 수 있지 않을까 생각한다.

이런 단어들은 고대 문헌에서는 도처에서 찾아볼 수 있다. 물론 신구약성서에도 나오는데, 의미가 거의 유사한 이들 단어는 루아(히브리어)의 번역이 프네우마(그리스어)이고, 다시 그 번역이 아니마(라틴어)가 되는 관계를 맺고 있으며, 이 아니마로부터 파생된 단어가 애니미즘(물신론)으로, 일본에서는 통상 이 단어들을 '영(레이靈)'이라고 번역하고 있다. 그러나 그리스-영어 사전을 찾아보면 그 원래의 의미는 명확하게 wind(바람), air(공기)로 되어 있다. '영靈'이라는 일본어 성서의 번역은 메이지 초엽 중국어 성서로부터 차용한 것으로 보이는데, 중국어의 '영'에는 일본어에서 말하는 유령의 '영' 같은 의미는 없고, 그런 경우 중국에서는 '귀鬼'를 사용하는 것 같다. 단어를 번역한다는 것은 정말 어려운 일이다. 성서의 다양한 번역본에는 이 단어를 '바람(영)'이나 '영(바람)' 같은 식으로 토를 달아놓은 것도 있어서, 이 단어를 번역하는 데 따르는 어려움을 잘 보여주고 있다.

원래 의미는 '바람, 공기'이지만 고대인은 이것을 숨, 호흡, 정精, 사람의 혼, 정신, 비물질적 존재, 정신적 대상 등의 의미로 사용했다. 또한 일본어로 고토다마言霊(말에 담겨 있는 신비한 영력)라고 할 때 '다마'와 유사하게도 사용했다. 그리고 이 단어들의 의미를 전부 염두에 두고 원문을 읽어보면 우리가 '이 당시의 공기로는'이라고 말할 때의 '공기'와 마찬가지로 사람들을 구속하는 눈에 보이지 않는 그 어떤 '힘' 내지 '심리적 속박', 다시 말해 '인격적인 능력을 가지고 사람들을 지배하지만 그 실체는 바람처럼 만질 수 없는 것'이라는 의미로도 사용된다. 나는 이런 용법으로 사용되는 단어들의 원래 의미는 공기와 거의 같다고 본다.

　　인간이 종교적 광란 상태, 즉 엑스타시에 빠지거나 유행에 의해 집단적으로 이상한 상태에 빠지는 것은 이 공기(프네우마)가 들끓기 때문이다. 이러한 문맥에 포함된 프네우마, 즉 원래 의미대로의 공기에 이 책의 주제인 '공기'를 대입시켜보면 더는 고대의 기술이라고는 생각되지 않을 정도로 생생한 현실성을 띠고 다가온다. 그들[41]도 이처럼 아주 기묘한 '공기의 지배'가 현실에 존재한다는 것을 알고 있었다. 그러니까 일본의 공해 기준은 프네우마가 결정한다고 답신에 쓴다면 그들도 이해할 수 있을 것이다. 동시에 이것이 종교적 결정이라는 점도 눈치챌 수 있을 것이다. 그러니까 호조 마코토 씨의 기사에 등장하는 '자동차 마녀재판'이 이

41　저자는 이 책 전체를 통하여 '그들'이라는 표현을 자주 사용하고 있다. 여기에서 그들이란, 헬레니즘과 헤브라이즘의 세례를 받은 서구 사회를 가리키며, 편의상 저자는 많은 경우 유대인과 서구인을 하나로 묶어서 취급하고 있다는 점을 유념할 필요가 있다. 이스라엘은 동반구에 위치하고 있음에도, 저자는 유대인의 정신적 전통이 서구 사회의 저변을 이루고 있다고 보고 있으며, 따라서 유대인의 전통과 이스라엘의 정치문화를 서구와 싸잡아 한 덩어리로 취급하고 있다는 점이 이 책의 두드러진 특징 중 하나다.

단 심문과 똑같은 모양새가 되는 것은 조금도 불가사의한 것이 아니다.

　프네우마가 나타난다는 설명을 읽으면 '과연 그렇군. 이렇게 쓴 사람은 진정한 현실주의자겠군.'이라고 생각할 것이다. 그들은 프네우마라는 기묘한 것이 자기들을 구속하고 모든 자유를 박탈하여 그 때문에 판단의 자유도, 언론의 자유도, 행동의 자유도 잃고 무언가에 속박당한 가운데 스스로를 파멸시킬 결정까지 내리게 될 수도 있다는 기이한 사실을 즉각 떠올리고 '프네우마의 지배'라는 것이 작용한다는 사실을 전제로 검토하거나 대처해야 한다고 생각할 것이다.

　한편 메이지식 계몽주의는 '영의 지배'가 존재한다는 생각을 무지몽매하고 야만적인 것으로 여겨 차라리 그것을 '없는 것'처럼 취급하는 것이 현실적이고 과학적이라고 생각했고, 그런 것은 부정하고 거부하고 손가락질하거나 웃어넘기면 사라져버리는 것이라고 생각했다. 그러나 아무리 '없는' 셈 쳐도 '있는' 것은 '있는' 것이다. '있는' 것을 '없는' 셈 치면 오히려 제어장치들이 사라져 그러지 않아도 방약무인傍若無人한 맹위를 떨치는 '공기의 지배'를 결정적인 것으로 만들어주고, 결국 한 민족을 파멸의 나락으로까지 끌고 가도록 만든다. 전함 야마토의 출격 같은 사례는 '공기'의 결정을 따른 일례에 지나지 않는다. 태평양전쟁 그 자체, 아니 그 전의 중일전쟁의 발단과 대처 방식도 전부 '공기'의 결정에 따른 것이었다. 공해 문제에 대한 대처, 일·중 국교회복 당시의 현상 등을 살펴보면 '공기'의 결정은 앞으로도 계속 우리를 구속하면서 예전과 똑같은 운명으로 우리를 이끌어갈지도 모른다.

6.

후쿠자와 유키치가—마치 내가 그를 눈엣가시로 여기는 것처럼 되어버렸지만, 그만이 아니라 다양한 의미의 메이지식 계몽가들도 해당된다.—한 일은 서툰 암 수술과 마찬가지로 '절제'하고 '없는' 셈 친 것이었고, 그것이 역으로 온갖 곳으로 전이된 결과를 초래했다. 더 나쁜 것은, 전후에 다시 한 번 동일한 계몽적 재수술을 반복했다는 점이다. 그 때문에 과학적인 결정까지 공기의 지배에 속박됨으로써 자유는 봉쇄되고 과학적 근거는 무시되어, 모든 일에서 상시적으로 '초법규적'이거나 '초과학적 근거'에 바탕을 둔 결정이 이루어지게 되었다. 초과학적 근거를 바탕으로 이루어지는 결정은 이산화질소 기준만이 아니며, 초법규적 결정은 쿠알라룸푸르 사건42이 시초가 아니다. 그 예를 들자면 끝이 없지만, 여기에서는 우선 메이지 시대의 한 사건과 전후의 두세 건을 검토해보자.

후쿠자와 유키치는 신사의 위패 부적을 밟았다지만, 그것은 과거의 부적을 밟은 것이었다. 그런 행동 자체는 아무런 근본적인 해결도 아니기 때문에 곧 그 자신도 절대로 밟을 수 없는 '문명개화'라는 새로운 부적이 생겨났다. 교육칙어教育勅語43나 덴노의 어진이 그런 것들이다. '과학적'으

---

42 일본 적군파 대원들은 1975년 8월 5일 쿠알라룸푸르 소재 AIA(American Insurance Association) 빌딩에서 미국 및 스웨덴 외교관을 포함한 50여 명의 인질을 잡고 동료들의 석방을 요구했다. 당시 일본 정부는 이들의 요구에 응해 5명의 수감자를 석방했고, 범인들은 석방된 동료들과 함께 리비아로 도주했다.

로 말하자면 두 가지 다 종이로서 하나는 인쇄 잉크가, 다른 하나는 감광액이 묻어 있을 뿐인 물질이다. 후쿠자와에 따르면 물질은 어디까지나 물질일 뿐이므로 사람이 물질에서 모종의 임재감을 느낀다면 그런 것을 느끼는 것은 야만적이다. 하지만 그런 '과학적 근거'에 따라 그것을 단순한 '물질'로 규정하면 그 사람은 초법규적으로 처벌받게 되고 만다. 이러한 사정은 우치무라 간조內村鑑三[44] 불경不敬 사건[45] 당시 기독교계의 대표적 인물인 우에무라 마사히사植村正久의 다음과 같은 논평에 잘 나타나 있다.

---

43 1890년 메이지 정부가 야마가타 아리토모(山縣有朋) 내각총리대신과 요시카와 아키마사(芳川顯正) 문부대신에게 내린 교육에 관한 지침이다. 1948년 6월 19일 폐지되었다. 2017년 4월 2일 우리나라 언론에는 다음과 같은 기사가 보도되었다.
"일본 군국주의 상징 중 하나인 '교육칙어'를 학생들에게 교육할 수 있게 됐다고《아사히신문》 등 일본 언론들이 1일 전했다. 신문은 '지난달 31일 열린 각의(국무회의)에서 헌법이나 교육기본법 등에 위반되지 않는 형태로 (교육칙어를) 교재로 사용하는 것을 막을 수 없다는 것을 일본 정부의 공식 입장으로 채택했다.'고 보도했다. 교육칙어는 메이지 시대인 1890년 10월 '신민(臣民·국민) 교육의 근본이념'으로 만들어졌다. 국민은 일왕에게 충성해야 하고, 부모에게 효도하고, 형제자매간 사이좋게 지내야 한다는 등의 내용을 담고 있다. 특히 일왕에게 충성해야 한다는 대목은 군국주의와 침략 전쟁을 미화시켰다는 비판을 받고 있다. 교육칙어는 1945년 8월 일본이 제2차 대전에서 패한 뒤 연합군최고사령부(GHQ)에 의해 이듬해 10월 폐지됐다. 일본의 각의 결정은 제1야당인 민진당의 하쓰시카 아키히로(初鹿明博) 의원의 서면 질의에 대한 답변 격이었다. 각의는 '교육칙어를 교육의 유일한 근본으로 삼는 것은 부적절하다. 하지만 헌법이나 교육기본법에 반하지 않도록 하면 교재로 사용하는 것은 문제가 되지 않는다.'고 했다. 이와 관련 이나다 도모미(稻田朋美) 방위상은 지난달 '교육칙어 자체가 잘못됐다고 생각하지 않는다.'고 말해 비난을 받자, 국회에서 '부활시켜야 한다고 생각하지 않는다.'고 말을 바꾸기도 했다."(《중앙일보》〈일본 각의, '교육칙어 학생들에게 교육할 수 있다'〉)

…… 인간의 의례에 도리가 분명치 못한 부분이 있기 마련이라고는 해도, 우리는 오늘날의 초중등학교에서 일어나고 있는 초상에 대한 경례, 칙어에 대한 배례는 대체로 아이들 장난 같은 일이라고 하지 않을 수 없다. 헌법에서도, 법률에서도, 교육령에서도 근거를 찾아볼 수 없고, 단지 당국의 어리석은 두뇌의 망상에 바탕을 두고 폐하를 섬기는 뜻을 왜곡하고, 교육의 정신을 해치고, 저간에 크고 작은 분쟁을 일으킬 습관을 만들어 메이지의 태평성대에 부동명왕不動明王46의 부적, 스이텐구水天宮47의 초상을 섬기던 것과 비슷한 악폐를 만들어내었다. 우리는 감히 종교적 관점에서 이것을 비난하는 것이 아니라 덴노에 충성하는 선량한 일본국민으로서, 문명적인 교육을 지지하는 한 사람으로서, 인류의 존귀함을 유지하기 원하는 필부로서 이러한 폐해를 비판할 수밖에 없으며, 이에 반대할 뿐 아니라 중

---

44 일본의 개신교 사상가. 서구적 기독교가 아닌 일본인들에게 말씀하시는 하느님의 가르침, 즉 일본적 기독교를 찾고자 한 사상가로 평가받는다.

45 우치무라 간조는 1891년 덴노의 절대 권력의 상징인 교육칙어 봉독식 때 정성을 들여 예를 다하지 않았다는 이유로 존황파들에게 미움을 받고 보복 테러의 표적이 되어 아내와 자식과 직장을 잃었다.

46 일본어로는 '후도우묘우오우'라고 한다. 불교의 8대 명왕의 하나로 제개장보살(除蓋障菩薩) 또는 대일여래(大日如來)의 화신이기도 하며, 5대 명왕의 중심이 되는 명왕이다. 일체의 악마를 굴복시키는 왕으로 보리심이 흔들리지 않는다 하여 이렇게 부른다. 오른손에 칼, 왼손에 오라를 잡고 불꽃을 등진 채 돌로 된 대좌에 앉아 성난 모양을 하고 있다. 진언종, 천태종, 선종, 일련종 및 일본 불교 각 종파에서 폭넓게 신앙되고 있다. 나머지 5대 명왕인 항삼세명왕(降三世明王), 군다리명왕(軍茶利明王), 대위덕명왕(大威德明王), 금강야차명왕(金剛夜叉明王)과 함께 안치된다.

47 도쿄 츄오구 니혼바시에 있는 신사로, 에도 시대부터 임신 및 순산 신을 모신 곳으로 섬겨지고 있다고 한다.

등학교에서 이와 같은 습속을 일소하는 것이 국민의 의무라고 믿는다. 그런데 (제일고등학교의 경우는) 우치무라 씨에게 권고사직까지 하도록 조치하였다고 들었다. 칙어에 배례하는 것은 대체 어떤 법률, 어떤 교육령에 의한 것인가? 일의 크고 작음은 다르나 마치 운동회 내용을 결정하듯이 그저 교장이나 여타 관계자들의 머릿속에서 멋대로 창안된 것에 불과하다. 이러한 이유로 교사의 직위까지 해제한 것을 우리는 납득하기 어렵다.

예를 갖추어 칙어를 읽도록 하는 것은 권위를 중시하는 취지를 살리는 것이고, 학교의 질서를 지킨다거나 신중한 순종의 풍속을 양성하는 것도 좋다. 우리는 이러한 방침의 득실을 논하자는 것이 아니다. 하지만 이런 것을 중시한 나머지 한 사람의 교사를 면직시키는 지경에 이를 정도로 열심인 학교가 도대체 어째서 학생들의 시위는 태연히 불문에 붙이고, 어째서 폭력적 운동을 자의적으로 묵인하며, 어째서 질서를 문란케 하는 행위를 용인하고, 어째서 학생들을 두려워하며, 어째서 학생의 뜻에 영합하기에 급급한가 …….

이상의 설명은 이 사건이 '학생운동'에 굴복한 학교 당국의 초법적 대처였음을 보여준다. 동시에 메이지 시대적 계몽주의는 (실은 쇼와 시대의 계몽주의도 별로 다를 게 없지만) 결국 새로운 '부동명왕의 부적', '스이텐구의 초상'에 완전히 무력하고, 이런 것들이 법률 이상의 힘을 발휘하며 그것들에 대한 감정이입을 절대화한 임재감에 의해 조성된 '공기'라는 주술의 속박이 사람들을 광란(엑스타시) 상태로 몰아 '폭력 시위' 같은 것조차 불문에 붙이게 될 뿐 아니라 그 대상이 되는 인간에게서 법의 보호를 박탈하고, 그로 하여금 굶어 죽을 각오를 하게 만들 정도로 철저한 방식으로 작동한다는 것을 보여준다. 나는 일본인이 종교에 관용적이라고 말하는 사람에게 이 사례를 들려준다. 이런 사례는 어떻게 보더라도 관용이 아니다. 오히려 어떤 지점을 건드리는 경우에는 무시무시한 불관용을 드러내면서 해당인의 인권도, 법적 기본권도 일체 무시하고 그것을 당연시하는 것을 보여주는 사례인 것이다. 관용처럼 보이는 것도 관용이 아니라 관용의 기준이 다름에 불과함을 이 사례는 드러낸다. 그 기준의 차이에 관해서는 후술하겠지만, 일단 이야기를 계속 진행해보자.

　새삼 말할 필요도 없이 앞의 경우는 '초상'을 임재감적으로 파악하고 그 파악을 절대화함으로써 공기의 지배가 확립되고, 그것이 모든 일본인을 구속하게 된 것이다. 그리고 이와 같은 상태와 그에 기초한 불관용이 전후에도 나타나고 있다는 사실은 단지 앞의 경우에서 대상이 어진이나 칙어이기 때문만은 아니라는 점을 증명한다. 우에무라가 전개한 논법의 바탕은 대상의 대립 개념을 통해 상황을 파악하는 상대화의 일종으로 칙어 대 부동명왕의 부적, 어진 대 스이텐구의 초상이라는 형태로 대상을 상대화하고 있다. 상대화된 대상에 대해서는 임재감적 파악의 절대화가 이루어지지 않기 때문에 대상에 의한 지배는 없어지고, 그에 따라 '공기'는 소멸되어버린다. 이것은 공기에 대한 저항의 한 가지 기본형에 해당한다. 그리고 그것은 공기를 조성해 '공기의 지배'를 완성하려는 사람이 모든 수단을 동원해 배제해야 하는 자는 바로 대상을 상대화하는 자임을 알려준다.

　앞서 소개한 요시다 노부요시 씨는 다음과 같이 말하고 있다.

…… 지금까지도 계속 궁금한 것은, 대체 왜 이처럼 '큰 실수로 점철된' 공해 행정이 생겨나게 되었는가라는 **근본 문제**다. 결론적으로 말하면, 아무래도 일본인의 성격에 기인하는 것 같다는 생각을 하지 않을 수 없다. 쇼와 36년(1961년) 욧카이치四日市에 천식 환자가 대량으로 발생하고 …… (그 후로도 여러 가지가 있지만) …… 스기나미구杉並区와 세타가야구世田谷区에서 광화학 스모그가 발생하자 순식간에 자동차에 대한 공격이 시작되고, 연말 국회에서는 공해 대책 기본법이 개정되어 '건전한 경제 발전과의 조화'를 도모한다는 항목이 **삭제**되어버렸다. 왜 이렇게 중요한 사항을 서둘러 삭제해버린 것일까. 쉽게 끓어오르는 데도 정도가 있다. …… 이 항목을 삭제한 것은 이후 환경 행정의 방향을 그르치는 중대한 과실이었다고 생각한다.

과연 공해 문제를 계속 파헤쳐온 저자의 결론답게 예리하다. 요시다 씨는 그 '중대한 과실'의 기본 원인을 전술한 법규 한 항목을 삭제한 데서 찾고 있다. 즉, '경제 발전'과 '공해 문제'라는 서로 대립하는 내용을 대립 개념으로 파악하는 대신 상대화된 대상 중 한쪽을 제거함으로써 '공해'를 절대화하고 이것을 임재감으로 파악하여 '쉽게 끓어오르는', 다시 말해 하나의 붐으로 절대화시킨 점에서 원인을 찾고 있는 것이다. 문제는 바로 여기에 있다. 대상의 상대성을 배제하고 그것을 절대화하면 인간은 거꾸로 대상에 지배되어 그 대상을 다룰 자유를 잃게 된다. 쉽게 말해, 공해를 절대화하면 공해라는 **문제**는 해결할 수가 없게 된다. 이런 관계를 전혀 이해하지 못한 것이 옛 군부였던 것이다.

요시다 씨도 군부에 관한 언급을 했는데, 이어서 이렇게 쓰고 있다.

나 자신도 일본인이기 때문에 이제 와서 좋고 싫고 해봤자 소용없는 일이지만, 이렇게 행동거지가 가벼운おっちょこちょい[48] 환경 행정을 보고 있자니 그것이 일본인의 성격의 일면에 기인하는 것 같다는 느낌이 들어, 정말 혐오스러운 기분에 빠지게 된다.

하지만 공해 문제와 씨름하는 사람들은 모두 성실하고 진지하다. 예전 군부의 청년 장교도 참으로 성실하고 진지했다. 그 점은 부인할 수 없다. 그럼에도 요시다 씨가 말하는 것처럼 '행동거지가 가벼운' 면이 있었던 것이다. 왠지 나는 여기에서 저우언라이周恩來 중국 총리가 다나카 전 총리에게 했다는 말이 떠오른다. '言必信, 行必果'(그리 하면 소인이다.)라는 것이었다.[49] 이만큼 탁월한 일본인론도 없다. 아마도 이 말은 모든 일본

48　경박하게 촐싹거리거나 덜렁대는 행동을 가리키는 표현이다.

49　저우언라이의 이 언급에 대해 언론인 출신 저자 유민호는 《일본 내면 풍경》에서 이렇게 풀어서 설명했다.
"1972년 9월. 다나카 가쿠에이 총리는 베이징 방문 당시 저우언라이 총리를 만난다. 직전에 이뤄진, 닉슨 미국 대통령의 베이징 방문으로 인한 '닉슨 쇼크'가 전 세계를 흔들어놓던 시기이다. 다나카는 중·일 국교 정상화를 요청했다. 저우언라이는 조건으로 타이완과의 단교를 요구했다. 당시 다나카는 "(타이완 단교를 하겠다는) 나를 믿고 국교 정상화에 나서자."라고 말한다. 청년 시절 일본에서 직접 공부한 경험을 가진 저우언라이는 다나카의 요청에 대한 답을 붓글씨로 남긴다.
言必信, 行必果
말하면 반드시 약속을 지키고, 한번 행하면 반드시 끝까지 결론을 만들어낸다

다나카는 저우언라이가 자신의 말을 믿었다고 말하면서 두 사람 간의 남다른 우정과 신의를 언론에 자랑했다. 그러나 당시 일본 지식인들은 걱정스런 눈으로 다나카를 바라봤다. 저우언라이가 말한 '언필신 행필과'는 논어에 나오는 이야기다. 제자가 선비의 됨됨이를 알 수 있는 조건을 묻자 공자가 세 번째로 꼽으며 답한 부분이다. 다나카가 미처 몰랐던 부분은 '언필신 행필과'에 연결되는 또 하나의 문장이다.

硜硜然小人哉, 抑亦可以爲次矣.
그런 인간은 융통성이 없는 소인배에 지나지 않는다. 그렇지만 선비라는 자격에는 어울리는 조건이라 할 수 있다.

전문을 풀어볼 경우, 이 말은 결코 다나카를 칭찬하는 것이 아니다. 다나카가 '소인배이기는 하지만 선비 정도로 받아들여질 수 있는 그저 그런 급'이라는 것이 저우언라이의 평이다. 중국인은 물론 일본인조차 존경하는 저우언라이는 한학과 고전에 조예가 깊은 인물로 알려져 있다. '언필신 행필과'는 이어지는 문장을 염두에 둔, 일본을 의도적으로 낮춰보려는 발상이라는 것이 일본의 지식인들이 내린 자체 평가다. 그러나 당시는 물론 현재의 일본 지식인들도 공감하는 것은 저우언라이만큼 일본인의 의식구조를 간단명료하게 통찰한 인물도 없었다는 부분이다. 일본인은 일단 말하면 반드시 행하고, 행하면 반드시 결과를 만들어내는 조직적인 민족으로 통한다. 그러나 공자에 따르면 선비급, 즉 참모급은 되지만 방향을 결정하고 큰 흐름을 잡는 지도자는 못 되는 3류급 선비가 '언필신 행필과' 부류다.(앞의 책, 47~48페이지)
이수태 저《새번역 논어》에 의하면 논어 자로 20편 전체의 원문과 풀이는 다음과 같다.

子貢問日, "何如斯可謂之士矣?" 子日, "行己有恥, 使於四方, 不辱君命, 可謂士矣." 日, "敢問其次." 日, "宗族稱孝焉, 鄕黨稱弟焉." 日, "敢問其次." 日, "言必信, 行必果, 硜硜然小人哉! 抑亦可以爲次矣." 日, "今之從政者何如?" 子日, "噫! 斗筲之人, 何足算也?"
자공이 물었다. "어떠하여야 선비라 할 수 있겠습니까?" 선생님께서 말씀하셨다. "자신의 행동에 있어서 부끄러워함이 있고 각국에 사신으로 나가 군명을 욕되지 않으면 선비라 할 수 있다." 자공이 말했다. "감히 그 다음 되는 것을 묻고자 합니다." 선생님께서 말씀하셨다. "일가친척이 효성스럽다 하고 마을 사람들이 공순하다 하는 것이다." 자공이 말했다. "감히 그 다음 되는 것을 묻고자 합니다." 선생님께서 말씀하셨다. "말을 하면 반드시 믿음성이 있고 행동을 하면 반드시 결과가 있다면 하찮은 소인이지만 또한 그 다음 되는 것으로 할 수 있다." 자공이 말했다. "오늘날 정치에 종사하는 자들은 어떠합니까?" 선생님께서 말씀하셨다. "아아. 그릇이 작은 사람들이야 무슨 셈할 것이나 있겠느냐?"

인에 대해 한 말이었을 것으로 짐작되는데, 여기에서 '소인'을 '행동거지가 가벼운 사람'이라고 새기면, 저우언라이는 일본인의 특징을 참으로 날카롭게 간파한 사람이구나 하고 나도 모르게 탄성이 나온다. '하겠다고 했으면 반드시 하고, 하는 이상은 끝까지 한다'면서 옥쇄까지 결행하는 것이나, 임재감으로 파악하는 대상을 끊임없이 바꿔가면서 그때그때의 '공기'에 지배당해 '시대를 앞서간다'는 등 떠들면서 좌나 우로 쏜살같이 휩쓸려가는 것이나, 결국 다 '言必信, 行必果' 하는 '소인'이 하는 짓거리에 해당하기는 마찬가지다. 아마도 대인大人이란, 대상을 상대적으로 파악함으로써 대국을 손에 쥐고 어느 한쪽으로 휩쓸리지 않는 인간을 의미하며, 세상사의 문제를 해결하는 열쇠는 대상을 상대화함으로써 스스로를 대상으로부터 자유롭게 하는 데 있다는 사실을 아는 사람일 것이다.

그러나 몹시 곤혹스럽게도 우리는 대상을 임재감적으로 파악해 그것을 절대화하고 '言必信, 行必果' 하는 사람을 순수하고 멋진 사람으로, 대상을 상대화하는 사람을 불순한 사람으로 간주한다. 그리고 순수하다고 규정된 인간을 다시 임재감적으로 파악하고 그것을 절대화함으로써 칭송하는 한편, 불순하다고 규정된 사람도 마찬가지로 절대화함으로써 배격한다. 이런 기준으로는 우에무라 마사히사 또한 아주 불순한 인간이 되고, 그를 배격하는 '공기'를 두려워하는 사람은 모두 입을 다물어버리는 것이다. 그러나 잘 생각해보면 부도옹不倒翁 저우언라이 총리 자신은 결코 이와 같은 '순수'라는 개념에 들어맞는 인간은 아니다. 어떤 면에서는 '경제단체연합회를 시위대로 포위해 모든 공장을 멈추게 만들어 공해를 근절하자'는 식의 옥쇄주의를 주장하는 사람은 확실히 '순수'하다고 할 수 있을지도 모른다. 그러나 이런 식으로 공해를 없애는 것은 '공해라는 **문제**를 해결하는' 것이 아니다. 마치 사람이 죽으면 질병이 없어지는 것이 '질병이라는 문제의 해결'과는 무관한 것이나 마찬가지다.

왜 이렇게 되는 것일까? 문제는 다시 원점으로 돌아간다. 임재감적 파악의 절대화로 인한 대상의 지배가 가장 명확하게 나타나는 것은 '죽음의 임재에 의한' 지배다. 일본 제국 육군의 절대적 지배의 기본이 여기에 있었다는 것은 나의 다른 책《어느 하급 장교가 본 제국 육군 一下級将校の見た帝国陸軍》(아사히신문사 출간)에서 상세히 설명했기 때문에 다시 논하지 않겠지만, 이런 현상이 전후 민간 부문에서까지 분명히 나타나는 것이 각종 '영정 시위遺影デモ' 같은 것들이다. 어진이든 고인의 영정이든 후쿠자와 유키치 식으로 말하자면 종이와 감광액뿐인 물질이고, 발로 밟든 찢어버리든 물질은 물질에 지나지 않는다. 만일 이러한 가르침에 충실하겠다면 현장에서 몸소 그렇게 해보면 된다. 그 사람이 받게 될 초법적 처벌은 아마 우치무라 간조가 받은 처벌에 비할 바가 아닐 정도일 것이다. 미쓰이 금속三井金属이 '헌법에 보장된 상소 권리'를 포기하도록 초법적으로 압박을 당한 경위[50]도 이런 상황이었다고 들었거니와, 앞에 설명했듯이 인골을 취급하면 원인 모를 발열이 나타나는 전통을 가진 일본 민족에 이런 방법이야말로 실로 결정적인 것이다. 죽음의 임재가 발휘하는 지배력은

---

50   미쓰이 금속은 1968년 이타이이타이병의 원인 기업으로 도야마 지방법원에 제소되었고, 1971년 패소하여 배상명령을 받았다.

호조 씨가 쓴 '자동차 마녀재판'에서도 역시 이산화질소와는 상관도 없는 교통사고 유자녀가 일종의 '죽음의 임재'로 등장하고 있다는 점을 보더라도 명백하다. 이런 경우 '과학적 근거와 무관한 것을 들고 나오지 말라.'는 식으로 말한다면 마치 '영정은 물질이니 무관하다.'고 말하는 사람이 당하는 것처럼 초법적인 처벌을 당하게 될 뿐이다. 우에무라 마사히사 같은 용기가 없는 한 그 누구도 아무런 말도 할 수 없게 된다.

그리고 그 힘은 영정 시위 현장에 있는 사람들만이 아니라 보도를 통해 그것을 임재감적으로 파악하게 된 모든 사람들을 구속하게 되어, 상대화를 통해 대상으로부터 자유를 얻고 '문제'를 해결할 능력을 모두가 잃어버리고 만다. 중일전쟁 확대의 발단이 되었던 퉁저우通州 사건[51]의 경우도 사건에 관한 보도가 마치 '영정 시위'와 같은 힘, 아니 그 이상의 결정적인 힘으로 모든 일본인을 구속했다. 당시의 신문 기사와 영정 시위의 기사를 비교해 읽으면서 '영정 시위'가 발휘한 구속력을 돌이켜보면, 당시의 힘이 얼마나 결정적으로 작용했는지 누구나 실감할 수 있을 것이고, 공기의 지배에 모골이 송연해질 것으로 생각한다. 이건 전함 야마토의 출격 따위와는 비교도 되지 않는다. 그리고 어진이나 영정 시위의 사진을 '물질로 취급'한 사람에 대한 초법적 처벌과도 비교가 되지 않을 것이다. '굶어 죽을 각오' 정도가 아니라 대상이 실제로 살해당하는 것이다.

---

51   퉁저우 사건은 1937년 7월 29일 중국 허베이(河北)성 퉁저우에서 일본의 괴뢰 정권인 지둥(冀東)방공자치정부의 보안대가 반란을 일으켜 일본군을 공격하고 현지 거주 일본인을 살해한 사건이다.

그 힘은 사건의 임재감적 파악을 상대화할 법한 일언반구조차 허락하지 않을 정도로 엄청난 것이었다. 이런 상태가 되면 사람들은 대상에 지배되고 구속당해 일체의 자유를 잃어버리고 '言必信, 行必果'의 상태가 되어 그 어떤 '문제'도 해결할 수가 없고, 옥쇄하여 스스로 죽음을 택하는 길만이 해결책이 된다. 저우언라이 총리는 우리만큼 건망증이 심하지는 않아서 그 당시 일본인의 상태를 잘 기억하고 있었던 모양이다. 그리고 일·중 국교 수립이 붐을 이루던 당시 사람들을 지배하던 공기가 초법적인 '일·대만조약52 폐기'에까지 힘을 미치는 경과를 지켜보면서 '하나도 변한 게 없는 소인배들이로군.' 하고 생각했을 것이다. 대인이냐 소인이냐가 문제가 아니다. 대상의 상대화를 허용하지 않으면 공해 문제든 외교 문제든, 심지어 그 주체가 어느 민족이든 이렇게 되는 것은 당연한 노릇이니까.

분명히 인간은 모두 같은 인간이라고 말할 수 있다. 하지만 이런 말은 '만일 인간이 임재감적 파악을 절대화하여 역으로 그 대상의 지배를 당하게 되면 인간은 같은 패턴으로 행동한다.'는 의미로만 옳다. 만약 임재감적 파악을 죄로 규정하고 그런 사고를 하는 자를 사형에 처하는 (일본과는 정반대의) 전통을 가진 민족이 있다고 가정한다면, 양쪽 다 같은 인간이기 때문에 오히려 그 행동 패턴은 전혀 달라질 것이다. 요컨대 같은 인간이기 때문에 달라지는 것이다. '인간은 모두 같다'고 말하는 사람이

---

52   日華条約 또는 日華平和条約이라고 표기한다. 1952년 일본과 대만(중화민국) 간 체결한 조
       약으로, 1972년 일·중 국교 수립 이후 폐기되었다.

미처 보지 못하는 것은 '같기 때문에 다르다'는 이치다. 물론 '같으니까 같은' 면도 있을 것이고, 민족들이 죄다 제각기 별종인 것처럼 말하는 '공기'가 생긴다면 그것은 오류에 해당한다. 그 또한 상대적이라서 '공기'에 의해서 결정되어서는 안 된다. 그러니까 이제부터 쓰려는 내용은 '같기 때문에 다른' 하나의 측면—그러나 중요한 일면—에 불과하다.

내가 '영정 시위'에 관심을 갖게 된 것은 만약에 이것을 이슬람권, 그 중에서도 특히 '초상 금지'를 철저히 시행하는 사우디아라비아에서 행했다면 어떤 결과가 되었을까 궁금했기 때문이다. 이슬람교와 유대교, 일부 기독교에서 초상이나 우상을 금지하는 것은 '물질은 물질일 뿐이므로 그 물질의 배후에 무언가가 임재한다고 느끼고 그것의 영향을 받는다든지, 거기에 대응한다든지, 그것을 섬긴다든지 하는 것은 피조물에 지배당하고 종속되는 것으로서 창조주를 모독하는 신성모독죄에 해당한다'는 사고방식을 바탕으로 한다. 그러니까 이와 같은 신성모독을 유발하는 물건은 '악'으로서 배제하는 것이다. 다시 말해 임재감적 파악의 절대화에서 비롯되는 '공기의 지배'는 '악'이 되는 것이다. 옛날에는 우상숭배를 사형으로 다스렸고, 오늘날에도 사형에 해당되겠지만 실제 판례는 없지 싶다. 사우디아라비아에서는 인형까지 참수형에 처한다니 말이다. 그러니까 이 나라에서는 어진이나 스이텐구의 초상이나 영정 시위의 사진 따위는 즉각 찢어버리지 않으면 큰일이 난다. 예컨대 그 행위 자체는 후쿠자와 유키치와 똑같다 해도, 사우디아라비아 사람들이 그걸 찢는 것은 그렇게 하는 게 '과학적'이라고 생각하기 때문은 아니다.

이런 나라들도 지금은 근대화를 추진하고 있다. 공해 문제도 대두

될 것이다. 거기에서 이타이이타이병 같은 문제가 일어난다고 해서 '영정 시위' 같은 걸 벌였다가는 어떤 일이 생기겠는가. 가상의 문제이긴 하지만 전문가에게 물어보니 '사례가 없어서 상상하기 어렵다.'는 반응이다. 물론 '전원이 참수당하는' 상황도 벌어질 수 있으리라는 생각이 드는데, 파이살Faisal53 국왕 암살의 원인이 TV라는 '영상影像'의 도입 때문이었다는 말이 있을 정도니 '영정 시위'에 대한 처분은 우리의 상상을 초월할 것이 틀림없다. 이런 일을 두고 '그런 것이 과학을 낳는 기본적인 정신구조'라고 말할 수도 있겠지만 (물론 이견이 있을 수도 있다.) 암살도, 거기에 대한 처벌도 과학과는 아무런 직접적 상관도 없다. 'TV의 도입이 암살로 귀결되었다'는 식의 이야기를 들으면 일본인은 거꾸로 '어쩌면 그렇게 비과학적이냐?'라고 말할지도 모르겠다. 하지만 이것은 비과학적인 것과도 별개의 문제다.

언뜻 보기에 이런 전통은 서쪽으로 갈수록 약해진다. 아랍에는 아라베스크밖에 없고, 유대인들도 마르크 샤갈 이전까지는 조형미술가를 배출하지 못했지만, 기독교 세계에는 영상이 얼마든지 있다. 그렇긴 해도 기독교 세계에서 로만 가톨릭과 그리스 정교의 분열은 영상 문제가 발단

---

53 파이살 빈 압둘아지즈 알 사우드(Faisal bin Abdulaziz Al Saud, 1906~1975)는 1964~1975년간 사우디아라비아의 국왕이었다. 범이슬람민족주의, 반공주의, 친팔레스타인 정책을 펼쳤고, 근대화 정책을 이끌었다. 그러나 1975년 그의 조카(이복동생의 아들) 파이살 빈 무사이드에 의해 권총으로 저격당해 병원으로 옮겨졌으나 세상을 떠났다. 암살의 동기는 국왕의 텔레비전 허용에 저항하는 반대 시위에 참가했다가 경찰이 쏜 총에 사망한 암살자의 형제 칼레드 빈 무사이드의 죽음에 대한 복수였을 것으로 추정하는 견해가 지배적이다. 암살자는 리야드 광장에서 참수형을 당했다.

이 되어 벌어진 일로서 이 두 교회에서도 대상에 대한 임재감적 파악의 절대화, 즉 우상숭배는 '죄'였다. 초대 기독교 교도가 그리스-로마에서 전래된 미술 작품에 대해 행한 우상파괴의 흔적은 지금 와서 보면 '과학적'이기는커녕 무지막지한 '만행'으로밖에 보이지 않는다. 지금도 이슬람권에서는 기본적으로는 이와 동일한 사고방식의 우상파괴 및 영상 파괴가 행해지고 있는데, 그걸 반드시 '야만'이라고 단정해버릴 수는 없다.

대체 어째서 그런 것일까. 요컨대 이것이 일신교의 세계인 것이다. '절대적인' 대상은 유일신뿐이므로 다른 모든 것은 철저하게 상대화되고, 모든 것을 대립 개념으로 파악하지 않으면 죄악이기 때문이다. 이 세계에서는 상대화되지 않는 대상의 존재는 원칙적으로 허용되지 않는다. 여기에 대해서는 나중에 더 설명할 텐데, 이토록 철저한 상대화의 세계, 예컨대 구약성서의 세계는 언뜻 보면 이해할 수 있을 것처럼 보여도 반세기 가까이 접하다 보면 '이거 뭐 도저히 이해할 수가 없잖아.'라는 생각이 들 수밖에 없다. 그만큼 모든 것을 철저하게 상대화시키고 있는 것이다. 이래서는 '공기'가 발생할 수 없다. 발생하더라도 공기가 상대화되어버린다. 그리고 그 상대화의 철저함이 남기는 것은 결국 계약뿐이다.

한편, 일본의 세계는 한마디로 애니미즘의 세계다. 애니미즘은 물신론(?)으로 번역되어온 것 같은데, 앞에 쓴 것처럼 아니마의 원래 의미는 '공기'에 가깝다. 따라서 애니미즘은 '공기주의'라고 할 수 있다. 이 세계에는 원칙적으로 상대화란 존재하지 않는다. 단지 절대화의 대상이 무수히 많다. 그렇기 때문에 어떤 대상을 임재감적으로 파악하더라도 그 대상이 속속 바뀌고, 절대적 대상은 시간이 지나면서—잘하면—상대화될 수도 있는 세계다. 그것은 끊임없이 한 대상에서 다른 대상으로 시선을 옮기고, 시선이 머무는 그 시기에는 거기에 속박된 형국이 되고, 그 다음 다른 대상으로 관심이 옮아가면 그 전의 대상은 까맣게 잊는 형국이 된다. 그래서 확실히 '행동거지가 가벼운' 것처럼 보이기도 한다. 그러나 이 세계에서는 '행동거지가 가볍게' 보이는 상태가 아니면 큰일 난다. 예컨대 경제성장과 공해 문제를 서로 상대적으로 파악하는 대신 한 시기에는 '성장'이 절대화되고, 다음 순간에는 '공해'가 절대화되고, 좀 더 있다가는 '자원'이 절대화되는 형태는 '쉽게 달구어지고 쉽게 식는다'고도, '즉시 공기에 지배된다'고도, '경박하다'고도 말할 수 있기는 하지만, 훗날 그 과정을 돌이켜보면 결국 '상대화'한 것과 같은 모양새가 되는 세계인 것이다. 좋게 말하면 그 상황의 '공기'에 따르는 '솜씨 좋은 방향 전환'이라고도 할 수 있고, 나쁘게 말하면 '경솔한 행동거지의 가벼움'이라고도 말할 수 있겠는데, 보기에 따라서는 프랑스 신문이 오일쇼크에 대한 일본의 대처를 평한 것 같이 '본능적'인 것처럼 보일 수도 있다.

　나는 이것이 결국 애니미즘 사회의 전통적인 행동 방식이라고 생각한다. 우리 일본인이 매 시점에 있어서 '순수한 인간'으로 평하는 사람들이란 결국 이런 민족적 전통에 순수하게 충실한 인간이라는 의미일 거라고 생각한다. 이런 세계의 파국적인 위험은 민족 전체를 지배하는 '공기'가 무너져 다른 '공기'로 변하지 않고, 순수한 인간에 의해 유지되어 반영구적으로 고정되고 영속적으로 제도화될 때 찾아올 것이다. 그것은 파시즘보다 엄격한 '전체공기구속주의全体空氣拘束主義'가 될 것이다.

　이런 현상을 막으려면 어떻게 해야 할까. 애니미즘적인 갈지자형 상대화에 바탕을 둔 자유, 그에 따른 대상으로부터의 해방의 상태는 평화와 안정을 보장받은 환경을 전제로 전환기-성장기의 다양한 문제를 해결하는 데는 좋은 방편이었을 것이라고 생각한다. 이것이 메이지 시대와 전후의 행동 방식을 가능케 하고, 후쿠자와 유키치 식의 계몽주의를 가능케 했다. 다만, 이 행동 방식은 일본군과 마찬가지로 '단기적 결전을 연속적으로 행하는 방식短期決戰連続型'이기 때문에 '장기적 유지나 지구전'은 감당할 수 없다. 더구나 지속을 전제 조건으로 하는 초장기超長期 계획은 수립할 수가 없는 것이다. 따라서 성숙한 사회에서는 극도로 위험한 양상이 나타난다. 그렇다면 어떻게 할 것인가? 우선 결정적 상대화의 세계, 모든 것을 대립 개념으로 파악하는 세계의 기본적 행동 방식을 조사한 다음 '공기의 지배'로부터 벗어나야 하지 않겠는가? 그렇다면 어떻게 해야 하는가? 우선 공기를 대립 개념으로 파악하는 '공기pneuma의 상대화'가 이루어져야 할 것이다.

우리 일본 사회는 절대적 명제를 상시적으로 지니는 사회다. '충군애국忠君愛国'에서부터 '정직한 사람이 바보가 되지 않는 세상'에 이르기까지 언제나 모종의 명제를 절대화하여 그 명제를 임재감적으로 파악하고 그 '공기'에 지배당해왔다. 그리고 이러한 명제들, 가령 '정의는 결국 승리한다.', '올바른 자는 보답을 받는다.'는 명제는 절대적이어서 이 절대성을 아무도 의심하지 않고 그렇게 되지 않는 사회는 나쁘다고 전전에도 전후에도 계속 믿어왔다. 그렇기 때문에 이런 명제들까지 대립적 명제로 파악하고 상대화하는 세계를 이해할 수 없다. 그리고 그런 세계는 존재하지 않는다고 믿어버렸다. 하지만 그런 세계는 버젓이 현실에 존재하고 있다.

아니, 그것이 일본 이외의 대부분의 세계인 것이다. 그것이 대체 어떤 세계인지에 관해서는 나중에 다루기로 한다.

7.

지금까지 다양한 형태로 벌어지는 공기의 지배를 살펴보았다. 물질인 사람 뼈에 감정이입을 하고 그것을 임재감적으로 파악함으로써 초래되는 피지배처럼 원시적 물신론에 해당하는 사례에서부터, '공해'처럼 절대적(인 것이 되는) 명제 내지 명칭을 임재감적으로 파악하는 데 따른 피지배, 즉 '언어에 의한 공기의 지배', 또 어진이나 영정 시위처럼 새로운 우상을 통해 공기가 지배하는 현대적인 사례까지 있었다.

그리고 교육칙어의 사례에서 보듯이 언어 또는 명칭이 사진과 함께 우상이 되고 숭배의 대상이 되어, 이 우상에 절대 귀의의 감정을 이입하면 그 대상은 자신을 절대적으로 지배하는 '신神의 상像'이 되므로, 덴노가 현인신이 되더라도 이상할 게 없는 셈이다. 덴노는 자신이 인간임을 선언했다.[54] 그러나 흥미로운 것은 메이지 시대 이후의 모든 기록을 조사해봐도 덴노가 '나는 현인신이다.'라고 선언했다는 증거가 없다는 점이다. '인간 선언'을 해야 할 사람은 덴노가 현인신이라고 처음에 말한 사람이지, 현인신이라고 불린 사람이 아니었던 것이다. 이것은 마치 경찰이 엉뚱한 사람을 범인으로 지목했다면 이를 바로잡을 의무는 경찰에 있는 것이지, 오인당한 사람에게 있는 게 아닌 것과 같은 이치다. 하지만 신기하게도, 최초로 덴노가 현인신이라고 말한 사람을 찾아보자는 사람은 아무도 없다. 아마 찾아도 소용이 없을 것이다. '공기'가 한 일이니까. 덴노제야말로 전형적인 '공기의 지배' 체제인 것이다.

현인신이라는 것도 일종의 우상이라서 '물질에 불과한 불상'처럼 또는 인골처럼 사람들이 감정을 이입한다 하더라도 그 대상은 스스로의 의지를 가져서는 안 된다. 따라서 덴노 스스로가 '현인신 선언'을 발표했을 리는 없다. 불상은 말없이 가부좌를 틀고 앉아 있을 뿐, 생불 선언을 발표한다거나 자기 의지로 움직인다거나 일어선다거나 혀를 내민다거나 의사 표시를 하는 일은 없다. 만일 그렇게 한다면 더 이상 임재감적 파악의 대상이 될 수 없다. 2.26 사건[55]을 일으킨 장교들에게 덴노란 우상과 같은 '현인신'이라고 할 수밖에 없는 존재였다. 그래서 이 우상인 덴노가 자신의 의지를 가졌다는 것을 알아챘을 때, 그들은 마치 불상이 벌떡

54　히로히토 덴노가 1946년 1월 1일 현인신으로서의 신격(神格)을 부정한 선언을 말한다. 하지만 '덴노는 신이 아니다.'라는 식의 직설적 선언을 한 것은 아니었다. 인간 선언의 내용은 다음과 같다.

"짐과 그대들 국민 사이의 연대는 처음부터 끝까지 서로에 대한 신뢰와 경애로 묶어진 것으로 단순히 신화와 전설로 생겨난 것이 아니다. 덴노가 살아 있는 신이라는, 또한 일본 국민이 다른 민족보다 우월하며 세계를 지배할 운명을 가졌다는 가공의 관념에 바탕을 둔 것도 아니다."

朕ト爾等国民トノ間ノ紐帯ハ、終始相互ノ信頼ト敬愛トニ依リテ結バレ、単ナル神話ト伝説トニ依リテ生ゼルモノニ非ズ。天皇ヲ以テ現御神トシ、且日本国民ヲ以テ他ノ民族ニ優越セル民族ニシテ、延テ世界ヲ支配スベキ運命ヲ有ストノ架空ナル観念ニ基クモノニモ非ズ

The ties between Us and Our people have always stood upon mutual trust and affection. They do not depend upon mere legends and myths. They are not predicated on the false conception that the Emperor is divine, and that the Japanese people are superior to other races and fated to rule the world.

55　1936년 2월 26일 일본 육군의 황도파 청년 장교들이 1483명의 병력을 이끌고 일으킨 반란 사건이다.

일어나 말을 하기라도 한 것처럼 놀랐던 것이다. 그 순간부터는 자신들이 귀의했던 '현인신과 덴노제'는 사라지고, 스스로의 의지를 가진 덴노라는 한 개인의 정치적 통치가 되어버렸기 때문이다. 그것은 한 개인의 의지에 따른 보통의 통치일 뿐, 현인신 덴노제는 사라진다. 이와 같은 '덴노제'를 짧게 정의하면 '우상적 대상에 대한 임재감적 파악에 바탕을 두고 감정을 이입함으로써 수립되는 공기의 지배 체제'라고 할 수 있을 것이다. 덴노제란 공기의 지배다. 따라서 공기의 지배를 그대로 둔 채 덴노제를 비판하거나 공기에 지배당한 채 덴노제를 비판하는 것은 그 비판 자체가 덴노제의 기반 위에 서 있다는 의미에서 애초부터 난센스다.

　우상화할 수 있는 대상은 '상'과 인간만이 아니다. 말이나 구호도 그것이 뜻하는 내용과는 무관하게 우상화할 수 있다. (덴노라는 존재도 전쟁 전에는 대다수 국민에게는 영상과 말만으로 알려진 존재로서, 구중궁궐의 구름 위에 있는 그의 실체를 본 사람은 없었다.) 그래서 '말[56]의 덴노제'도 성립할 수 있고, 실제로 이루어지고 있기도 하다. '표현 규제言葉狩り'[57]라는 새로운 불경죄가 현실에서 적용되고 있다는 사실이 이를 반증하고 있는 셈이다. 이와 같은 현상은, 그 말이 의미하는 내용보다 그 말을 임재감적으로 파악하고 이를 우상화함으로써 생기는 공기가 문제 되기 때문에 생겨난다. 우상의 존재를 허용하지 않는다고 말하려면 그 세계에서는 말의 우상화도 허용되지 않고 그 어떠한 말, 어떠한 명제라도 상대화하고 대립 개념으로 파악해야 한다. 그리고 상대화가 절대로 허용되지 않는 '신의

56　일어의 고토바(言葉)는 '말, 언어 또는 단어'를 포괄적으로 지칭한다.

이름'은 그 이름을 임재감적으로 파악함으로써 우상화하고, 그 우상화의 결과로 우상숭배가 초래되고, '신'을 모독하는 행위로 귀결되는 것을 방지하기 위해 절대 입에 담아서는 안 되는 것이다.[58] 이것은 확실하다. 유대인들은 신을 절대시하는 까닭에 신의 이름을 입에 담는 것을 금지했다. 이 금지는 절대적이었다. 차별적 용어를 입에 담는다 해서 사형에 처할 수는 없을 것이다. 하지만 탈무드 산헤드린 제7편의 5는 '하나님의 이름을 입에 올리는 자는 사형에 처한다.'고 규정하고 있다.

그 외의 모든 말은 상대화된다. 요컨대 제아무리 절대적으로 변한 것처럼 보이는 말도 상대화될 수 있고, 상대화되어야만 한다. 인간이 입에 담는 말 중에 '절대적'이라고 할 수 있는 것은 하나도 없기 때문에, 사람이 말하는 명제는 전부 대립 개념으로 파악할 수 있고, 또 그래야만 한

---

57   고토바가리를 직역하면 '말 사냥'이라는 의미로, 차별적인 특정 단어의 사용을 금지하는 사회적 규제를 부정적으로 표현한 말이다. 금지 대상이 되는 말을 선별하는 데는 당국자의 주관이 크게 작용하는데, '말 사냥'이라는 표현은 그러한 규제가 과도하다는 태도를 내포한다. 예컨대, 현재 일본의 주요 방송사에서는 '승무원'이라고 하지 않고 '스튜어디스'라는 표현을 사용하면 '자율적 규제'의 대상이 된다.

야마모토 씨가 언어의 규제를 공기의 지배와 연관 지어 설명한 점은 흥미롭다. 미국에서 '정치적으로 올바른(Politically Correct)' 표현을 사용하는 운동은 1980년대 이래 각종 차별을 금기시하는 사회적 압력으로 자리 잡았으나, 최근에는 이것을 사상적 통제 또는 표현의 자유에 대한 부당한 억압으로 간주하고 반대하는 움직임도 커지고 있다. 이른바 'PC'로 일컬어지는 금기어의 설정은 적어도 그것이 논란의 대상이 되기 전까지는 일종의 '공기의 지배'로 작용한다고 볼 수도 있다.

58   J. K. 롤링의 소설 <해리 포터> 시리즈에서 마법 세계 사람들이 악의 화신 볼드모트의 이름을 부르지 않고 '이름을 부르면 안 되는 자(you know who)'로 부르는 현상도 임재감적 파악과 연관 지어 생각할 수 있다는 점은 흥미롭다.

다. 그렇게 하지 못하면 인간은 언어를 지배하지 못하고 반대로 말이 인간을 지배해 인간은 자유를 잃고, 그 때문에 그 말을 파악할 수 없게끔 되어버리기 때문이다.

이런 설명은 너무 추상적이니까 두세 가지 예를 들어보자. 가령 의로운 신이 존재한다면 '정의는 반드시 승리한다'는 명제가 있다. 이 명제는 상대화할 수 없을 것처럼 보이지만, 이렇게 말할 수 있다. '그렇다면 패자는 모두 불의인가? 패자가 불의하고 승자가 의롭다면 권력자는 모두 정의로운가?'라고. '올바른 자는 반드시 보답을 받는다'라고 한다면, '하지만'이라고 그들은 말한다. '그러면 보답을 받지 못하는 사람은 모두 부정한 사람인가?'라고. 이것은 후술하듯이 〈욥기〉의 주제에 해당하는데, 이런 물음은 성서뿐만 아니라 모든 방면에 적용될 수 있다. '정직한 사람이 손해를 보지 않는 세상이 되면 좋겠다.', '천만에, 그런 세상이 오면 그 세상에서 손해를 본 인간은 다 부정직한 사람이 되어버려.', '사회주의 사회는 능력에 따라 일하고, 일한 데 따라 보수를 지급받는 훌륭한 사회로서…….', '천만에! 만약 정말 그런 사회가 있다면 그 사회에서 낮은 임금과 적은 보수를 받는 사람은 보수가 적다는 고통 외에 무능하다는 낙인까지 찍히게 되는 걸.'

이런 예는 얼마든지 들 수 있거니와 정의의 기준처럼 일본 사회에서 언제나 절대적으로 대하는 명제조차도 모두 일종의 대립 개념으로 파악하여 상대화시킬 수 있다.

이렇게 하면 말의 우상화에서 비롯되는 공기의 지배는 확실히 막을 수 있다. 그렇다손 쳐도 그런 세계에서조차 '공기'가 아주 없는 건 아니다. 단지 여러 방법으로 공기의 지배를 막으려 하는 것뿐이다. 우리 일본인이라면 '그 자리의 공기 때문에 어쩔 수 없었다'하고 마는 것을 그들은 그렇게 끝내지 않는다. 물론 공기가 지배하는 것이 당연한 부분이 그들 사회에도 있다. 특히 음악 또는 제사에서 그러하니, 음악이나 제사를 빚어내는 분위기에 취한다는 점에서 그들은 아마 오늘날에도 우리 이상으로 공기에 강하게 지배되고 있다고 여겨진다. 단, 중요한 것은 그들이 다수결을 통한 결정에서 공기의 지배를 철저히 배제했다는 점이다. 적어도 다수결 원리로 결정이 이루어지는 사회에서는 그 결정을 내리는 장소에서 '공기의 지배'가 일어나면 곧바로 치명적인 것이 되기 때문이다. 지금까지 설명한 바와 같이 일본에는 공기의 지배가 치명적으로 작용한 사례가 얼마든지 있다.

　　다수결 원리를 덮어 그것을 공동화空洞化시키는 공기의 지배는 죽음의 임재에서 비롯되는 공기의 지배에서 결정적으로 나타난다. 이러한 사례는 앞에서도 설명했지만 그럴 때 공기의 지배는 아무도 저항할 수 없을 만큼 강하고 당연한 것이 되는데, 그 점은 유대인들에게도 마찬가지다. 그러므로 죽음이 임재하는 결정―예를 들면, 살인자의 사형 판결―에 임할 때 그들은 매우 신중하고 모든 면에서 죽음의 임재, 즉 '죽음의 공기'가 지배하는 상황을 배제하려 했다. 탈무드의 산혜드린 제4편의 1에 따르면, 살인자의 판결에 있어 '사형에 해당하는 형의 경우는 무죄 판결은 한 표 차로 내릴 수는 있지만 유죄 판결은 두 표 차를 필요로 한다.' 또한 '낮에 내리는 무죄 판결은 일단 결정되면 그날 밤 안으로 선고할 수 있지만 유죄 판결은 (하룻밤을 지난 다음) 이튿날에 선고해야 한다.' 더구나 '무죄 판결을 내리기 위해서는 재심을 할 수 있지만 유죄 판결을 위해서는 재심할 수 없다.' 게다가 증인들은 '피고에 유리한 증언은 할 수 있지만 불리한 증언은 못한다.', '유죄를 증언하고 있던 사람이 생각을 바꾸어 무죄를 증언할 수는 있지만 무죄를 증언하던 사람이 생각을 바꾸어 유죄를 증언할 수는 없다.'는 등등의 규정이 있다. 이렇게까지 조심을 해도 여전히 많은 오심이 있었다는 사실 또한 부인하기 어려울 것이다.

다수결 원리라는 것은 기본적으로 인간 그 자체를 대립 개념으로 파악하고 각자의 내적 대립이라는 '질質'을 '수數'로써 양적으로 표현하는 결정 방식에 지나지 않는다. 일본에는 '다수가 항상 옳다고 할 수는 없다.'라는 말도 있지만, 이런 말 자체가 다수결 원리에 대한 무지에서 나온 것이다. 옳고 그름을 분명히 말할 수 있는 것, 예컨대 논증이나 증명 등은 원래 다수결 원리의 대상이 아니다. 다수결은 상대화된 명제의 결정에만 쓸 수 있는 방법이기 때문이다.

일본에서 벌어지는 '회의'라는 것의 실태를 살펴보면 어려운 설명이 전혀 필요 없다. 예를 들어, 어떤 회의에서 어떤 결정이 내려진다. 그리고 회의가 끝난다. 각자 삼삼오오 어울려 술집 같은 데로 간다. 거기에서 조금 아까의 결정과 관련된 '회의장의 공기'가 사라지고 '술집의 공기'로 변한 상태에서 글자 그대로 자유 토론이 시작된다. 그러면 "아까 자리의 분위기에서는 그렇게 말할 수밖에 없었지만, 그 결정은 좀……." 하는 식으로 '술집의 공기'에 따른 발언이 시작되고, 거기에서 나오는 결론은 아까와는 완전히 다른 것이 된다.

그러니까 술집을 돌아다니면서 거기에서 나온 결론을 수집하면 회의장에서와는 다른 다수결이 될 것이다. 내가 가끔 생각하는 것은, 일본에서의 다수결은 '회의장과 술집의 이중 방식'이라고 할 수 있는 '두 공기의 지배 방식'을 취하여 회의장에서의 다수결과 술집에서의 다수결을 합계하고 의결 정족수를 두 배로 하여 그 다수로 결정하면 아마 가장 올바른 다수결이 되지 않을까 하는 것이다.

이렇듯 동일한 사람들의 동일한 결정이라도 회의장 안에서와 밖에서 반대로 나올 수 있다는 것은 그 사람들이 명제를 파악하는 방식이 각자 속마음에 때로는 찬성 7 대 반대 3, 때로는 6 대 4, 때로는 5 대 5로 되어 그때그때 공기에 따라 회의장 안에서는 찬성만 겉으로 드러나고, 회의장 바깥에서는 반대표만 나오는 형태로 되어 있기 때문이라고 볼 수밖에 없다. 그러니까 그걸 모두 합하면 진정한 다수결이 되겠지만, 원래는 이것을 한 회의장 안에서 하는 것이 다수결인 것이다.

일본에서는 그렇게 하지 않는다. 말할 필요도 없이, 회의장 안과 밖에서 다른 결정이 이루어지는 것은 앞에 설명한 '공기의 지배 속에 이루어지는 갈지자형 상대화'의 일종이다. 이는 인간이 내적 갈등을 안고 있는 모순된 존재라는 사실이 '공기의 변화'라는 형태로 때에 따라 다르게 드러나는 것에 불과하다. 결단을 한없이 질질 끌어도 별로 대단한 일이 생길 것이 없는 상태에 있던 일본에서는 이렇게 해도 지장이 없었다. 도쿠가와 시대를 보자면, 바쿠후의 성립에서부터 그 종말까지 진정으로 운명적인 중대 결단이 필요했던 사건은 거의 없었던 거나 다름없다. 그래서 일본은 일시적인 예외가 있더라도 언제나 이런 상태로 회귀한다. 분명히 지금까지는 그래도 괜찮았다.—전쟁과 같은 분수를 모르는 짓만 벌이지 않으면. 선진국을 모방하던 시대에는 선진국을 임재감적으로 파악하고 그 파악한 바에 따라 '공기' 방식으로 선진국의 지배를 받는 가운데 만장일치로 그 공기의 지배에 순응하면, 그로써 큰 탈은 없었다. 아니, 오히려 그러는 편이 안전했다고도 할 수 있다. 그 때문인지 공기의 지배를 거꾸로 가장 안전한 결정 방법으로 착각하거나 적어도 이런 결정 방식에 큰 문제가 있다고 느끼지 않았고, 그래서 태연히 공기에 책임을 전가할 수 있었다. 메이지 시대 이후 해가 갈수록 이런 경향이 강해졌다는 것을 부인하기 어렵다.

8.

그러나 중동이나 서구의 국가들처럼 서로 멸망하거나 멸망시키는 것이 당연하게 여겨지던 곳에서 결단은 언제나 자신과 자신이 속한 집단의 존재를 건 것이 될 수밖에 없었고, 그 나라들과 거기에 사는 사람들은 '공기의 지배'를 당연한 것으로 받아들였다면 도저히 살아남을 수 없었을 것이다. 아마도 그렇기 때문에 대상을, 또한 스스로를 대립 개념으로 파악함으로써 허구화를 막고, 또 그렇게 함으로써 대상에 지배되지 않으면서 대상으로부터 독립하고 오히려 대상을 지배하는 생활 방식을 이룩한 것으로 보인다. 그들에게 최선의 교과서는 아마도 철저한 상대화의 세계인 구약성서였을 것이다. 성서와 아리스토텔레스로 천년간 단련하면 앵글로·색슨형 민족이 된다는 이야기도 있는데, 그 가장 큰 특징은 체질적이라고까지 할 수 있는 상대적 파악에 있을 것이다.

성서 속 상대화의 세계란 어떤 것일까. 그리고 어째서 그 상대화의 세계조차 일본에 들어오면 상대성이 지워지고 하나의 절대성을 부여받아 임재감적 파악의 대상이 되어버리는 것일까. 두 개의 사례를 들어 설명해보겠다.

성서의 첫 부분에 나오는 것은 천지창조, 인간 창조의 이야기다. 성서 문화권에 이 이야기를 모르는 사람은 없고 아담과 이브의 이야기라면 일본에서도 누구나 알고 있지만, 일본에서 알려진 이야기는 실은 성서와는 무관하게 '상대화가 배제된' 일본식 '성경 이야기'다. 일본인들에게 알려진 성경 이야기에 따르면 천지의 창조는 우선 빛과 어둠, 하늘과 땅, 땅과 물과 식물, 낮과 밤, 물고기와 새와 짐승의 순이며 마지막에 창조된 것이 사람(아담)이고 그의 갈비뼈로 여자(이브)가 만들어졌다는 것이다. 그러나 성서에 그런 이야기는 없다. 진짜 이야기에서는 창조가 마치 진화론에서처럼 자연에서 식물 그리고 하등동물에서 고등동물로 나아가고, 마지막으로 완성품으로서 인간이 만들어져 '하나님이 당신의 형상대로 사람을 창조하셨으니, 곧 하나님의 형상대로 사람을 창조하셨다. 하나님이 그들을 **남자와 여자**로 창조하셨다.'[59]라는 데서 창조의 이야기는 끝나고 있다. 여기에 따르면 남자도 여자도 평등하며, 완성품으로서 맨 마지막에 만들어져 지상의 모든 것에 대한 지배권을 부여받은 것으로 되어 있다.

　　창조란 한마디로 '인간의 규정'이다. 확실히 인간에게는, 또한 남녀에게는 위와 같이 규정할 수 있는 면이 있다. 하지만 이것이 전부는 아니다. 성경에는 곧이어 이 규정과는 완전히 상반되는 전혀 다른 인간 창조의 이야기가 적혀 있다. 앞의 이야기를 제1화라고 한다면, 이것은 제1화와는 전혀 무관한 제2화로서 성립 연대도 다르다. 학자들은 전자를 P자료, 후자를 J자료로 부른다. 이 두번째 이야기에서는 창조의 순서가 하늘과 땅, 샘, 남자, 정원의 나무, 강, 짐승과 새, 가축으로 되어 있고 마지막으로 남자의 갈비뼈에서 여자가 나온다.[60] 쉽게 말하면, 창조된 생물 중 최초, 이른바 시제품이라 할 수 있는 것이 남자이고, 이 남자를 원료로 마지

59　　창세기 1:27
60　　창세기 2:21-22

막으로 만든 것이 여자이므로 둘을 합쳐야 완성품이 되는 것이다.

첫 번째 이야기에서 인간은 남녀 모두 신의 형상으로 만든 최종적 완성품이자 지상의 모든 생물을 다스리는 존엄한 존재이지만, 두 번째 이야기에서 남성은 '땅의 흙'으로 가장 먼저 만들어진 시제품이라고나 할까? 혼자만으로는 살아갈 수 없고, 그의 생존에는 '그를 돕는 사람 곧 그에게 알맞은 짝'의 손길이 필요하고, 그 후에 만들어진 다양한 생물 중 어느 것도 그의 생존을 도와주기에 '적합한 조력자'가 되지 못하였으므로 창조의 마지막 단계에 남자의 갈비뼈에서 여자가 만들어져 둘이 일체가 되어 비로소 살아갈 수 있는 존재가 된 걸로 기록되어 있다. 즉, 창조는 시제품인 남자에서 시작해 최종작인 여자로 끝나는 것이다. 이상하게도, 성서의 창조 이야기라는 것이 완전히 별개인 두 가지 이야기로 이루어져 있다는 사실을 전혀 모르는 사람이 의외로 많다.

말할 것도 없이, 이 두 이야기에 그려진 '인간상'은 동일하지 않다. 아니, 모든 점에서 완전히 상반되고 서로 모순된다고까지 해도 좋다. 그러나 성서는 이 두 가지 서술을 조정하여 모순을 지우려 하지 않고 태연히 그대로 병치시켜 기록하고 있다. 그런데 일본의 성경 이야기는 이 두 가지 이야기의 모순을 제거하여, 제1화와 제2화를 이어 붙여 하나의 이야기로 만든 셈이다. 아마 이렇게 '조정한다'는 데서 기본적인 사고방식의 차이가 나타나는 듯하다. 성서는 인간을 모순된 존재로 보고 있다. 모순된 것을 그대로 쓰면 그 기술이 모순이 되는 것은 당연하며, 이를 조리에 맞게 조정하면 줄거리는 통할지 몰라도 허구가 되어버리는 것이다.

인간에게 성서의 제1화와 제2화처럼 서로 모순되는 두 측면이 있다는 것은 듣고 보면 누구라도 수긍할 것이다. 그러나 이것이 〈잠언〉과 〈욥기〉 같은 형태로 나오면, 이런 상대화의 세계는 우리 일본인으로서는 좀 감당하기 어렵다는 느낌도 있다.

앞에서도 잠깐 언급했지만 구약성서 중 〈잠언〉의 세계는 우리가 가장 저항 없이 이해할 수 있는 상식적인 세계다. 이것은 사료적으로도 귀중한 책으로서 흔히 '오리엔트 지혜의 정수'로 일컬어지는데, 고대 동방 여러 나라에 있던 지혜를 모으고 발췌하여 새로운 사상 아래 재편집한 것으로 내용 중 일부는 많은 학자들이 지적하듯이 고대 이집트의 〈아멘엠오페의 지혜〉[61] 및 바빌로니아의 〈아히카르의 잠언〉[62]과 매우 비슷하다. 이것을 보면 인간의 생활 지침이나 생활 감각이라는 것은 고대 동방에서나 현대 일본에서나 대단히 비슷한 면이 있다는 점이 놀랍다.

그중 '돼지에 진주'[63]는 일본에서도 유명하지만, 그밖에도 구미에서는 자주 사용되는 '아름다운 여인이 삼가지 아니하는 것은 돼지 코에 금고리 격이다.'[64]라든가, 알 수 없는 네 가지로 '독수리가 하늘을 날아간 자취와, 뱀이 바위 위로 지나간 자취와, 바다 위로 배가 지나간 자취와, 남자가 여자와 함께 하였던 자취'[65]를 언급한 것이나, '훔쳐서 마시는 물

61　이집트 신왕국기의 대표적인 지혜 문학으로서, 영어로는 보통 'Instruction of Amenemope'로 표기한다.

62　기원전 500년경의 것으로 추정되는 파피루스에 기록된 아랍어 교훈집으로 'Story of Ahikar' 라고 표기한다.

63　마태복음 7:6 '거룩한 것을 개에게 주지 말고, 너희의 진주를 돼지 앞에 던지지 마라. 그들이 발로 그것을 짓밟고 되돌아서서 너희를 물어뜯을지도 모른다.'

64　잠언 11:22

이 더 달고, 몰래 먹는 빵이 더 맛있다.'[66]는 구절이나 '미련한 사람이 어리석은 말을 할 때에는 대답하지 마라. 너도 그와 같은 사람이 될까 두렵다. 미련한 사람이 어리석은 말을 할 때에는 같은 말로 대응하라. 그가 지혜로운 체할까 두렵다.'[67] 등등 재미있는 말이 많다. 그러나 그 문학적 가치를 일단 논외로 하고 거기에 제시된 도덕률의 질을 문제 삼지 않는다면, 잠언의 취지는 결국 이런 가르침을 지키는 자는 올바른 사람이고, 그런 사람은 올바른 보답을 받는다는 것이다. 그러므로 '이런저런 것들을 지키면 반드시 집안은 안전하고 장사는 번창한다'고 보증하는 신흥종교와 비슷한 일면을 갖고 있다는 점도 부인하기 어렵다.

　　한마디로 '정의는 반드시 이기고 올바른 자는 반드시 보상을 받는' 세계다. 그러나 여기에서부터 〈욥기〉로 옮겨 가면 누구나 잠시 움찔하게 된다. 여기에 욥이라는 완전히 올바른 인간, 〈잠언〉의 덕목을 모두 지키고 있는 부유한 사람이 등장한다. 모든 사람이 '그처럼 올바른 사람은 그와 같은 보답을 받는 것이 당연하다.'고 생각한다. 그런데 그런 그에게 여러 가지 천재와 인재가 덮친다. 그는 재산을 잃고, 가족을 잃고, 나병 같은 피부병에 걸려 마을에서 쫓겨나고 잿더미에 앉아 기와 조각으로 온몸을 긁고 있는 상태가 된다. 모든 것을 잃은 것이다. 그때 세 친구가 병문안을 온다. 그러나 너무 비참한 광경에 아무도 입을 열지 못하고 위로의

65　　잠언 30:19
66　　잠언 9:17
67　　잠언 26:4~5

말도 나오지 않아 '그들은 밤낮 이레 동안을 욥과 함께 땅바닥에 앉아 있으면서도, 욥이 겪는 고통이 너무도 처참하여 입을 열어 한 마디 말도 할 수 없었다.'[68]고 할 정도의 상황이었다.

그러다가 마침내 한 명이 말문을 연다. 그것은 위로하려는 말처럼 보이고 친절한 충고로 의도된 말이었을 텐데, 이것이 참으로 무서운 말이 된다. 요약하자면, '올바른 자는 반드시 보답을 받는 법인데, 이렇게 된 이상 네게는 숨기는 죄악이 있음에 틀림없다. 이 상태에서 벗어나려면 우선 솔직하게 그것을 인정하는 것이 먼저다.'라는 말이다. 즉, 신의 심판은 옳은 것이니까,

> 잘 생각해봐라. 죄 없는 사람이 망한 일이 있더냐? 정직한 사람이 멸망한 일이 있더냐? 내가 본 대로는, 악을 갈아 재난을 뿌리는 자는 그대로 거두더라. 모두 하나님의 입김에 쏠려가고, 그의 콧김에 날려갈 것들이다.[69]
> ……
> 이것은 우리가 지금까지 살펴본 것이니 틀림없는 사실이다. 부디 잘 듣고, 너 스스로를 생각해서라도 명심하기 바란다.[70]

이런 말을 듣고 욥이 거기에 항변을 한다. 그러자 다음 사람이 말한다.

---

68   욥기 2:13
69   욥기 4:7~9
70   욥기 5:27

언제까지 네가 그런 투로 말을 계속할 테냐? 네 입에서 나오는 말은 거센 바람과도 같아서 걷잡을 수 없구나. 너는, 하나님이 심판을 잘못하신다고 생각하느냐? 전능하신 분께서 공의를 거짓으로 판단하신다고 생각하느냐? 네 자식들이 주님께 죄를 지으면, 주님께서 그들을 벌하시는 것은 당연한 일이 아니냐? 그러나 네가 하나님을 간절히 찾으며 전능하신 분께 자비를 구하면, 또 네가 정말 깨끗하고 정직하기만 하면 주님께서는 너를 살리시려고 떨치고 일어나셔서 네 경건한 가정을 회복시켜주실 것이다.[71]

이런 문답이 이어지는 것인데, 진전 없이 반복되는 것처럼 보이는 이 문답에서 드러나는 것은 하나의 명제가 절대화되었을 때의 무시무시함이다. 그렇게 되어버리면, 욥처럼 불행한 운명에 빠진 이에게 위로하러 왔을 것이 틀림없는 사람의 조언조차 결국 '네게는 숨겨둔 죄악이나 잘못이 있을 것이다. 그렇지 않다면 이런 운명에 처할 리가 없다. 죄를 고백하면 이 운명에서 벗어날 것이다.'라는 취지의, 고문이나 다름없는 규탄이 되고 만다. 이런 절대화의 무서움이 이를테면 '말의 텐노제'가 지닌 무서움이다. 그리고 이와 아주 흡사한 문답이 앞에 인용한 자동차 마녀재판에서 볼 수 있는 판에 박은 '자아비판'의 요구에서도 나타난다.

이 〈욥기〉의 결말이 어떻게 되는지는 여기에서 길게 설명하지 않겠다. 이 책은 괴테의 〈파우스트〉나 앙드레 지드의 〈배덕자〉를 비롯한 많은 작품에 소재를 제공하고 있을 뿐 아니라 서구의 많은 사상가들이 어떤

---

71   욥기 8:2~6

형태로든 직·간접으로 언급하는 진지한 문제를 포함하고 있다. 이런 것은 차치하고, 이 책의 초반에는 그 어떤 명제라도 절대화해서는 안 되고, 일단 절대화하면 그 순간부터 무시무시하게 역이용된다는 문제가 제기되고 있다. 그렇다면 〈욥기〉는 〈잠언〉의 테제를 부정하는 것인가? 그렇지 않다. 이 테제를 부정하면 〈욥기〉 자체가 성립되지 않기 때문이다. 이것이 바로 상대화다. 모든 명제가 그 내부에 모순을 포함하고 있어, 그 모순을 모순 그대로 파악할 때 비로소 그 명제가 살아난다. 그러지 않고 절대화하면 욥의 경우와 같은 역이용을 초래해 실제로는 명제 자체의 참뜻을 잃게 된다. 그렇다고는 하지만 창세기부터 욥기에 이르는 이 철저한 상대화의 세계는 읽다 보면 끊임없이 얼버무리는 듯한 답답한 느낌도 들어서, 바로 딱 잘라 말하고 싶어 하는 성급한 민족인 일본인으로서는 조금 동조하기 어려운 마음도 든다. 그것을 '성경 이야기' 같은 형태로 바꾸어 일본화한다면 모를까.

하지만 이와 같은 상대화의 원칙은 인간이 인간인 한은 2천 몇 백 년 전이나 오늘날이나 별로 다를 것이 없다. 어떤 명제, 예컨대 '공해'라는 명제를 절대화하면 스스로 그 명제에 지배되어서 공해 문제를 해결할 수 없다. '차별'이라는 명제를 절대화하면 스스로 그 명제에 지배되어서 차별이라는 문제를 해결할 수 없게 된다. 이것이 가장 또렷하게 드러난 사례가 태평양전쟁에서 '적'이라는 말이 절대화됨으로써 그 '적'에 지배당하고 시종 상대에게 휘둘리기만 하고, 마음속에서 상대와 자신을 대립 개념으로 파악하여 상대와 자신 양쪽 모두로부터 자유로운 위치에 서서 문제의 해결을 도모하지 못하고 결국 일억옥쇄一億玉碎하겠다고 했던 발상이었다. 그것은 공해를 없애기 위해서 공장을 전부 없애고 일본을 자멸시키겠다는 발상과 기본적으로는 같은 식의 발상인 것이다. 공기의 지배가 계속되는 한 이런 발상은 온갖 다양한 방식으로 계속 출현한다.

　일본인의 선조들이 이토록 위험한 '공기의 지배'에 아무 저항도 하지 않은 건 아니었다. 최소한 메이지 시대까지는 우리도 '물을 끼얹는다水を差す'[72]라는 방법을 민족의 지혜로 알고 있었다. 그러니까 '공기의 연구' 외에 '물의 연구'도 필요하다. 나는 물을 끼얹는 방법에 대해서도 많은 조사를 했는데, 이 '물'이란 것은 전통적 일본 유교의 체계 내에서 일어나는 사고방식에 대해서는 유효하지만, 유사 서구적인 '논리' 앞에서는 무력했다. 그런가 하면, 서구를 임재감적으로 파악하는 공기적 진보주의자는 '물 끼얹기'를 적대시하고 그것이 나쁘다는 통념을 국민에게 심어주었다. 쇼와 시대의 비극[73]은 표면적으로는 서구적이라고도 할 수 있는 가식적 논리에 바탕을 둔 '공기'의 지배에 전통적인 '물'이 완전히 무력했다는 데서 기인한 것이다. '물'의 기본은 '세상은 그런 게 아냐'라던가, 같은 식의 반대 표현인 '세상이란 다 그런 거야'라는 식의 경험칙을 바탕으로 사고를 매듭 짓는 행동 방식인데, 그런 말이 나오는 바탕이 되는 모순은 전혀 건드리지 않기 때문이다. 성서에는 이런 식의 언급은 전혀 없다. 이런 언

72　'미즈오 사스(水を差す)'라는 일어 표현은 '찬물을 끼얹는다'는 의미로서 '때로는 방해하다 또는 친밀한 사이를 갈라놓는다'는 등의 의미로도 사용된다. 이 책에서 저자는 누군가가 현실에 바탕을 둔 냉철한 진실을 언급함으로써 '공기'의 지배가 이루어지지 못하도록 만드는 것을 '찬물을 끼얹는다'라고 표현했고, 이런 것이 '물'의 역할이라고 보았다.

73　태평양전쟁과 패전을 가리킨다.

급을 당연시한다면 애당초 〈욕기〉 같은 것은 성립할 수 없다.

하지만 일본이란 나라는 그것으로 충분한 세계였다. 이 세계를 가식적으로 서구화시키자면 커다란 위험이 수반되는 것은 당연했다. 일찍이 메이지 시대에 우치무라 간조가 그 위험을 경고한 바 있지만, 아쉽게도 우리 일본인은 아직까지 새로운 '물'을 발견하지 못하고 있다. 새로운 '물'은 아마도 전통적이고 일본적인 물의 바탕에 깔린 생각과 서구적인 대립 개념으로 파악한 것을 종합할 때 비로소 찾아낼 수 있으리라고 생각한다. 그러면 먼저 종래의 '물의 발상'이 어떤 식으로 현대 일본에 작용하고, 그것이 '공기'의 조성과는 어떻게 연관되는지 살펴보자.

「물=통상성」의 연구

1.

'공기'는 연구를 마칠 때까지도 막연한 존재였지만 '물'이라는 개념은 그보다 더 막연하다. 어떤 한마디 말이 '찬물을 끼얹으면' 한순간에 그 자리의 '공기'가 붕괴되고 마는데, 이 경우 '물'은 흔히 가장 구체적인 눈앞의 장해물을 의미하고 그것을 입에 올림으로써 당장 사람들을 현실로 데려온다.

나의 젊은 시절 출판사 편집원들은 기회만 있으면 각자 독립해서 출판하고 싶은 책에 관한 이야기를 나누었다. 모두들 전문가다 보니 이야기는 점점 구체화되어가고, 그럴싸한 책이 당장 눈앞에 보이는 듯했다. 그러면 아직 보지도 못한 그 책은 설령 혹독한 비판을 받는 한이 있어도 잘 팔릴 것만 같은 기분이 들었던 것을 부인할 수 없다.

이렇게 되면 그 자리의 '공기'는 점차 '끝까지 월급쟁이로 사는 건 재미없어. 독립하고 공동으로 시작해볼까?' 하는 쪽이 되고, 그 논의도 쑥쑥 상승작용을 일으키며 '구체화'된다. 나는 몇 번이나, 아니 몇 십번이나 이런 경험을 했다. 모든 것이 장밋빛으로 보인다. 그리고 마침내 '해보자.'라는 분위기가 되는 시점에 누군가가 '그런데 먼저 있어야 할 것先立つもの74이 없네.'라고 말하면, 일순간 그 자리의 '공기'는 붕괴된다. 이것이 일종의 '물'인데, 원칙적으로 말하자면 '물'은 전부 이런 것이다. 이 말의 내용으로 따지면, 지금 처한 자기 '상황'을 그대로 이야기한 것에 불과하다.

---

74   사키다쓰모노(先立つもの)란 선행되어야 할 것, 선결 과제 등을 의미한다.

그 한마디로 사람은 다시 각자의 일상, 즉 자기의 '통상성通常性'으로 되돌아간다. 우리의 통상성이란 한마디로 이러한 '물'이 연속되는 상태, 그러니까 일종의 '비'로서, '비'가 이른바 '현실'이고 부슬부슬 계속 내리는 '현실의 비'가 지속적으로 '찬물을 끼얹음'으로써 현실을 붙들고 지켜나가는 셈이다. 그러므로 이것을 입에서 내뱉지 못하면 '공기'가 결정할 수밖에 없게 된다. 얼마 전 니혼 은행을 퇴직한 선배에 따르면 태평양전쟁을 시작하기 전에 일본은 '먼저 있어야 할 것'을 갖추지 못한 상태였다고 한다. 석유라는 '먼저 있어야 할 것'도 없었다. 그러나 아무도 그것을 입에 올리지 않았다. 끼얹을 '물'은 있었던 셈인데 끼얹지 않았기 때문에 당시에는 '공기'가 전체를 구속했다. 그렇기 때문에 '전체공기구속주의자'는 '물을 끼얹는 사람'에게 심한 말을 퍼부어 침묵시키는 것이 상례다.

이 '통상성'을 기반으로 하지 않는 한 현상으로부터 벗어나는 것은 불가능하다. 어떤 '공기'가 생겨 '찬물을 끼얹는 사람'을 침묵시키더라도 '통상성'은 기탄없이 '물'을 끼얹는다. 우리는 지금까지 우리 자신의 통상성을 무시하고 '공기'만 조성되면 뭔가가 가능할 것처럼 여기는 착각을 품어왔다. 태평양전쟁은 참으로 참혹하고 방대한 대실험이었다. 그러니까 우리는 여기에서 먼저 스스로의 통상성의 원칙에 대한 탐구를 시작해야 한다. 그렇긴 해도 앞서 설명한 이유 때문에 우선은 아주 막연한 이야기부터 하지 않을 수 없다.

여기에서 이야기하려는 대상은 정말 막연할 뿐더러 '공기' 못지않게 그 내용이 불분명하다. 우리 일본 사회에는 이 '물'의 연속 같은 그 무엇, 즉 강력한 소화효소 같은 무언가가 있어서 어찌된 영문인지 그것을 만나는 모든 대상은 서서히 윤곽이 흐려지고 모양새가 무너지다가 이윽고 거기에 녹아들고 흔적도 없이 흡수되어 이름만 남고 실체는 사라져버리는, 대단히 기묘한 경과를 거치기 때문이다. 그런데 이 강력한 소화효소가 대체 어떤 성분으로 이루어져 있는지, 그것이 대상에 어떤 영향을 주는지, 또 어떤 '화학 방정식'에 따라 분해가 진행되는지에 관한 분석, 이를테면 소화효소와 그 작용에 대한 분석에 관해서라면 아쉽지만 나는 아직까지도 납득할 만한 '분석표'조차 본 적이 없다.

　　그러나 어찌된 일인지 사람들은 이미 반세기 전에 이러한 모종의 소화효소가 존재한다는 사실을 알아채고 있었다. 가령 우치무라 간조는 이와 같은 작용을 일종의 부식작용에 비유했다. 그는 일본에는 비가 많이 와서 그 어떤 외래의 사상과 제도에도 끊임없이 '물'이 끼얹어져지기 때문에 결국 부식되어 실체를 잃고 이름만 남아 원래의 내용은 변질되고 일본이라는 풍토 속에 소화 흡수되고 만다는 재미있는 관찰을 서술하고 있다. 하지만 그가 비유적으로 말한 '비'—이것이 바로 전술한 '물=소화효소'인데—라는 것이 도대체 어떤 성분으로써 어떤 연속적 작용을 하고, 그 결과가 어떻게 되는지에 관해서는 유감스럽지만 우치무라도 거기에 대한 경각심을 고취했을 뿐, 그 실체는 밝히지 않았다.

　　이런 이야기는 서구 문명 내지 기독교의 경우에 한정되는 것이 아니라 외래의 모든 문명에 해당하는 것이다. 예컨대 일본은 불교 국가로 일컬어진다. 그것이 지금 세계적으로 통하는 정의로서 외국의 지도 등을 보면 일본을 불교권으로 꼽고 있으니 확실히 '이름'은 남아 있는 셈이다. 그러나 전문 학자들은 정토종은 불교가 아니고, 불교에는 정토종 같은 사상은 없다고 말한다. 계몽적인 책들은 일본 불교에 경의를 표할 뿐, 확실히 거기까지는 단언하지 않는다. 그런데 펭귄 총서의 《불교》는 일독할 가치가 있다. 정토종에 대한 정확한 설명을 하면서 이를 상당히 높이 평가하고는 있지만, 마지막에는 '이것이 과연 불교인가?'라는 물음으로 끝난다. 유교로 가면 더 흥미롭다. 도쿠가와 시대에 일본은 유교의 영향을 철저히 받았다고는 하나, 그럼에도 과거제도는 도입하지 않았다. 말하자면, 골조의 뼈대가 어딘가에서 빠져버리고 웬일인지 살점들은 용해되고 흡수되어 결국 유교 체제라는 형태가 이루어지지 않고 사라지는 과정을 거친 것이다.

이처럼 일종의 '용해 소화효소'라고 할 수밖에 없는 힘은 지금도 전혀 수그러드는 기미가 없다. 1970년대 일본공산당을 둘러싼 여러 가지 문제를 살펴보면, 이 효소가 '과거제도가 빠진 유교화'와 유사한 작용을 공산당에도 착실히 일으키고 있는 것으로 보인다. 이런 관점에서 보면, 공산당의 '민주연합정부 방안'의 사본을 읽은 자민당의 하시모토橋本 전 간사장이 "웃기지 말라 그래. 이래도 공산당이라고? 이 정도라면 두꺼운 화장이 아니라 아예 성형수술을 한 게 아닌가."(스즈키 다쿠로鈴木卓郎 저, 《신문기자의 일본공산당 연구》)라고 언급한 것, 다시 말해 '이것이 과연 공산당인가?'라는 그의 물음은 어쩌면 '펭귄 총서' 못지않은 명문구일지도 모르겠다.

공산당이 스스로를 다른 모델(예컨대 자민당)에 가깝게 만들면 당원의 수가 늘고 선거에서 득표수도 늘어난다. 거기에서 멀어지면 당원 수도 줄고 득표수도 줄어든다. 그러니까 실체를 알 수 없는 그 '무언가'에 가까워지려면 스스로 그것에 적합하도록 변화하지 않으면 안 된다. 변화하지 않은 채 다가가면 상대는 거부반응을 일으켜 달아나고 사라진다. 이 '무언가'는 자신 쪽은 변하려 들지 않는다. 그 실체는 구름처럼 손에 잡히지 않기 때문에 끊임없이 모양이 변하는 것처럼 보인다. 이런 대상을 자신에게 적합하도록 개조할 수는 없다. 구름 위의 사람[75]을 받들고 있는 셈이니 일본의 실체는 구름이라고 해버리면 그만이겠지만, 대상이 이래가지고서는 만약 구름의 혁명을 일으키겠다면 스스로를 개조해서 공동화하고 가벼워져 상대방 속으로 들어가고, 떠오르면서 융합하여 상대와 일체화하면서 "혁명이나 일으켜볼까?"라고 말하는 것 말고 다른 방법은 없게 된다. 자기 개조를 이 정도로 하자면 짙은 화장 정도로는 어림도 없고 많은 동지를 추방하고 제거하는 진짜 '성형수술'을 강행해야만 한다. 민중으로 상징되는 이 구름은 무언가에 접하여 위화감을 느끼면 즉시 안개처럼 흩어져 자취를 감춰버린다. 그래서 교육과 선전으로 민중의 의식을 개조하려 드는 대신 자신이 '성형수술'을 한 다음 그들에게 다가가야 한다. 그러지 않으면 '손님'이 들지 않기 때문에 민중의 붉은 호스티스는 장사를 할 수 없게 되어버린다. 장사를 못해도 상관없다는 둥 순교와 괴멸은 이미 각오했다면서 허세를 부린다 해도 순교와 괴멸에는 적이 필요한 법이다. 그 적들이 보이지 않기 때문에, 자멸의 일인극을 초래할 뿐이다.

그래서 결국 성형수술이 되고 마는데, 이 수술이 아주 간단하고 그로 인해 본체가 궤멸될 위기도 없는데다 약간의 '출혈'만으로 수술은 끝나고 그 후의 회복과 발전이 무척이나 빠르다는 점을 감안하면, 실은 고

---

75   운조우비토(雲上人)는 일어로 궁중의 사람을 말한다.

치고 난 다음이 진짜 얼굴이었을지도 모를 노릇이다. 어쩌면 수술 전에는 외부에서 수입한 '공산주의'라는 답답한 탈ぬいぐるみ[76]을 무리해서 쓰고 '괴수' 연기를 하는 바람에 호흡곤란으로 탈진하여 빈사 상태에 있다가, 수술 후에야 탈을 벗어버리고 편안한 잠옷 차림으로 내심 안심하면서 원기를 회복하고 있는 것인지도 모른다.—마치 전쟁 직후의 일본이 그랬던 것처럼. 그런 식으로 해석하면 정작 제거된 것은 괴수의 탈뿐인 셈이다. 가짜 탈이라면, 그 속에 누군가가 들어가 '일상성=통상성'을 부담하지 않는 한 움직일 수가 없기 때문에 제거되어버릴 무언가가 따로 '당'을 설립한다는 것은 애당초 불가능하고, '벗어던진 의상' 같은 모양새가 될 수밖에 없다. 다만 '벗어던진 것'은 탈이라는 물건이니까 '순수하다'고 말할 수는 있다. 하지만 이와 같은 사실은 미야모토宮本[77] 체제가 확립되기 전

---

76   누이구루미란, 연극에서 배우가 동물로 분장할 때 덧입는 의상이나 봉제 인형 따위를 말한다.

77   미야모토 겐지(宮本顯治, 1908~2007)는 1958~1977년간 일본공산당의 당수였다. 그는 야마구치현 히카리시 출신으로 1931년 3월 도쿄 제국대학 경제학과를 졸업하고 같은 해 5월 일본공산당에 입당했다. 1933년 일본 군경에 의해 체포되어 경찰관들을 죽이자고 선동한 혐의로 구속됐지만 그는 이를 부인했다. 이후 유죄 판결을 받아 종신형을 선고받지만 제2차 세계대전에서 일본이 항복한 후 석방됐다. 이후 다시 정계에 뛰어들어 1949년의 선거에서 일본공산당을 이끌었으며 이로 인해 일본공산당은 의회에서 35석을 차지하게 된다. 그러나 더글러스 맥아더는 미야모토와 23명의 다른 일본공산당 고위직 인사들이 정계에 진출하는 것을 금지시켰다. 1958년 일본공산당의 당수가 된 이후 그는 공식적으로 일본에서의 폭력 공산혁명을 요구하던 과거의 노선을 포기하고 온건 노선을 취하기 시작했다. 그 후 일본공산당은 주거 문제, 인플레이션 그리고 교육 문제 등을 이슈로 제기하기 시작했다. 미야모토는 무산계급 독재 노선 대신 민주주의와 자유를 옹호하는 노선을 취하며 1977년까지 당수를 지냈다. 현재의 일본공산당 또한 이 노선을 따르고 있다.

부터 지금까지 줄곧 공산당을 움직이던 내부적 일상성은 달라진 것이 없음을 증명한다. 그렇다면 기묘한 부식이 먼저 내부에서 진행되어 공산당을 변질시켰다는 뜻이기도 하다. 내부야말로 날마다 운영되면서 끊임없이 '물'을 맞을 수밖에 없는 노릇이기 때문이다.

만약 그렇다면 편안한 잠옷 차림이라는 것은 일반 당원을 위해서도 썩 괜찮은 것이니 반대가 있을 리 없다. 하지만 탈이 사라지고 나면 부식, 변질 및 용해 작용은 내부만이 아니라 바깥쪽으로도 진행되는데, 그 속도는 점점 빨라지고, 빨라지는 만큼 당원과 지지자와 득표율은 점점 늘어나며, 득표가 늘어날수록 용해 작용이 더욱 진행되고, 용해가 진행되면 지지는 더 늘어난다. 이런 순환을 반복함으로써 결국 일본 내에서 예의 안개를 흩어버리는 식의 용해 작용을 통해 주위를 붉게 물들여 일본의 공산화를 달성할 수 있을지도 모른다.—다만, 이는 '과거제도 없는 유교'처럼 '이름'만 남는 유명무실한 상태이므로, 그렇게 되면 후대의 전문가들은 일본공산당은 공산주의가 아니라고 정의할 터이고, '펭귄 총서'는 '이것도 과연 공산주의인가?'라고 조심스레 기술하게 될 터이다. 그래도 세계지도에는 일본이 빨갛게 채색될 수 있을지도 모른다. 만약 그것만으로 충분하다면 목적은 확실히 달성하는 셈이다.

일본에는 '덴노제'가 있지 않느냐고 말할 사람이 있을지도 모르겠지만, 다 쓸데없는 걱정이다. 앞에 설명한 불교학자들은 일본의 불교를 연구하는 데 있어서 매우 중요한 점을 간과했다. 덴노 집안이 과연 불교도냐 아니냐 하는 문제다. 이것은 예나 지금이나 역사가들이 건드리지 않는 문제다. 덴노가 어느 사찰의 불단에 고개를 숙이고 종을 울리는 모습을 보였다가는 '현인신'일 수가 없게 되기 때문에 황국사관이 성립되지 않는다. 동시에, 황국사관을 부정하는 전후 사관에 바탕을 둔 입장에서도 부정의 대상이 변질되어서는 곤란하니까 거기까지는 굳이 건드리지 않는다. 그런 연유로 일본이라는 '불교 국가'의 궁중에 불단이 있었느냐고 묻는 질문에 곧바로 대답할 수 있는 사람이 오히려 예외적인 사람이되는 이상한 결과가 나타난다. 이러한 것이 대체로 일본에서 말하는 '역사'라는 것의 정체다. 덴노에 관한 기술은 좌우익은 물론 여성 주간지에이르기까지 정말 산더미처럼 많이 남아 있지만, 민중들이 가내 제단神棚과불단을 함께 사용하는 방식에 대비시켜 보면 참으로 흥미로운 현상이다. 지극히 평범한 일상성에 관해서 역으로 알 수 없게끔 되어버리는 셈이다.

메이지 4년(1871년)까지만 해도 궁중의 구로黑戶78도 사이에 불단을두고, 역대 덴노의 위패를 모셔두고 있었다. 제는 당연히 불교식으로 올렸는데, 유신이라는 '혁명'의 물결은 덴노 가에도 들이닥쳐 천년 동안 이어져 오던 불교식 행사가 전부 중단되었다. 덴노 집안 선조의 위패를 대대로 모신 사찰菩提寺은 교토의 센뉴지泉涌寺였는데, 메이지 6년(1873년) 궁중의 불상과 여러 가지 물건들을 이 사찰로 옮긴 후 덴노 가문과는 절연한 바 있다. 황족 가운데는 열렬한 불교 신도도 있었지만 장례식조차 불교식으로 치르는 것은 금지당했다.79 말하자면 덴노 자신도 사상 및 신앙의 자유를 박탈당하고 강제로 메이지 체제 일색으로 덧칠을 당한 것이

---

78   궁의 세이료덴(清涼殿)북쪽 다키구치(滝口) 서쪽의 북쪽 복도에 있는 길쭉한 방으로, 판자문이 장작의 그을음으로 검게 되어 있어 구로도라는 이름으로 불렀다.

다. 구구이 설명할 필요도 없겠지만, 천년의 전통을 몸소 (물론 형식이 그랬다는 뜻이지 실제로 덴노 가의 의지였을 리도 없다.) 끊고 자신의 의지로 자기 변혁을 이룬다는 모양새로 혁명에 순응함으로써 명맥을 유지한 셈이다. 그러니까 이런 방식이 전후 덴노의 '인간 선언' 때부터 시작된 것이 아니었다. 불교와 단절한 시기부터 '인간 선언'까지가 불과 70년, 그 이후로 약 30년이 지났으니 천년과는 비교도 되지 않을 이 정도의 단기간 유지된 '전통' 따위를 고치거나 폐지하는 일은 매우 쉬운 것이다. 단순히 '덴노 가'만의 문제가 아니다. 말하자면 모든 일본인이 이런 형태로 외형적인 자기 변혁을 시행함으로써 '나는 변했고, 오늘부터는 민주주의자다.'라고 자기 암시를 하면서 그것을 믿어버리고, 그 믿음에 따라 진정한 변혁을 회피하는 전통적인 행동 방식을 상징적으로 보여주는 것에 불과하다. '공산화'도 이런 꼴로 귀결될 것이다.

  만약 본격적인 공산화의 시기가 온다면 모든 일본인의 '상징'인 덴노 가는 대대로 사회주의자였다는 새로운 주장이 나오고, 자기 변혁의 이름 아래 아무런 변혁이 이루어지지 않으면서, 거기에 모순되는 사실은 '불단'처럼 제거된다 해도 이상할 것이 없다. 그와 같은 새로운 주장을 증명하는 사료도 찾으면 얼마든지 있을 테고, '변혁'은 메이지 4년의 변혁과 마찬가지로 아무런 문제가 되지 않을 테니까. 그렇게 되면 과연 어떤 해

---

79 종교의 구속성이 약한 일본에서 많은 사람들은 생전에는 신도(神道)를 숭배하더라도 장례식은 불교식으로 치르는 경우가 많다. 다시 말해서, 황족은 일반적 풍습인 불교식 장례식조차 치를 수 없었다는 뜻이다.

설이 등장할까? 그 한 예를 《적기赤旗》[80] 풍의 해설로 한번 적어보겠다.

"일본인은 누구나 예로부터 사회주의자였습니다. 아직 서구에서 과학적 사회주의가 유입되기도 전에 힌트 정도만 듣고도 메이지 12년의 《도쿄 아케보노 신문東京曙新聞》에 '이 시절의 사회주의 호조'라는 제목으로 다음과 같은 논설이 게재된 사실을 보더라도 이 점은 분명해 보입니다. 이 신문은 '대저 우리 일본 제국 국민 중에 소셜리즘이 함유된 것은 이미 오래전부터였다. 또한 사상의 정신이 강성하고 활발하여 우리 사회에 위훈을 남긴 실로 위대한 인물이 있었다. 메이지유신의 일대 홍업을 성취시키는 용기 있고 영명한 무사라면 유신의 초기에는 사회당으로부터 나오지 않은 자가 없다.'고 보도했습니다. 이를 보더라도 알 수 있듯이 사회주의 정당은 메이지유신 전부터 존재했습니다. 실은 유신이라는 혁명을 이룩한 것이 사회주의 정당이었습니다. 이러한 사실을 왜곡한 것이 제국주의 역사가들이었습니다. 앞의 논설이 이어서 '유신의 과업 중 사회주의에 부합하지 않는 것은 하나도 없다.'고 기록한 것은 당연한 일이었습니다.

이는 두말할 필요도 없이 메이지유신의 중심이었던 덴노야말로 사회주의의 중심이었음을 뜻합니다. 그래서 '…… 유신의 홍업, 즉 게이오의 일대 혁명을 성취하도록 만든 바 있는 국시는 사회당과 뜻과 방법을 함께하는 것이고, 이러한 일대 혁명에 종사하면서 5조의 서약문에 동조하는 일본 국민은 바로 사회당과 사상을 함께 하는 사람이다.'라고 하였습니다. 이를테면 사회주의자 덴노 아래로의 결집을 호소하고 있는 것입니

80   일본공산당의 기관지 이름이다.

다. 이러한 사실을 무시하고 덴노제와 공산주의가 양립하지 않는다는 등의 말을 하는 자야말로 사실을 은폐하고 역사를 조작하려는 보수 반동 반공주의자인 것입니다. 이러한 일본 사회주의의 전통을 가장 올바르게 계승하고 있는 것이 공산당입니다. 그 증거로 메이지 15년 일본에서 최초로 창시된 사회주의 정당이었던 동양사회당의 강령을 들 수 있습니다. (1) 우리 당은 도덕에 바탕을 둔 언행을 규준으로 삼는다. (2) 우리 당은 평등주의를 지향한다. (3) 우리 당은 사회 공중의 최대 복리를 목적으로 삼는다. 이상의 3개조로서 (1)은 포르노 비판, 순결 권장, 사회적 부패에 대한 규탄 등과 같은 생각입니다. (2)와 (3)은 대기업 중심의 정부를 무너뜨리고 국민 중심의 정부를 세우며 민중을 괴롭히는 공해를 절멸시키고 '사회 공중의 최대 복리를 목적으로' 삼아 복지를 완비한 사회를 만든다는 당의 방침과 완전히 일치합니다. 또한 동양사회당 강령의 제2장 '수단'은 어디까지나 폭력혁명 방식을 배제하고 혁명의 수단을 유세, 연설, 잡지 발간 등으로 한정하고 있습니다. 이것을 보면 공산당의 덴노 중심 평화혁명 노선이야말로 메이지 이후, 아니 그 이전부터 일본의 인민이 진심으로 원하고 있던 바였음이 드러납니다."

이런 말을 들으면 누구라도 '정말 그렇네.' 하는 기분이 될 것이다. 오늘날의 상태도 30년 전과 비교해 달라진 것이 별로 없으니 말이다.

이 정도는 시작에 불과하다. 이런 식의 논법을 적용해 위와 같은 장난스러운 글을 쓸 요량이면 사용할 재료는 얼마든지 있다. 그리고 그것을 교묘하게 재구성하면, 다이카 개신 大化改新[81]이 공산주의 혁명의 선구이며 덴노가 그것을 실시했다고 입증하는 정도의 일은 덴노가 처음부터

'현인신'이었음을 증명하는 것에 비하면 아주 간단한 작업이다. 이런 작업은 메이지 시대에도, 전후에도 이루어졌기 때문에 그 분야의 베테랑이라면 얼마든지 있다. 그리고 일단 그렇게 되어버리고 나면 어떤 반증을 들어도 소용이 없고, '저것은 반공, 우익이다.'라고 말하면 그걸로 그만이라는 것은 오늘날의 세태가 증명해주고 있다. 지금도 보시는 바와 같은데, 하물며 공산당이 집권하면 이런 식의 어용학자는 얼마든지 모일 테고, 지원자들이 앞다퉈 '충성'을 증명하러 달려들어 교통정리가 곤란한 지경이 될 것이다. 우선 신문과 잡지가 그런 공기에 구속당하고, 몇몇 예외를 제외한 모두가 떠받들 테니까 예외적인 반론 따위는 애당초 문제도 되지 않을 것이다. 이것이 바로 앞서 말한 용해이자 안개처럼 흩어져버리는 현상으로, '덴노제'를 착색하면서 스스로는 사라지는 과정이다. 또한 후술하는 것처럼 이것이 공기와 물의 상호작용인 것이다.

앞의 설명처럼 그 과정은 훨씬 이전부터 우선 내부적 부식의 형태로 시작되며, 나중에 그 일부가 표면화하는 것으로 생각된다. 왜 그렇게 되는 것일까? 무엇이 그렇게 만드는 것일까?

81 일본 아스카(飛鳥) 시대의 고토쿠 오키미(孝德大王) 2년, 일본 연호로 다이카(大化) 2년(646년) 정월 초하루에 발호된 〈개신(改新)의 조서(詔)〉를 토대로 한 정치 개혁 운동이다. 나카노 오에노 미코(中大兄皇子, 훗날의 덴지 덴노) 등이 소가노 이루카(蘇我入鹿)를 암살하고 소가 씨(蘇我氏) 본종가(本宗家)를 멸한 을사의 변(乙巳の變) 뒤에 이루어졌다고 하며(이 암살 사건까지 다이카 개신으로 포함시켜 부르기도 한다.), 수도를 아스카에서 나니와 궁(難波宮, 지금의 오사카시)으로 옮기고, 소가 씨를 포함한 아스카의 호족을 중심으로 이루어지던 정치 구조가 오키미 중심의 정치로 바뀌게 된 사건이다. 이때부터 일본 역사상 최초로 다이카라는 연호를 사용하였다.

이 의문을 풀기 위해 그렇게 만드는 요소, 즉 '어디에나 만연해 있지만 내용은 미상인 대상'을 탐구해보려는 것이다.

2.

하지만 무턱대고 '내용 미상의 대상'이라고만 해서는 논의를 진행하기 어렵다. 뭔가 이름을 붙이지 않으면 안 된다. '찬물을 끼얹는다'는 것은 비지속적 행위라서 이렇게 부르기는 곤란하고, 우치무라 간조가 말한 '비'—아마도 '장마 때처럼 추적추적 내리는 비'를 말하는 것 같다.—는 자연현상으로 오해될 소지가 있어서 곤란하다. 이 현상은 인간세계 바깥에 존재하는 자연현상이라기보다는 '우리 내부의 자연현상'으로 보는 것이 바람직하다고 여겨지므로 일단 '소화효소', 줄여서 '효소'의 작용이라고 가정하자.

그리고 이 효소의 작용을 일단 '일본 특유의 무의식적인 통상성의 작용'이라고 규정해두자. 줄여서 '통상성 작용'이라고 불러도 좋겠다. 의식하지 않은 가운데 일어나는 통상적 행위의 기준이 이 작용의 기준이라고 보아도 좋다. 비유로 말하면 소화 과정과 비슷한 작용이다. 우리는 의식적으로 하루 세끼의 밥을 먹는다. 분명 이것도 통상성에 해당하긴 하지만, 완전히 무의식적으로 먹는 것은 아니니까 무의식적 통상성이라고 말하기는 어렵다. 반면에 소화는 자신의 자각적 의지로 하는 것이 아니다. '먹었으니 소화시켜야지.'라고 의식하고 노력해야 소화가 진행되는 게 아니라 무의식중에, 예컨대 잠을 자면서도 소화는 일상적으로 진행된다. 아울러 소화를 의식적으로 멈출 수는 없다. 쉽게 말해 '먹는 행위', 즉 '섭취'까지는 의식적 현상이지만 소화는 일종의 '체내의 자연현상'으로서 원칙적으로 입으로 들어간 것은 소화 과정을 피할 길이 없고, 소화하지 못한 것은 도로 토해내게 되는데 그 또한 하나의 자연현상이다. 마찬가지로 우리 사회에 들어온 대상을 개개인의 입장에 비유해보면 위장이 아니라 뇌에 들어온 대상이라고 하겠는데, 이 대상이 각자의 뇌 속에서 소화되어 사회 전체로 볼 때 그 대상의 모습이 변화한 상태―이런 측면을 반영하면 '비'라고 부를 수 있다.―와 그 소화 과정, 다시 말해 '통상성에 의한 소화 흡수가 초래하는 변용'이라고 할 수 있는 현상이 내가 말하고자 하는 통상성이다. 이러한 통상성의 작용이 어떤 원리로 이루어지고, 뭐가 어떤 식으로 작용함으로써 통상성이 대상을 흡수하는지를 규명하려는 것이 여기서 다루려는 연구의 중심이라고 할 수 있다.

　　말할 필요도 없이, 우리의 일상생활이란 무의식에 가까울 만치 조건반사적인 판단의 조각들이 모여서 성립되는 것이다. 그리고 이 판단을 바탕으로 사람들이 서로에게 함께 미치는 '통상성의 작용'이라는 상호성에 의해 사회가 운영된다. 사회가 차질 없이 운영되려면 구성원 각자의 시간적 통상성(이를테면 일상성日常性)과 사회의 공간적 통상성(이를테면 상식)이라는 날줄과 씨줄에 동일한 공통의 기준이 있어야만 한다. 이 점에 있어서는 자민당원이건 공산당원이건 마찬가지다. 예컨대 고개를 숙여 인사하는 특이한 몸동작을 취할 때 상대방도 그와 거의 같은 동작을 취하는 것이 통상성의 작용이라고 할 수 있다. 고개를 숙였는데 느닷없이 상대방이 봉지에서 칼을 꺼내 상대를 찌르고 얼굴에 칼질을 해댄다면 그것은 비정상적인 이상성異常性일 뿐, 시간적인 통상성의 상호작용이라고 할 수는 없다. 한편, 빨간 신호등이 들어오면 다나카 전 총리의 차도 미야모토 위원장의 차도 반사적으로 정지할 것이다. 이런 것이 바로 공간적 통상성이다. 누군가가 '나는 공산당원이니까 붉은 신호에 가고, 부르주와 정부의 도로교통법 따위는 인정하지 않겠다.'는 식으로 멋대로 군다면 그 또한 이상성에 해당한다.

　어느 시대 어느 사회든 이와 같은 이상성은 당연히 배제해간다. 사람들이 갖게 되는 통상성의 기반은 그 사람이 가진 기억장치뿐이고, 다른 것은 없다. 그러니까 그 기억장치가 망가져 어린 시절부터 축적한 모든 기억을 글자나 말까지 다 잃게 되면 사회인으로 살아갈 수가 없다. 통상성의 상호작용이 이루어지지 않아 사회를 구성할 수 없게 되기 때문이다. 어떤 이유로 인류 전체의 구성원 모두가 동시에 기억상실증에 걸린 상태를 상상해보면 이해하기 쉬울 것이다. 순식간에 일체의 활동이 정지되고 석기시대 이래 축적된 모든 것이 사라져 인류는 지금까지의 인류로서는 멸망할 것이다. 그러므로 이와 같은 상황에 대한 본능적 공포는 절대적이며, 설령 모두가 기억상실증에 걸리지는 않더라도 지금까지의 통상성의 기준이 갑자기 붕괴했다고 느끼게 되면 그 순간 그 통상성 속에서 살았던 모든 사람은 공황 상태에 빠지게 된다. 전쟁이 끝나던 무렵 이와 약간 비슷한 현상이 나타났는데, 얼마 지나지 않아 사람들은 자신의 통상성은 전혀 붕괴되지 않았고 거대한 힘을 가진 것처럼 보였던 '공기'의 구속이라는 '허구의 이상성'만이 사라졌다는 사실을 깨닫고 이내 안심했다. 게다가 그 이상성을 흉내 내던 사람들도 실은 '괴수의 탈'을 쓴 채 숨이 막힐 뻔했고, 내심 그것을 진작 벗어던지고 편한 마음이 되기를 원했으리라는 사실을 곧이어 깨달았던 것이다.

실은 이와 같은 상태는 최고전쟁지도회의最高戰爭指導會議의 높은 분들이나 청년 장교들에게도 마찬가지였는데, 전자의 경우 모두가 내심으로는 누군가가 '항복하자는 말'을 꺼내주지는 않을까 하는 기대를 하고 있었다. 이를테면, 어느 일방이 '육군이 시작했으니까 육군이 말을 꺼내야겠지. 오늘 하려나, 다음에 하려나?'라고 우메즈梅津[82] 육군 참모총장에게 기대를 한다면, 당사자인 육군 참모총장은 '군인은 끝까지 항복을 입에 올릴 수는 없는 노릇이니 다른 누군가가 하지 않으면 곤란하지. 외무대신이 뭔가 말하지 않으려나? 오늘일까, 내일일까?'라고 기대를 하는 형국이었다. 한편, 기세등등했던 청년 장교의 경우에 관해서는 고마쓰 신이치小松真一[83] 씨의《포로일기俘虜日記》에 흥미로운 예가 기록되어 있다. 무조건 항복의 소식을 듣는 순간, 도쿄에 있는 자기 셋집이 무사할지를 걱정하던 어느 참모의 이야기다. '탈'을 빼앗아버리면, 그의 통상성에 기초한 관심은 셋집이며 월세며 온통 연금으로 이어갈 평온한 생활에 관한 것뿐이다.

---

82 우메즈 요시지로(梅津美治郎, 1882~1949)는 태평양전쟁 중 육군 참모총장을 역임한 일본 제국 육군 장성이다. 그는 1945년 9월 2일 도쿄만에 정박한 미주리호 선상에서 시게미쓰 마모루와 함께 항복 문서에 서명했다. 패전 후 극동국제군사재판에서 종신형을 선고받아 복역하던 중 감옥에서 사망했으며, 1978년 야스쿠니 신사에 합사되었다.

83 고마쓰 신이치(小松真一, 1911~1973)는 도쿄 출신 사업가로, 1932년 도쿄 농업대학 농예화학과를 졸업하고 대만에서 부탄올 공장을 설립했고, 1944년 군속으로 필리핀에 파견되었으나 일본의 패전으로 1946년까지 포로 생활을 했다. 이 경험을 바탕으로 쓴《포로일기》는 그의 사후 출간되었는데, 태평양전쟁의 중요한 1차 자료로 인정받고 있다. 본서의 저자인 야마모토 시치헤이의 대표작 중 하나인《일본은 왜 패배했는가》는 고마쓰 신이치가《포로일기》에 기록한 패전 요인 21가지를 야마모토 시치헤이가 해석하는 형식으로 구성되어 있다.

미야모토 위원장이 어떻게 당내 주도권을 쥐었을까? 그 원리는 매우 간단하다. 당원의 '통상성'과 거기에 바탕을 둔 사회 내부의 통상적 상호작용을 기반으로 하는 자연 발생적 질서를 인증함으로써 가능했던 것이다. 쉽게 말하면, '탈'을 벗고 집세와 연금이 최대의 관심사임을 토로하는 통상성이라고 해도 좋고, 그것을 바탕으로 하나의 질서가 수립되어도 좋다는 일종의 인증을 말하는 것이다. 아마도 이것은 모든 공산당원이 내심 원하면서도 평화 노선이 도래한 '종전 시[84]'까지는 입 밖에 내지 못했던 말이었을 것이다. 이 또한 '공기의 구속'이었던 셈이다. 따라서 미야모토 위원장이 당내의 통상성을 유지하는 '상징'으로서, 당내에서 덴노 같은 지위를 계속 차지하고 있는 것이 당연하다. 이를 타락으로 규정하고 공격하는 것은 쉬운 일이지만, 탈을 뒤집어쓰고 내부의 통상성에 의지하며 지내던 사람과 그 상태 자체를 비교하면서 과연 어느 쪽이 타락이냐고 묻는다면, 나로서는 오히려 전자 쪽이 타락이라고 생각한다.

지금 사회 전반에서 문제가 되고 있다기보다는 화제가 되고 있는 것은, 이것을 '본심'으로 보고 지금까지를 '탈'로 보느냐 아니면 그 반대로 볼 것이냐 하는 것이다. 다시 말해 지금의 상태, 즉 《뉴스위크》지에 게재된 '자본주의 체제를 절대적으로 유지'한다고도 해석할 수 있는 후와

---

84   일본에서 1945년의 패전을 '종전(終戰)'이라고 부르는 것도 일종의 책임감이 제외된 완곡어법 (euphemism)이라고 해야 할 것이다. 독자의 이해를 돕는 데는 '패전'이라고 쓰는 편이 나을 지도 모르겠으나 저자의 표현대로 '종전'으로 번역했다. '공기'의 폐해를 신랄하게 지적하는 저자의 표현도 태평양전쟁의 마무리를 '종전'이라고 부르는 공기로부터 자유롭지 않다는 점은 흥미롭다.

破[85] 서기장의 말이 본심인지, 아니면 '적'을 기만하려는 위장인지 여부의 문제다. 후자의 시각에서 보면 스즈키 타쿠로 씨의 주장처럼 '야마시나山科의 오이시 요시오大石良雄[86] 설'이 되고, 많은 '반공 인사'들이 주장하듯 공산당은 '양의 탈을 쓴 늑대'가 되지만, 전자의 시각에서 보면 '원래 소심하고 겁 많은 양 주제에, 아니 오히려 그렇기 때문에 지금까지 무리해서 늑대의 탈을 쓰고 센 척하고 있었다.'고 평할 것이다.

어느 쪽의 시각이 공산당에 더 명예로운 것인지를 따진다면 오히려 '야마시나의 오이시 요시오'라는 각도에서 보는 쪽일 터이므로, 나는 이런 견해를 가진 사람이야말로 아직 뭔가 기대감을 품고 있다는 점에서 오히려 '친공산주의자'라고 생각한다. 공산당원들은 겉으로는 이런 견해에 철저히 반발하면서 부정하는 것처럼 보여도 마음속 깊은 어디선가에는 남들이 그런 시각으로 봐주기를 바랄 것이라고 생각한다. 그것은 마치 종전 직후 제대군인에게 열렬한 군국주의자이기를 기대하는 표정으로 일부러 전쟁에 관한 말을 걸었을 때 그들이 보일 반응과도 비슷하다. 말하자면 그들은 어떤 면에서는 '지금은 세상의 눈을 피하기 위해 어쩔 수 없이 가식적 모습을 취하고 있는 것'처럼 보이기를 원하는 것이다.

공산당이 일본에서 실제로 활동을 시작한 지는 불과 30년밖에 지나지 않았다. 이 단기간에 벌어진 경과는 일본에 수입된 사상—불교든, 유교든—이 어떤 모양으로 덴노제 속에 소화 흡수되어 결국 그 실체를 잃어

---

85 후와 데쓰조(不破哲三, 1930~)는 일본공산당 전 중앙위원회 의장으로, 1970년 40세에 공산당 서기국장에 취임한 바 있다.

86 오이시 요시오는 에도 시대 전기 무사로, 하리마 아코번의 최대 가로(家老)였다. 겐로쿠아코 사건에서 명성을 얻고 이를 소재로 한 인형극 추신구라(忠臣蔵)로 유명해졌다.

추신구라의 배경이 된 사건은 1701년 3월에 일어난 일이었다. 지금의 고베 지역인 아코번(赤 穂藩) 영주인 아사노 나가노리(淺野長矩)는 도쿠가와 바쿠후의 근거지인 에도 성에서 덴노의 조정이 보내오는 사절을 맞이하는 임무를 맡고 있었다. 그런데 바쿠후 의전 담당관인 기라 요 시히사(吉良義央)는 아사노에게 사신을 대하는 격식에 대해서 나무랐고, 이에 격분한 아사노 는 사신이 근처에 있었음에도 불구하고 칼을 빼들고 휘둘러 기라 요시히사를 다치게 했다. 당 시 소군이었던 도쿠가와 쓰나요시는 세 가지 이유를 들어 아사노에게 자결을 명하여, 아사노 는 할복하고 그 휘하의 무사들은 로닌(낭인)으로 전락해 뿔뿔이 흩어졌다. 당시 아코번의 가로 였던 오이시 요시오는 바쿠후에 저항하는 것은 주군의 원수를 갚기는커녕 무의미하게 죽을 뿐 이라고 생각하고 순순히 임시 번주에게 성을 양도했다. 이후 오이시 요시오는 야마시나에 은 거하는 가운데 기생집에서 주색으로 세월을 보내면서 감시의 눈을 피했고, 다른 가신들은 에도 에 올라와서 쌀집이나 혹은 다른 잡일들을 하며 복수의 칼날을 갈았다. 이러는 동안 그들은 기 라의 자택에 대한 정보를 수집하고 주군 아사노의 미망인으로부터 받은 자금으로 각종 무기를 사들이면서 복수를 계획했다. 1년 뒤인 1702년 12월 14일 밤, 오이시 요시오를 중심으로 아코 번 출신의 낭인 47명이 기라 요시히사의 저택을 습격, 주군의 복수를 명분으로 남녀노소를 불 문하고 저택의 사람들을 닥치는 대로 베어버렸다. 기라도 저항 끝에 이들에게 사로잡혔고 할 복하라는 요구를 받았으나 거부, 이들은 기라를 죽인 뒤 목을 아사노의 묘지에 가져갔다. 연행 된 사무라이들은 극진한 대접을 받았는데, 소군이 용서해준다면 자기 휘하로 받아들이겠다는 다이묘들이 자기 돈으로 먹이고 재웠다고 한다. 그러면서 시나가와(品川)의 센카쿠지(泉岳 寺)에서 처분을 기다렸다. 바쿠후는 고심 끝에 이들에게 할복을 명령했고, 47명 모두 여러 다 이묘의 저택에서 할복하여 센카쿠지에 묻히게 된다.

따라서 이 글에서 공산당을 '오이시 요시오'에 비유하는 것은 그들이 본색을 숨기고 와신상담 한다고 보는 견해를 의미하는 것이다. 몹시 일본색 짙은 이 복수극에 공감하는 서구인들도 있 어, 할리우드에서 추신구라는 2013년 키아누 리브스(Keanu Reeves) 주연의 〈47 Ronin〉이 라는 영화로 번안되었고, 2015년에는 클라이브 오웬(Clive Owen)과 모건 프리먼(Morgan Freeman) 주연의 <Last Knights>라는 영화로도 번안되었는데, 여기에는 박시연과 안성기 등 우리나라 배우들도 출연한 바 있다.

탈'을 벗어던지고 또 화염병을 던질 거라는 예상도 할 수 있고, 앞서 언급한 심층 심리적 해석으로 보자면 그런 일이 벌어지지 않으리라는 보장도 없다. 아니, 오히려 그런 '공기'가 조성되어 거기에 구속을 받게 되면 스러져가는 촛불의 마지막 불꽃처럼 다시 한 번 그런 일을 저지르리라고 예상하는 쪽이 더 설득력 있다고 생각한다. 하지만 그런 짓을 했다가는 '통상성'을 부정하게 되기 때문에 통상성이 인정되는 분위기에서 육성된 당원들 중 다수의 탈락자가 발생할 것이다. 그와는 반대로, 통상성이 보장되는 틀을 당내에서 확대하고 일본 전체에 확산시키려면 지금까지도 사람들이 지니고 있는 '이상성에 대한 기대'—요컨대 '양 가죽'을 뒤집어썼다는 의심의 시각—를 털어내고 완전히 통상성 속으로 매몰되어야만 할 터이고, 그것은 역으로 당의 '공산당다운 체질'을 개조해나가야 할 것임을 의미한다.

다시 말해, 공산주의를 바탕으로 일본을 개혁하는 것이 아니라 일본의 통상성을 바탕으로 스스로를 개혁해야 한다. 물론 지금의 상태처럼 일본의 '통상성'이 작용하고 있다면 자연스레 그렇게 될 터이므로 의식적인 자기 개혁 따위는 필요 없고 그저 시일의 경과에 따라 양적 확대만 꾀하면 된다. 그것이 자연스럽게 자기 개혁을 이루는 길이고, 가장 편한 길이기도 하다. 그리고 이런 현상이 극한에 다다르면 공산당이라는 이름만 남고, 예컨대 '자민당' 같은 통상성의 정당으로 알맹이까지 변할 것이다. 불과 20년 전이라면 꿈도 못 꿀 말이 공산당 책임자 입에서 당연하다는 듯이 나오니 20년이 더 지나 쇼와 71년(1996년)[87]쯤 되면 무슨 일이 생길지 아무도 예상할 수 없다. 그러니 지금 그런 말을 하면 사람들은 하시모토 전 간사장처럼 "웃기지 말라 그래."라는 반응을 보일 수밖에 없다.

　그렇다면 이 통상성이란 것은 대체 무엇인가. 그리고 통상성, 통상성 하지만 어떤 기간으로 구분할 것인가?―왜냐하면 전국시대의 통상성을 반드시 현대적 통상성이라고 할 수는 없으니까. 나는 이러한 통상성의 기간을 일단 일본공산당의 탄생에서부터 현재까지로 설정해 탐구해보고 싶다. 이 통상성의 기본으로 가장 먼저 꼽을 수 있는 것이 '일본적 상황윤리와 그 안쪽 깊숙한 곳에 있는 논리'다.

87　이 책이 쓰인 때로부터 20년 후를 가리키나 실제로 쇼와 시대는 1988년으로 끝났고, 1989년부터는 헤이세이(平成) 원년이 되었다.

3.

상황 윤리라는 단어에 관해서 학문적으로는 여러 가지 어려운 정의가 있지만 지극히 상식적으로, 이를테면 일상성을 바탕으로 정의해보자. 간단히 말하면 '저런 상황에서는 저러는 것이 옳지만 이런 상황에서는 이렇게 하는 것이 옳다.'라든지, '당시의 상황도 모르면서 그 상황을 배제하고 지금 (상황에서의) 기준으로 왈가왈부하는 것은 말도 안 된다. 당시의 상황으로는 그렇게 할 수밖에 없었다. 그러니까 비난해야 할 대상은 그럴 수밖에 없는 상황을 만들어낸 사람이다.'라는 식의 일련의 윤리적 느낌과 기준을 말한다. 이런 논리는 '당시의 공기로는…….', '그 시대의 공기도 모르고…….'라고 말하는 것과 동일한 논리인데 정작 말하고 있는 내용은 역으로 당시의 실정, 즉 대응했어야 할 현실을 가리킨다. 다시 말해 공기의 구속이 아니라 객관적 상황 내지는 객관적 상황이라고 일컫는 상태의 구속이다. 그러므로 '공기'의 경우와는 달리 그 상태를 논리적으로 설명할 수 있게 된다.

이것은 일견 상황을 빙자한 '무원칙한 자기변호'처럼 보이기 때문에 이와 같은 태도를 비윤리적인 '책임 회피'라고 비난하기도 쉽지만, 거꾸로 이런 비난에 반대하면서 '고의로 상황을 누락시킨다'고 논박하고 상황의 구속을 받은 사람을 변호하기도 그만큼 쉽다. 이런 점은 '덴노의 전쟁 책임'에 관한 논쟁을 보더라도, 또는 근래의 '공산당 린치 사건'에 얽힌 논쟁을 보더라도 분명하다. 하지만 비난을 하는 사람이나 그 비난에 맞서 자신을 변호하는 사람이나, 심지어 다시 그 변호를 비난하는 사람조차 실은 '동일한 기준'에 근거한 생각의 앞면과 뒷면을 다람쥐 쳇바퀴 돌듯 맴돌고 있을 뿐이다. 왜인고 하니, 특별고등경찰[88]의 린치에 대한 비난은 '린치'라는 행위를 악으로 규정하기 때문에 간접적으로는 공산당의 린치에 대한 비난이 될 수도 있다는 발상은 이 상황 윤리에는 전혀 포함되어 있지 않고, 거꾸로 특별고등경찰의 린치에 대한 거센 비난이 공산당의 린치에 대한 간접적 변호가 된다고 생각하는 점에서 전부 매한가지가 되기 때문이다. 이는 이들의 윤리적 기준이 '상황에 대한 대응 방식'에 있기는 해도 그 대응에서 비롯되는 동일한 '행위' 그 자체는 아님을 보여준다.

그러니까 비난의 틀과 변명의 틀이 동일하기 때문에 문장을 고쳐 쓰면서 고유명사만 바꾸면 양쪽에 공통적으로 적용되는 윤리가 된다. 이런 공통성은 단지 양자의 상호성에만 있는 게 아니라 다른 데서도 이것과 완전히 동일한 현상이 나타난다. 린치에 대한 공산당 측의 변명 및 반론과, 전쟁 책임에 대한 당시 책임자의 변명 및 반론을 대비해 보면 그 기묘한 공통성에 누구나 조금은 놀라게 된다. 이 논리를 밀고 가면 한쪽은 '대동아전쟁 찬성론', 다른 한쪽은 '투쟁 및 린치 긍정론'이 되고, 최종적으로

---

88 국체 유지를 목적으로 무정부주의자, 공산주의자, 사회주의자 등에 대한 사찰 및 단속 등을 목적으로 1911년 창설된 일제시대 특별경찰로, 1910년 메이지 천황 암살 기도 사건 적발이 창설 계기가 되었다. 약칭은 '특고경찰' 또는 '특고'라고 하고 공안, 방첩 및 정보부의 기능을 수행하는 권력기관이었다. 일제 강점 시절 한반도에서도 독립운동과 사회주의 운동 등 반체제 범죄 수사는 특고의 관할이었다. 1945년 10월 연합국최고사령관총사령부(GHQ)의 인권지령에 따라 치안유지법과 함께 폐지되었지만 오늘날 일본에서도 특고는 전체주의 시절 악질 공권력의 상징으로 여겨지고 있다.

는 깨끗하고 올바르고 아름다운 '당·국체國體의 정화精華가 발현되는 역사', 즉 '덴노제 식의 무오류 역사天皇制的無謬史'로 함께 귀착될 것이라고 생각한다.

　실은 '행위' 그 자체 말고도 이와 같은 사고방식에 포함되지 않은 것이 또 있으니, 그것은 '개인'과 그 책임에 관한 문제다. 린치를 가한 주체도, 린치로 사람을 죽게 만든 주체도 공산당원만은 아니었음은 분명하다. 특별고등경찰도 그 하나지만 군대, 전장, 수용소 등에는 늘 린치가 있었다. 그리고 그런 곳의 상황은 아마도 《마이니치신문》 사설에 게재된 바 있는 '세계에 유례없는 강압적이고 가혹한' 공산당에 대한 탄압보다 심한 것이었으리라. 미야모토 위원장은 아바시리網走[89]에서 식량 사정이 좋았고 종전 무렵에는 자기 몸무게가 60킬로그램이었다고 스스로 술회한 바 있거니와, 이는 당시 아사 직전이었던 우리 입장에서 보자면 '천국'이나 다름없는 사정이었다. 천국이라는 표현을 과장이라고 생각하는 사람은 아사의 고통을 모르는 사람일 뿐이다. 만약 이런 게 '세계에 유례없는 가혹한' 탄압이었다면, 북쪽으로는 시베리아에서 남쪽의 마누스 섬에 이르기까지 수용소에서 많은 인간들이 아무 잘못도 없이 겪은 경험의 대부

---

[89]　홋카이도의 오호츠크 해 연안으로, 흉악범 교도소가 유명한 지역이다. 전쟁 당시에는 정치범도 다수 수감되어 있었다. 이 교도소에서 패전을 맞이한 미야모토 겐지(宮本顯治)는 출옥 직후인 1945년에 쓴 〈아바시리 각서〉에서 인권 탄압이 다른 형무소보다 야만적이었다고 주장했다. 1934~40년 아바시리에서 복역한 일본공산당 도쿠다 규이치(德田球一)는 1947년에 출간된 《옥중 18년》에서 영하 30도 아래로 내려가는 혹독한 추위 때문에 감옥의 벽과 눈썹, 입가에 생긴 얼음 알갱이를 '얼음과자'라고 불렀다.

분은 '가혹한 탄압'조차 당하지 못하고 그만도 못한 상태에 있었다고 할 수밖에 없을 것이다. 그런 상태에서 분명히 린치는 있었다. 상황과 무관한 사람은 없다. 하지만 그런 상황에 놓인 인간이라 해서 모두 그 '상황에 대응하여' 필연적으로 린치를 행한 것은 아니다. 거기에는 분명한 개인차가 있다. '하라'고 강요해도 안 하는 사람도 있는 반면, 이유 없이 스스로 나서서 린치를 행하는 사람도 있다. 당시 공산당원은 비정상적 상황에 처해 있었다. 하지만 비정상적인 상황에 놓인다 해서 모든 사람이 그 상황에 반응하면서 똑같이 린치를 행할 리는 없는 것이다. 일본의 상황 윤리는 언제나 이런 경우 '개인'을 무시한다.

또한 비슷한 상황에 처한다고 해서 모든 민족이 같은 방식으로 린치 행위를 시작하는 것도 아니다. 전쟁 중 연합군 측의 포로 사망률은 독일 및 이탈리아의 수용소에서 4퍼센트, 일본의 수용소에서 27퍼센트로 그 통계만으로도 가혹함이 명백히 드러난다. 그중에서도 특히 심했다고 알려진 곳이 태국과 버마 국경 지대에 있던 콰이강 죽음의 수용소지만 이곳의 기록을 살펴보아도, 또는 마닐라의 산토마스 수용소를 조사해보아도 영미인 포로 중에 폭력 기구를 만들어 동포에게 린치를 가했다는 기록은 없다. 소비에트의 수용소에 있던 독일인 포로 중 러시아인의 권위를 등에 업고 동포에 린치를 가한 예도 없었다고 한다. 그러니까 시베리아 덴노シベリア天皇90라는 것은 필경 일본인들 가운데만 발생한 현상이었던 것 같다.

이것을 다른 측면에서 보자면, 서구인들은 일부 예외를 제외하고는 '상황을 면책의 사유'로 생각하지는 않는 전통 속에 살아왔다. 그들은 미야모토 씨처럼 당시의 '가혹한 탄압'과 '린치' 사이의 인과관계를 인정하지 않는다. 확실히, 상황이 가혹했기 때문에 린치가 있었다는 논리는 성립되지 않는다. 그런 논리가 성립되는 것은 긴급피난을 증명할 수 있는 경우에 한할 것이다. 그런 경우가 아니라면 서구적 윤리는 완전히 고정적인 것이어서 '린치라는 행위는 악이다.'라고 규정한다면 특별고등경찰이 저질렀건 공산당원이 저질렀건, 또는 하사관이 저질렀건 폭력단이 저질렀건 린치는 악에 해당하고, 또한 린치의 대상이 공산당원이건 포로건 스파이건 똑같이 린치라는 '행위'만을 끄집어내 '악'으로 규정해야 마땅하다. 그러나 우리는 이런 태도를 취하지 않고 항상 그 반대의 태도를 취한다. 그러면서도 의문을 느끼지 못하기 때문에 전범이 자신을 변호할 생각으로 '특별고등경찰'의 린치를 소리 높여 비난하는 것과 진배없는 태도를 취한다. 그러면서 그런 비난이 그대로 자신에 대한 단죄가 되리라고는 꿈에도 생각하지 못하는 것이다. 우리는 언제나 그런 식이고 지금의 공산당 및 그들의 옹호자들도 그러하다. 꼭 집어 설명을 해주면 그 누구라도 확실히 이상한 태도라고 생각하겠지만, 이런 이상한 태도로 말미암아 생겨난 비극이 현실에 존재한다. 이것은 단지 공산당 린치나 전범의 태도라든지, 그에 관한 일부 신문 보도에 나타나는 태도만이 아니라 베트남 관

---

90   시베리아 덴노란, 시베리아 수용소에서 소련 측과 우호 관계를 쌓아 다른 피수용자들에게 절대적인 권력을 행사한 사람들을 가리키는데 '작은 스탈린'이라고도 불렀다. 이들은 자신의 공산주의 사상 관련 지식이나 러시아어 능력 등을 이용해 소련의 간수들에게 잘 보임으로써 수용소 안에서 권력을 누리면서 다른 피수용자들에게 사상을 교육하고 인민재판, 린치 등을 가했다. 이 가운데 귀국 후 공산주의 활동을 한 인물들도 있었다.

런 보도를 보더라도 서구의 보도와는 차이가 드러나는 큰 특징 중 하나에 해당한다.[91]

그런데도 우리 사회 내부에서는 이 태도가 당연하고 자명한 것으로 취급되고, 아무도 그것을 이상하게 여기지 않는다. 특별고등경찰의 린치에 대한 비난이 당연히 공산당의 린치에 대한 간접적 변호가 된다고 진심으로 믿어 의심치 않는 것이다. 왜 그런 것일까. 그 이유 중 하나는 '상황에 대한 대응'만을 '정당화의 기준'으로 삼기 때문이다. 이것이 '공기'와 다른 점은 '공기'는 이유를 댈 필요 없이 그냥 '공기'였다고 말할 뿐 '공기' 자체를 논리적으로 정당화하기란 불가능하다는 데 있다.

그러므로 논리적 정당화는 언제나 '만들어진 상황'을 중심으로 돌아간다. 그렇기 때문에 비판이나 단죄의 논리에도, 자기 또는 자기편에 대한 변호에도 언제나 전범의 자기변호 내지는 최근 공산당의 자기변호와 기본적으로 동일한 논리가 전개되고 되풀이된다. 이와 같은 사고방식의 기초에 관한 한 이상하리만치 지금껏 달라진 것이 없다.

말할 나위 없이 그 기초는 앞에 설명한 양측이 공통적으로 암묵적인 전제로 삼고 있는 것으로 '상황에 대한 자신의 대응 방식은 옳았다', 그러니까 그 대응의 결과 저절로 일어난 자신의 행위는 올바른 것이었고, 만일 그것이 옳지 않다면 그 책임은 '자신이 올바르게 대응해야 했던' 가혹한 상황을 만들어낸 사람에 있으니 책임을 추궁할 대상은 그 사람이지

---

91   일본 언론 관계자의 설명에 따르면 베트남전 당시 일본의 언론 보도 경향은 매우 반미적으로, 모든 현상에 대한 책임이 미국 측에 있다는 식의 태도가 강했다고 한다.

자신은 아니라는 논리다.

그리고 사실 이런 생각의 배후에 있는 것은 일종의 '자기 무오류성' 내지는 '무책임성'의 주장으로, 상황이 창출되는 데는 자신도 참가한 것이라는 최소한의 의식조차 완전히 결여된 상태인 것이다. 이는 자기 의지를 부정하는 것이며, 따라서 자기 행위에 대한 책임도 부정하는 것이 된다. 그렇기 때문에 이렇게 생각하는 사람은 같은 상황에 놓이더라도 그에 대한 개개인의 대응은 모두 다르고 그 차이는 각 개인 스스로의 의지에 따른 결단이라는 사실을 절대 인정하지 않고, 인간은 일정한 상황에 대해서 평등하고 동질적으로 반응할 것이라고 규정해버린다. 이것은 뒷부분에 설명할 '일본식 평등주의'에 기인하는 것이다.

그렇다면 공산당의 장래는 전적으로 '상황 나름'이라고 할 수 있는 것이 된다. 상황의 변화에 따라 린치도 긍정하고 숙청도 시작하는 것이다. 아마 그럴 때도 그 모든 것을 '상황에 바르게 대응했다'고 하겠지만, 이것은 정권을 잡더라도 상황의 창출에 대해서는 일절 책임을 지지 않겠다는 것이기도 하다. 이래서는 군부 정권의 '무책임 체제'와 다를 바가 없다.

아울러 여기에서 또 하나의 문제가 생긴다. 그것은 치안유지법92 아래였다는 '당시의 상황을 감안하면……'이라는 식의 발상이다. 이 문제를 다룬 아사히와 마이니치 두 신문 사설의 배후에도 자리 잡고 있는

---

92   1925년 5월부터 시행되어 일본 제국의 덴노 통치 체제를 부정하는 운동을 단속하던 법률로, GHQ 점령 직후인 1945년 10월 15일 폐지되었다. 공산주의자, 사회주의자는 물론 반정부 인사들에 대한 폭넓은 처벌을 가능케 한 법률로서 1928년 개정되면서 최고 사형까지 가능하도록 강화되었다.

이와 같은 발상은 상황 윤리적 관점에서 보면 당연한 것이겠지만, 사실은 하나의 허구에 지나지 않는다. 인간이 '현재의 상황에서 당시를 고찰한다'는 것은 가능할지 몰라도, '당시의 상황을 (당시의 상황 하에서) 고찰한다'는 것은 불가능하다. 우리가 무슨 독심술 같은 걸 발휘해 쇼와 5년(1930년) 당시의 특별고등경찰 형사와 공산당원의 의식을 알 수 있는 것은 아니라는 말이다. 설령 그 어떤 기록을 통해 그 일부를 알게 된다 하더라도, 우리가 그들의 '의식을 우리 자신의 의식으로 만드는' 것은 이미 불가능하다. 아마도 그것이 불가능하기는 지금까지 생존하고 있는 당시 관계자들이라 하더라도 마찬가지일 것이다.

이 점은 나도 마찬가지라서 '30년 전 정글 전투 당시의 의식을 되살려 그 의식을 지금의 의식으로 파악하여 서술하라.'는 부탁을 받는다 해도 천재가 아닌 한 그런 일을 하기란 불가능하다. 딱 한 가지 가능한 것은 현재의 의식으로 당시 나 자신의 행동을 살펴보고, 그 행동으로부터 역산하여 당시의 의식을 지금의 의식과 대비시키면서 더듬어보는 것뿐이다. 스스로에게조차 할 수 없는 것을 남에게 할 수 있으리라고는 생각하기 어렵다. 그러니까 '당시의 상황'이라는 말은 어디까지나 현재를 기준삼아 구성한 일종의 허구적 상황이지, 당시의 상황이나 그 상황에서의 의식을 재현하여 파악할 수는 없다. 따라서 이런 허구적 기준으로 판정되는 상황 윤리에 입각하여 이루어지는 판단은 죄다 현재의 상황 윤리에 반응하는 현재의 의식과 그것을 토대로 판단한 내용을 과거로 투영한 것에 불과하고, 자신이 처한 상황의 어떤 측면을 확산한 것에 지나지 않는다. 인간은 그 이상을 해낼 수는 없다. 하지만 그것을 해낼 수 없다는 인식을 가질 수 없도록 만드는 것이 상황 윤리의 특징이다. 왜냐하면 과거와 현재를 함께 규율할 공통적이고 영속적인 '고정 윤리'라는 공통의 척도란 존재하지 않기 때문이다.

시간을 초월해 과거를 측정하려 한다면, 과거부터 현재까지 공통적으로 적용되고 상황의 변화에 영향을 받지 않는 영속적인 척도로 하나의 기준을 만들어 그것으로 계량되는 차이에 따라 과거와 현재 사이의 차이를 알아낼 수밖에 없다. 그러나 상황 윤리를 가지고 이런 방법으로 과거를 측정하기란 불가능하다. 그것이 불가능하기 때문에 영속적 무오류성을 별도로 요구할 수밖에 없게 되는데, 여기에 관해서는 뒤에 따로 설명하겠다.

4.

이상과 같은 사고방식을 '일본적 상황 윤리'라고 한다면, 이런 사고방식의 기초를 찾기 위해서는 그 대극에 있는 '고정 윤리'의 시각을 검토해봐야 할 것이다.

고정적 규범이라는 것은 인간을 규정하는 잣대이면서도 인간이 거기에 관여해서는 안 된다는 것이 원칙이다. 따라서 지극히 '비인간적'이고, 나아가 비인간적일 것이 요구된다. 물론 척도라는 것은 언제나 비인간적인 것으로, 그것을 인간이 건드리기가 불가능하기 때문에 비로소 인간이 사용할 수 있는 척도가 될 수 있으며 평등하게 인간을 규제할 수 있다. 이것이 고정 윤리적 사고방식의 기본이다. 이 사고방식의 기초는 고대의 '척도'에 대한 신성시라든지 신으로부터 받은 윤리적 규범의 절대화—예컨대 모세의 십계명—에서부터 미터법 따위와 관련된 이런저런 필연론에 이르기까지 일관되게 흘러왔다. 그와 같은 온갖 사례들 중 가장 단순하고 이해하기 쉬운 것이 미터법이니까, 미터법을 하나의 윤리적 규범이라고 생각하면 고정적 규범 내지 고정 윤리의 사상적 기초를 드러낼 수 있을 것이다.

미터법은 지금도 일본을 지배하고 있다. 이 '규율'에 따르지 않으면 법률로 처벌받는다. 법률로 처벌한다는 규범은 일본 정부가 만든 것이니까 고칠 수 있다. 또한 미터법이 불편하다는 이유로 이 규범을 폐기할 수도 있다. 그러나 이 미터법이라는 규범을 '상황에 맞도록 변화시키는' 짓

은 해서는 안 될 일이다. 평균적으로 유럽인보다 신장이 10퍼센트 정도 작은 일본인으로서는 생활공간을 미터로 다루기가 몹시 불편하다. 르 코르뷔지에Le Corbusier93가 '칸間, けん'이라는 일본의 척도, 즉 생활공간으로부터 역으로 산출한 '인간적 척도'를 찬미했다고는 하지만, 그가 이러한 발상을 아무리 찬미하더라도 미터라는 척도를 생활공간이라는 상황에 맞추어 개정하는 것은 불가능하다. 두말할 필요도 없이 미터는 인간이 손댈 수 없는 '지구라는 이름의 행성'을 척도의 기준으로 삼고 있으므로 우주에 변화가 생기지 않는 한 불변이고, 그 기준이 인간의 상황에 따라 달라지지는 않기 때문이다. 이처럼 '인간이 손댈 수 없는 우주적 규범을 기준으로 삼아' 인간의 자의적 판단이나 상황의 변화가 영향을 미치지 못하는 까닭에 미터법은 비로소 공정한 규범이 될 수 있다. 그러므로 인간의 임무는 이것의 엄정한 적용에 한정되어야 한다고 서구인들은 생각한다. 이런 면에서 인간에게 허용되는 자유는 이 '지구 척도'의 몇 만분의 일을 자기 생활의 규범의 기준으로 삼을 것인지에 한정되어 있고, 그 이상의 일은 할 수 없는 것이 된다.

이것이 서구인들이 생각하는 '절대'이며, 이런 생각은 구약성서의 '섭리'에서부터 마르크스의 '필연'에 이르기까지 일관되게 흐르고 있다. 그들 자신 또는 다른 인간이나 상황이 그것에 영향을 미칠 수 없기 때문

---

93 르 코르뷔지에(Le Corbusier 또는 Charles-Édouard Jeanneret, 1887~1965)는 스위스 태생의 프랑스 건축가, 화가, 조각가, 디자이너 겸 작가로서 도시의 거주 환경을 개선하기 위해 노력하였으며 현대디자인의 이론적 선구자가 되었다. 그는 중유럽, 인도, 러시아 등지에 자신의 건축물을 남겼다.

에 '절대'인 것이고, 그래서 규범이 될 수 있는 것이다. 하나의 비인간적, 초월적 기준을 바탕으로 한 원리를 인간의 규범으로 삼고 그것을 평등하게 사람들에게 적용하기 위해서는 언제나 체계적으로 세부 규칙을 만들어가야 한다. 요컨대 1미터의 10분의 일인 10센티미터로 입방체를 만들어 그것을 1리터라는 용량 기준으로 삼고, 그 용량에 해당하는 물의 중량을 1킬로그램이라는 중량 기준으로 삼는다는 식이다. 이렇게 했을 때 그 기준이 인간에게 편리할지 불편할지는 둘째 문제다. 설령 불편하더라도 이 체계적 기준에는 변화를 가하지 않고, 눈금을 세분화하여 적용함으로써 불편을 극복하는 방법을 취할 수밖에 없다. 인간을 기준으로 삼지 않는 이상 이렇게 되는 것이 당연하고, 이러한 방식은 미터법이든 논리든 윤리이든 간에 기본적으로는 차이가 없다. 그렇게 되면 세분화된 논리나 윤리의 단위는 고대 유대교의 율법이라든지, 글자 그대로의 이름에 걸맞은 번쇄철학煩瑣哲学[94]의 여러 개념과 정의처럼 번거롭고 잡다한 일이 된다. 인간을 기준으로 하는 상황 윤리에 맞추어 살아가는 우리 일본인으로서는 이렇게 세분화된 논리를 접하는 순간 '대체 왜 이런 것이 필요한가?'라며 아연실색하게 되고 그 모든 것을 비인간적이라고 느끼게 되는 것이 보통이다.

우리 일본인은 메이지 이후로 여러 가지 표현을 통해 이와 같은 방식을 '본능적'으로 거부해왔다. 미터법 정도라면 분명 우리도 견딜 수 있

94　스콜라 학파의 철학을 가리킨다.

다. 하지만 미터법을 만들어낸 정신은 견딜 수가 없는 것이다. 그것은 '어째서 센티미터와 킬로그램과 리터 사이에 연관이 있어야 하는가? 자尺와 관貫과 되升 사이에는 이런 연관성이 없지만 생활을, 요컨대 인간을 기준으로 삼으면 그걸로 충분하고, 그와 같은 연관성을 군이 하나의 우주적·초월적 기준으로부터 산출해 그걸로 인간을 규제할 필요까지는 없지 않은가?'라는 질문에 명확한 이유를 댈 수 있는 사람이 없다는 점을 보더라도 분명하다. 더구나 이것이 인간의 윤리적 규범이 된 경우라면 '왜 그런 것이 필요한가?'라는 질문에 답할 수 있는 일본인은 없을 것이다. 사실 우리는 마치 바벨탑처럼 구축된 체계라는 이름을 가진 언어적 구축물을 접하거나 생활의 가장 말단까지 빈틈없이 규율하는 유대교의 율법을 접하면 보통은 보기만 해도 일종의 거부반응을 일으킨다.

그러나 그런 체제도, 그것을 만들어낸 전통도 없을망정 다음과 같은 단순한 문제에 대해서조차 분명한 답을 할 수 없을 거라고는 생각하지 않는다. 예컨대, 학생을 '전원 3등급ォール3'[95]으로 평가한 음악교사가

---

95 일본은 1897년부터 교육제도상 단계별 평가를 도입하여 갑을병정(甲乙丙丁)이라는 4단계 평가를 채택했고, 1900년에는 학적부에 성적을 기재하는 것이 의무화되고 일부 현에서는 통지표가 발송되기 시작했다. 1938년에는 문부성 차원에서 성적 표기 방법을 통일하여 상대평가를 시작했다가 태평양전쟁이 시작된 1941년부터는 3~5단계 절대평가로 전환했다. 패전 후에는 일시적으로 재능별 평가 방식이 도입되었으나 이는 국가 재건에 필요한 인재 양성 취지에 맞지 않는다고 보아 1955년부터 1~5등급으로 학생의 성취를 채점하는 5단계 방식이 도입되었다(5등급이 가장 우수하다). 통상의 경우 '올3(ォール3)'이라고 하면 한 학생이 전 과목에서 3등급을 받은 것을 가리키는 경우가 더 많지만, 이 책에서 저자가 말하는 '올3'이란 학생 전원이 3등급, 수우미양가로 따지면 전원이 '미'를 받은 상황을 의미한다.

화제가 된 적이 있었는데, 이것이 왜 그르냐에 관한 적확한 논증을 들 수 있다. 이 교사는 '교육의 원점으로 돌아가 고려한 결과'라고 주장했지만, 그의 '원점주의'가 상당히 냉소적인 비판의 대상이 되었던 걸로 기억한다. 하지만 이 교사는 아마도 매우 성실하고 전형적인 보수적 일본인일 것이고, 오로지 '원점'만을 고려했기 때문에 이런 결과가 나타났던 것이 틀림없을 것이다. 인간을 기준으로 삼는 일본식 평등주의는 궁극적으로 이런 결과로 귀결될 수밖에 없기 때문이다. 척도의 기준이 되는 인간에 동일성을 요구하는 것은 당연한 것이며, 그것이 움직이면 기준이 없는 상태가 되어버린다. 이런 평등한 동일성을 부정한다면 앞서 언급한 '개인적' 사고방식을 초래하기 때문에 인간은 동일한 상황에도 제각각 다르게 대응하게 되고, 일본적 상황 윤리는 성립하지 않게 되어버리기 때문이다.

그러나 기준을 비인간적인 대상에서 구하면 '평등'이라는 개념은 완전히 역으로 나타난다. 가령 미터법을 사용해 학생의 키를 잰다고 하자. 이때 요구되는 평등은 '지구 기준'이라는 비인간적 척도로 평등하게 키를 재서 '개인'의 특징을 명확히 표시하는 일이고, 평등이라는 인간적 기준이 상실되는 일을 막자고 '껑다리'니 '땅딸보'니 하는 '차별'이 야기되지 않게끔 '전원 3등급' 식으로 척도를 조작하여 전원을 140센티미터로 기입하는 식의 일은 없게 된다. 체중을 잰다 치자. 지구와 물을 기준으로 한 비인간적 눈금이 가리키는 대로 평등하게 결과를 기입하는 것은 '뚱보'니 '갈비씨'니 하는 '차별'을 초래해 평등이라는 인간적 기준이 상실될 것을 막자고 저울을 조작하는 것과는 다르다. 100미터 경주를 한다 치자. 인간이 좌우할 수 없는 지구 기준의 길이로 100미터를 정확히 재고, 마찬가지로 인간이 움직일 수 없는 '시간'을 최대한 정확하게 재서 그 결과를 평등하게 기록하고, 이 평등에 따라서 '개인'을 공정하게 드러내는 것이 평등이지, 1등 2등 3등을 정하는 것이 '차별'이라 해서 모두가 동시에 도착하도록 이런저런 조작을 가하는 것은 평등이 아니라 반대로 불공정이 된다. 여기에서 문제가 되는 것은, 체력에서부터 지력이나 그 밖의 사항에 이르기까지 기준이 복잡해질수록 더욱 정교하고 치밀한 기준이 필요하다는 데 있는 것이지, 인간 그 자체를 기준으로 삼고 그 인간이라는 기준을 움직이지 않으려고 척도를 조작해 '전원 3등급'을 부여하는 데 있는 것이 아니다.

　그렇지만 우리 일본 사회는 통상 모든 일에 '전원 3등급'을 준다. 그리고 '전원 3등급'을 도출하려고 척도에 가하는 조작이 바로 '상황'이다. 따라서 그 교사를 손쉽게 비판하는 사람에게 그 비판은 그대로 돌아온다. 아울러 이것은 '당시의 상황으로는……'이라는 허구의 가정이 항상 필요하다는 사실을 가리킨다. 인간을 기준으로 삼고, 그러기 위해 인간이 언제나 평등하게 '전원 3등급'을 받아야만 한다면, 평등한 인간 중 어느 한 사람이 이상한 행동을 하는 것은 '상황이 그 정도로 비정상적이었다'는 증거밖에 되지 않는 셈이다. 그렇다면 그 상황이라는 것은 《마이니치 신문》의 사설처럼 '국체의 변혁, 사유재산제도의 부인은 물론, 폭넓은 사회 개혁을 목표로 언론·사상의 자유마저 유린했던 전쟁 이전의 치안유지법 아래 세계적으로 유례없는 강권적이고 가혹한 특별고등경찰'이라는 상황이 있어야만 하는 것이고, 그것이 사실인지 여부에 관한 천착이라든지 다른 개인과의 대비는 무용지물이 된다. 일본인과 외국인을 막론하고 그와 같은, 아니 그보다 훨씬 더 가혹한 상태에서도 린치를 행하지 않은 대다수의 사람이 있었다는 사실을 지적해도 '아냐, 그것은 상황이 달라.'라며 일방적으로 단정해버릴 뿐 양쪽의 상황을 정확히 대비시켜 보려고 하지 않는다. 상황 윤리에서는 그러는 것이 당연하다. 그러면서도 '올바른 역사적 인식에 기초한 냉정한 대응'을 요구한다. 왜 그러는 것일까? 이유는 간단하다. 전술한 바와 같이 현재의 상황을 과거에 투영한 채 현재의 상황에 대응시켜 발언함으로써, 말하자면 이중적 의미의 일본적 상황 윤리에 바탕을 두고 말하는 것이기 때문이다. 물론 그렇다고 내가 그것을 비난하거나 비웃는 것은 아니다. 나는 그것이 우리의 '통상성'이라고 말하는 것일 따름이다.

이렇게 주장하는 것은 린치에 대한 공산당의 논리도, 전술한 전범의 논리도 그리고 (만약 입장을 밝힌다면) 당시의 특별고등경찰의 논리도, 신문 보도의 논리도 모두 기본적으로는 같은 구조로 되어 있기 때문이다. 이 논리가 기이한 이유의 일부에 관해서는 다치바나 다카시立花隆[96] 씨도 공산당에 대한 반론을 제기하는 가운데 언급한 바 있다. 논리를 따라가다 보면 아무래도 이치가 맞지 않게 되는 것이다. 그 점을 명확히 하기 위

---

[96] 다치바나 다카시(1940~)는 일본의 저널리스트, 논픽션 작가 및 평론가로 인간의 지적 욕망을 성욕이나 식욕에 맞먹는 중요한 본능적 욕망으로 보고, 그것이 인류의 문화를 발전시킨 원동력으로 평가한다. 다양한 분야에 걸쳐 저술 활동을 펼쳐 '지적 거인'이라는 별명을 얻었고, 국내에도 《나는 이런 책을 읽어 왔다》, 《도쿄대생은 바보가 되었는가》, 《천황과 도쿄대》, 《우주로부터의 귀환》, 《암: 생과 사의 수수께끼에 도전하다》, 《지식의 단련법》, 《멸망하는 국가》 등 다수의 저서가 번역 출간되었다.

해 (1) 고정 윤리, (2) 상황 윤리, (3) 이치가 맞지 않는 논리 등 세 가지를 나란히 놓고 살펴보자.

(1) 린치라는 '행위'는 악이며, 따라서 누가 누구에게 행하든 절대 허용할 수 없다. 인간은 이 규범 앞에 평등해야 하므로, 특별고등경찰의 린치가 허용되지 않듯이 공산당의 린치도 허용되지 않는다.

(2) 린치는 '세계에 유례없는' 강권적이고 가혹한 탄압 아래 벌어진 것이므로 그런 '상황'에서 파생된 공산당의 린치는, 린치라는 행위만을 떼어내서 다른 경우와 동일한 규범으로 다스려서는 안 된다. 린치라는 행동을 할 수밖에 없는 상황을 창출한 사람이야말로 비난받아 마땅하고, 린치를 행한 자를 비난해서는 안 된다. 그러므로 이에 대한 탐구에는 '올바른 역사적 인식에 바탕을 둔 냉정한 대응'이 필요하다.

(3) 앞의 (2)와 같은 상황이 존재한 것은 사실이지만 그런 상황 속에서도 린치는 없었다. 린치가 행해졌다는 것은 악질적인 선전 선동으로, 그러한 상황을 조성한 자가 고의로 그 상황을 사상시키고 선전 선동을 자행하는 것은 당시의 상황을 내심 긍정하고 있다는 증거다. 따라서 그런 자는 그와 같은 상황을 조성한 자와 동일한 죄를 지은 반공·제국주의자이고 특별고등경찰의 앞잡이다.

다치바나 씨는 이 (3)의 논리로 비난을 당한 것인데, 그도 지적했듯이 이 (3)은 분명히 좀 이상하다. 린치가 애당초 전혀 없었다면, 린치와 관련해서 '세계에 유례없는' 강권적이고 가혹한 탄압이라는 상황 운운할 필요는 없었을 것이다. 린치가 '없었다'고 주장하는 것은 상황 윤리의 입장에서 말하자면, 그것에 대응해야 할 '상황도 없었다'는 뜻이 되기 때문이다. '가혹한 탄압'을 전제로 한 발언은 모두 '린치는 있었다, 그러나…….' 라는 말이 그 '전제의 전제'로서 존재하기 마련이다. 그런데 이것이 사상되고 있다. 일견 기묘해 보이지만 이 (3)의 태도는 실은 전전에서 전후에 이르기까지 일본 언론의 일관된 태도로, 일본공산당이 이번에 처음으로 취한 독자적인 태도가 아니다.

예를 들어, 세이난 전쟁 중의 '전장의 가혹한' 상황에 대한 설명이 있기 때문에 이런 '상황' 속에서 불미스러운 사건이 일어났다고 말할 수 있을까를 생각해보면 그렇지 않다. 은혜와 위엄이 동시에 충만한 황군에는 그런 일이 있을 수 없고, 따라서 그런 말을 하는 것은 역선전을 통한 이적 행위로 간주되었다. 전후 소련이 이상향으로 선전한 스탈린 치하에서 자본주의 국가에 포위된 '가혹한 상황 아래' 놓였다고 하면서 그래서 일방적으로 간첩죄를 씌우고 숙청한 것도, '수용소 군도'를 만든 것도 그런 '상황'에서는 용인되어야 한다고 주장하는가를 생각해보면 그렇지 않다. 숙청은 없었고 '수용소 군도' 따위는 사회주의 국가에 존재할 수가 없으니, 그런 주장은 반공·제국주의자들이 퍼뜨린 허위 선전이라고 말한다.

그렇다면 대체 무슨 필요로 '가혹한 상황'이라는 전제를 때로는 우스꽝스러울 만큼 과장해서 일사불란하게 강조하는 것일까? '아무것도 없다'거나 '아무 일도 없었다'고 한다면 '아무것도 없었던' 것의 '전제' 따위는 애당초부터 '아무것도 없었던' 걸로 이미 정해져 있는 것이다. 전제란 어디까지나 '어떤 상태가 나타난 것에 대한 전제'이어야 하기 때문이다. 그럼에도 다치바나 씨가 언급한 이 기묘한 모순을 입에 올리면 바로 다음 순간에 날아드는 것은 욕설과 호통뿐이다. 베트남 보도에서도 이와 같은 유형이 나타난다. 베트남 보도에서 사용된 논리의 자세한 내용은 지금 새삼스레 지적할 필요가 없을 정도로 사람들의 기억에 생생히 남아 있다. 앞서 설명한 (3)의 도식을 상기하고 맞추어 보아도 좋다. 쇼와 초기에 벌어진 일련의 공산당 린치에 관한 보도를 보더라도 도식은 마찬가지인데, 단지 정부와 공산당의 위치가 지금과 역전되어 있을 따름이다.

이상은 오늘날 공산당이 사건을 대하는 방식이 과거 및 현재에 일본 정부 및 언론이 이러한 종류의 사건을 대하는 방식과 완전히 똑같은 도식을 따르고 있음을 보여준다. 국내외의 이런저런 사건을 대하는 방식이 정치적 입장이나 시대를 초월해 동일한 도식을 보인다는 것은 그 배후에 유형적 사고 과정이 공통적으로 존재함을 말해준다. 아마도 그것이 일본에서 일어나는 '통상성'에 근거한 판단의 논리적 기초일 터이다.

5.

그러면 대체 어째서 위에 기술한 것처럼 논리가 성립될 수 없는 (3)의 주장이 제기되는 것일까. 두말할 필요도 없이 그 배후에 있는 것이 '전원 3등급' 식의 상황 윤리다.

미터법처럼 규범을 비인간적인 기준에 두고 절대 움직이지 않는 경우라면, 그 규범으로 사람들을 평등하게 규율하면 된다. 이 경우에 부정한 행위는 인간이 이 규범을 왜곡하는 것이다. 하지만 이 규범을 철저하게 만들어 행위만을 규제 대상으로 삼으면 상황 윤리라는 사고방식은 일체 사라진다. 쉽게 말해, 아사 직전에 한 조각의 빵을 훔치건, 포식의 여흥으로 한 조각의 빵을 훔치건 '도둑질'은 '도둑질'로서 똑같이 처벌받는다. 서구의 전통은 일관되게 준엄한 고정 윤리인 까닭에 19세기 이후 이에 대한 통렬한 비판이 일어난 것도 이상하달 것이 없다.

그런데 일본에는 미터법 같은 방식의 규제, 즉 인간에 대한 규제는 비인간적 기초에 입각해야만 공평할 수 있다는 발상이 원래 없었고, 일본인은 전혀 다른 규범하에 살아왔다. 말하자면 원래부터 발상이 지극히 상황 윤리적인 것이다. '서구에서 고정 윤리적 전통에 대한 진보적 비판의 일환으로 발생한 상황 윤리가 그런 전통도 없는 일본에 하나의 독립된 권위를 지니고 유입되면 어떤 상태가 될 것인가? 그 결과는 얼핏 보면 상황 윤리로 인해 서구화된 것처럼 보이지만 실상은 일본화가 더 깊고 철저하게 진행되는 것이 아닐까? 아니, 분명히 그렇게 될 것이다.'라는 문제의식을 가진 사람이 기독교 윤리를 연구하는 전문가들 중에는 예외적으로 존재한다. 일전에 국제기독교대학[97]의 후루야 야스오古屋安雄 교수[98]로부터, 십여 년 전 조셉 플레쳐Joseph Francis Fletcher[99]가 저서《상황 윤리》를 가지고 일본에 강연차 왔을 때 "당신이 주장하는 내용은 일본에서는 유해하니까 어서 돌아가 달라."고 말한 사람도 있었다는 이야기를 들었다. 그러나 이런 사람은 예외적이고, 외부적 권위가 자신의 생활 방식을 인정한 것으로 '스스로에게 적합한 새로운 설'을 받아들이고 스스로 그것을 더 철저히 추구하는 것이 일반적이다. 이런 과정이 계속 반복되다 보니, 그럴 때마다 일본은 더욱 철저히 일본화하여 서구화가 진행되면 될수록 거꾸로 단절이 깊어지고 최종적으로는 사실상의 '쇄국' 상태로 나아가게 되는 것이다. 일본공산당 역시 예외는 아니어서, 이렇게 철저히 일본화하는 과정에서 중요한 역할을 맡고 있는 셈이다.

왜 이렇게 되는 것일까? 아니, 왜 그렇게 말할 수 있는 것일까? 여기에서 다시 '원점'이라는 것으로 돌아가보자. 인간을 척도의 기준으로 삼으면 모든 인간이 '전원 3등급' 식의 평균치가 되지 않는 한 척도로 쓸 수

97　도쿄도 미타카시(東京都三鷹市)에 본부를 둔 사립대학으로, 1953년에 설립되었다. 영어로는 'International Christian University(ICU)'로 표기한다.

98　후루야 야스오(1926~)는 일본의 신학자 겸 목사로 프린스턴 신학교, 도쿄 신학대학, 도쿄 대학 등을 졸업했고, 국제기독교대학 명예교수를 역임했다.

99　조셉 플레쳐(1905~1991)는 1960년대 상황 윤리 이론을 수립한 미국인 학자다. 그의 연구는 생명윤리학의 선구가 되었고 중절, 태아 살해, 안락사, 우생학, 복제 등에 관한 중요한 논점을 제시했다. 1966년 저서로《상황 윤리(Situation Ethics)》가 있다.

없다. 당연한 노릇이다. 기준이 인간 쪽에 있다면 외래의 척도도 그것에 맞추어 대응해야 한다. 신장을 '전원 140센티미터'로 재려면 자유자재로 늘었다 줄었다 하는 고무로 자를 만들어 척도를 키에 맞추는 수밖에 없다. 그러면 모두가 평등하고, 모든 '차별'은 사라질 것이다.

　　설령 그렇다 해도 '인간의 사회생활은 복잡하니까, 사회에서 실제로 고무자로 키를 재는 따위의 일은 있을 수 없겠지.'라고 생각한다면 오산이다. 신축이 자유자재인 이 고무자에 해당하는 윤리적 척도가 바로 '상황'이다. 인간이 제각각 가지고 있는 인간성은 기본적으로는 '전원 3등급'이고 평등하다. 그것이 제각각 달라 보이는 것은 대응하는 상황이 다르기 때문이고, 단지 그뿐이다. 그러니까 린치가 일견 '비정상'으로 보이는 것은 거기에 대응하는 상황을 사상시켰기 때문에 비정상적으로 보이는 것에 불과하다는 결론이 된다. 언뜻 보면 합리적인 설명처럼 보이지만, 이렇게 되면 인간의 동일성을 증명하기 위해 그 어떤 인간의 비정상적 상태에 대해서도 그에 대응하는 상황이라는 고무자를 쑥쑥 늘이는 결과가 초래된다. 이것이 어떤 상황에 적용되면 놀라울 정도로 과장된 표현으로 나타난다. 그런 예는 얼마든지 있다고 말하기보다는 너무 많아 곤란하다고 하는 편이 사실에 가깝다. 그리고 그 특징은 길게 늘인 고무자에서 볼 수 있는 것과 똑같다. 구체적인 예를 쌓아 올린다고 '눈금'을 더 촘촘히 채울 수는 없기 때문에 느슨하고 짜임새가 엉성한 과대 표현의 나열이 되어, 당기고 있는 손을 놓으면 (즉, 과장된 표현을 제거하면) 순식간에 줄어들어버리는 것이 보통이다.

　　그러나 실은 이 일본적 상황 윤리는 그 자체로서 규범이 될 수는 없다. 그 어떤 규범이라도 그 받침점에 고정 윤리가 없으면 규범이 될 수 없기 때문에 상황 윤리의 일종인 극단적 개념이 고정 윤리 같은 형태로 받침점 역할을 하게 된다. 그 받침점 역할을 할 극한으로서의 고정 윤리를 과연 어디서 구하느냐 하면 상황 윤리를 집약한 형태의 중심점에서 상황을 초월한 어떤 인간, 어떤 집단 또는 그 상징으로부터 구할 수밖에 없다. 서구가 고정 윤리의 수정을 상황 윤리에서 구한 것의 정확히 반대편 방향을 취하는 것인데, 상황 윤리를 집약시킨 것을 받침점으로 삼아 고정 윤리의 기준을 만들고, 그것의 권위를 따르는 것을 하나의 규범으로 삼을 수밖에 없는 것이다.

이것이 전술한 (3)의 논리다. 다치바나가 지적했듯이 이것은 모순이다. 그러나 인간이 하나의 절대 기준을 추구할 경우 그 대상은 '성스럽고', '초월적인 것'이 되기 때문에 그에 관한 정의는 모순되는 것이 당연하다. 그러니 모순이야말로 그것이 '받침점'이라는 증거다. 말할 필요도 없이 이 논리는 '보통 사람들은 평등하고, 전원 3등급'이라는 것이다. 이 보통 사람들은 세계에 유례없는 '가혹한 탄압' 아래 있으면 그처럼 비정상적인 상황에 맞추어 린치 같은 비정상적 행위를 저질러도 이상할 것이 없다. 그러니까 이러한 상황을 생략하고 린치만 거론한다면 특별고등경찰이나 예전의 암흑 정치를 긍정하는 반공주의자다. 설령 린치가 벌어져도 이상하지 않은 상황이었기 때문에 '전원 3등급'인 인간은 당연히 그런 상황에 그렇게 반응했다. 그러니까 그랬으리라고 생각하는 것이 당연하지만 공산당에는 린치가 **없었다**. 즉, 오류가 없는 초월자라는 것이다. 사실상 이것은 '기적'을 증명하는 논리와 동일한 구성이다.

외국은 다르지만 일본에서는 스탈린 찬미의 논리도, 일본군에 대한 '신병화神兵化'도, 베트남 보도도, 마오쩌둥 예찬도 전부 언제나 이 논리에 의해 일종의 '신격화' 과정을 거친다. 그리고 이 논리의 모순을 지적하는 자 또는 상황이라는 이름의 척도가 지닌 허구성을 지적한 자는 언제나 일종의 '신성모독죄=불경죄'로 비난을 받는다. 그런 비난을 받는 것도 당연한 노릇이다. 왜냐 하면 받침점 역할을 하는 절대자를 어딘가에 설정하지 않는 한, 요컨대 일종의 인간 척도의 극한 개념 같은 형태로 고무자의 한쪽 끝을 어딘가에 고정하지 않는 한 '전원 3등급' 식 평가의 '3등급'을 설정할 수가 없고, 그렇게 되면 평등을 입증할 수도 없고 상황 윤리도 성립하지 않기 때문이다.

이거야말로 일본의 가장 전통적인 사고방식으로서 옛날식으로는 '일군만민一君万民'100으로 표현될 수 있는 생각이 바탕을 이루고 있는 평등주의다. 이 표현을 요즘 방식으로 말한다면 '만민'이란 것은 '전원 3등급짜리 백성'이라고 할 수 있고, '일군'이란 그에 대비되어 각자가 평등하다는 것을 측정하는 '인간의 극한적 개념', 즉 고무자의 고정점 같은 것으로 받침점 역할을 하는 그 고정점으로부터 고무를 신축시킴으로써 비로소 '전원 3등급짜리 백성'의 존재가 보증되는 것이다. 일본적 의미의 평등이라는 것은 각자가 자신의 평등을 대비시킬 수 있는 어느 한 지점이 없

---

100 에도 바쿠후 말기에 요시다 쇼인 등이 지지한 사상으로, 단 한 명의 군주에게만 타고난 권위를 인정하고 다른 신하 및 인민 사이에는 원칙적으로 일체의 신분 차이를 인정하지 않아야 한다는 주장이다.

이는 평등이라는 의식을 가질 수 없는 것이기 때문이다. '전원 3등급'과 그 점수를 매긴 교사와의 관계가 그 가장 소박한 관계로서 '한 교사와 전원 3등급짜리 학생'인데, 이 경우는 교사가 '일군 一君'에 해당하는 극한의 학생이 된다. 즉 이 교사가 '절대'이자 '덴노'이며, 그 외에 척도를 지탱하는 '원점'은 없는 것이다.

상황 윤리라는 일상성은 좋든 싫든 간에 이런 방향으로 흘러 여기까지 도달하면 나름 안정된 상태를 이룬다. 그것은 '일인의 절대자, 다른 모두의 평등'이라는 원칙이다. 아마 공산당 역시 '위원장 1명 대 전원 3등급 당원'일 것이다. 따라서 공산당에는 앞에 쓴 것 같은 내용은 죄다 '불경죄'에 해당한다.

하지만 이런 일상성의 집약적 중심점은 일본이 지닌 전통의 연장선상에 있을망정 칼 마르크스와는 아무 상관이 없다. 그리고 상황 윤리가 '당시의 상황으로는……'이라고 말할 수 있는 허구적 일관성을 지닐 수 있으려면 이와 같은 극한의 무오류성과 영원성이 보장되어야만 한다.

6.

상황 윤리는 상황을 설정할 만한 일정한 기반 없이는 성립하지 않는다. 일군만민의 원칙, 쉽게 말해 교사 1명 대 전원 3등급 학생이든, 위원장 1명 대 전원 3등급 당원이든, 회장 1명 대 전원 3등급 사원이든 하나의 고정적 집단이 일정한 상황을 창조하지 않으면 성립할 수가 없다. 이런 점에서 상황 윤리란 것은 집단 윤리일 수는 있어도 개인윤리는 아니다. 상황 윤리적 사고방식은 기본적으로는 자유주의와도 개인주의와도 어울리지 않는다. 그런 의미에서 보자면 일종의 '멸사적滅私的 평등'의 윤리라는 점이 '전원 3등급'이라는 채점 방식에 그대로 드러난다.

이런 발상의 근본은 전전이건 전후건 달라진 것이 없고, 변한 것은 단지 '표현 방식'뿐이다. 요컨대 '평가자의 절대성과 그에 의한 상황의 자의적 창출'을 전제로 해야 하는 것이다. 쉽게 말하면, 한 사람의 왕을 신으로 인정하고 '현인신'이나 '현교사신現教師神'의 존재를 전제로 삼지 않는 한 이 방식은 성립될 수 없다는 사실을 이런저런 표현으로 은폐하는 것에 지나지 않는다. 상황을 창출한다는 것은 확실히 인간의 범주에 속하는 것은 아니다. 그러므로 문제의 '전원 3등급 교사'가 "교육의 원점으로 돌아가서 생각하면 이렇게 할 수밖에 없다."고 말한 것이 '일본교日本教에 입각한 교육'이라는 의미였다면 설명을 제대로 한 셈이다.

하지만 여기에서 우리는 매우 복잡한 상관관계에 빠져들 수밖에 없다. '공기'를 배제하기 위해서 현실이라는 이름의 '물'을 끼얹는다. 그러면

이 현실이라는 '물'은 통상성으로 작용하면서 앞에서 설명한 '1명의 절대자 대 전원 3등급' 식의 상태를 언젠가 드러내게 된다. 마치 '비'를 계속 맞다보면 모든 것이 부식되고 무너져 평탄해져가는 것과도 같은 상황이다. 단 한 가지 남는 것은 '절대자=상황 윤리를 만들어낸 기점'으로 이것은 고무자를 붙들어 매는 '원점'이라는 고정점이고, 결국 이 고정점의 '의지'만 절대시되고 나머지는 평등하기 때문에 최종적인 의사 결정을 할 수 있는 것은 이 고정점밖에 없다. 더구나 고정점은 직접 명령을 내릴 필요 없이 상황을 조성하기만 해도 충분하다. 나머지 평등한 자들이 이 고정점에 직접 판단을 요구하는 것은 예외적인 경우밖에 없다. 그런 까닭에 이 고정점을 파악하자면 그것이 조성하는 상황에 따라 임재감적으로 파악하는 것 외에 달리 방법이 없게 된다. 예컨대 '성은이 망극하니 이를 명심하고……'라는 식이 되는 것인데, 그렇게 파악하면 '공기'가 만들어지고 만다. 따라서 '공기'를 창출하는 것도 결국은 '물=통상성'으로, 우리는 공기와 물의 이러한 상호적 속박에서 벗어나지 못하고 있으며 이 주술적인 속박 속에 고정적 규범은 들어설 틈이 없다.

그렇다면 이처럼 일본적 '통상성'에 해당하는 상황 윤리가 어떤 사고방식을 기초로 하고, 어떠한 외면적 변용을 이루고 있으며, 어떤 모습으로 현재를 규제하고 있는지를 그 하나의 시발점이라고 생각되는 데서부터 살펴보고, 그런 다음 전전과 전후를 대비시켜 보자. 그 기본을 찾기 위해서는 우선 다음과 같은 공자의 말씀부터 살펴보아야 한다.

섭공葉公이 공자께 말했다. "우리 무리에 행실이 곧은 자가 있는데, 그 아비가 양을 훔치자 자식이 그에 대해 증언을 했습니다." 공자께서 말씀하셨다. "우리 무리의 곧은 자는 그와 다릅니다. 아비는 자식을 위해 숨겨주고 자식은 아비를 위해 숨겨주니 곧음은 그 가운데 있는 것입니다."

《논어》 자로子路 제13편 101

와타나베 쇼이치渡部昇一 102 씨도 사적 신의라는 측면에서 이 구절을 제기한 적이 있지만, 여기에서는 이것을 일단 구약성서의 다음 내용과 대비시켜 보자.

나 주의 말이다. 그때가 오면, 사람들이 더 이상 "아버지가 신 포도를 먹었기 때문에 자식들의 이가 시게 되었다."는 말을 하지 않을 것이다. 오직 각자가 자기의 죄악 때문에 죽을 것이다. 신 포도를 먹는 그 사람의 이만 실 것이다.

〈예레미야서〉 31장 28~30절

이 유명한 예레미야의 말을 '인류 최초의 개인주의 선언'이라고 일

---

101   葉公語孔子曰 吾黨有直躬者 其父攘羊而子證之 孔子曰 吾黨之直者異於是 父爲子隱 子
      爲父隱 直在其中矣.
      _《論語》子路 13/18.

102   와타나베 쇼이치(1930~)는 일본의 영어학자 겸 문화평론가로 죠치 대학교(上智大学) 명예
      교수를 지내고 은퇴했다. 독일 뮌스터 대학에서 박사 학위를 얻었다. 《지적으로 나이 드는 법》,
      《지적 생활의 발견》, 《21세기 일본인의 속마음》 등 국내 번역서가 있다.

킨는 사람도 있다. 예레미야는 기원전 600년경 활약했으니 공자보다 200년 정도 더 옛날 사람이다. 이 두 사람 다 정말이지 오래 그리고 널리 사람들의 사고방식의 밑바탕을 지배해왔다. 그렇게 말할 수 있는 이유는 예수에게 가장 강한 영향을 미친 선지자 중 한 명이 예레미야이고, 그의 사상이 성서 전반에 영향을 미치고 있기 때문이다. 마찬가지로, 공자와 그 후계자들이 직·간접적으로 미친 영향이 절대적이었음은 도쿠가와 시대 일본에서 공자가 '성인'으로 불리고 그의 가르침이 '성인의 가르침'이라고 일컬어진 것을 보더라도 이론의 여지가 없다. 이처럼 오래된 전통이 민족의 잠재의식을 구속하고 있다는 점에서 보자면 서구인들이나 우리 일본인이나 별반 차이가 없다. 불과 30년 만에 유럽인들을 '공자 → 일본적 유교의 전통적 규범'으로 다스리는 것이 불가능하다면, 마찬가지로 불과 30년 만에 일본인을 '예레미야 → 예수의 규범'으로 다스리는 것 또한 불가능한 것이다.

　이 두 가지 규범의 차이는 국제적으로 공통분모를 가진 사건이 출현하면 더 잘 드러난다. '아버지가 신 포도를 먹었으므로 아들의 이가 시다.'라고 생각하는 것을 전통적으로 신의 계명에 반하는 죄로 여기고 금지하는 문화 속에서 살아온 사람은 '아버지가 검은 땅콩[103]을 먹었기 때문에 아이의 이가 물들었다.'라는 생각을 근거로 반사적인 행동을 할 수

103　'검은 땅콩'은 일본에서 1970~80년대에 뇌물이라는 의미로 종종 사용되었던 표현이다. 록히드 사건 당시 부정 행위 당사자들이 뇌물을 '땅콩'이라는 은어로 부른 데서 유래한 유행어라고 한다. '뇌물'로 번역할까 생각해보았지만 '아이의 이가 물들다'는 등의 표현을 살리기 위해 그냥 그대로 두었다.

는 없다. 그러므로 마루베니丸紅 사원의 자녀를 배척하겠다는 생각은 할 수 없을 것이고, 게다가 이러한 배척을 비판하는 주장에 대해 '그런 방식으로 사회를 배우는 것도 의미가 있다'고 옹호하는 투고가 신문에 실릴 턱도 없다.[104] 사람은 누구나 '자기의 죄악 때문에 죽는' 것이지, 부자 관계라 해도 죄를 물려받는 관계가 있는 것은 아니다.

하물며 마루베니의 일개 피고용자이자 같은 노동자인 사람의 귀에다 대고 비슷한 처지의 노동자가 확성기로 고함을 지르고 고막을 다치게 만들어 치료를 받는 따위의 일은 있을 수 없다. 이래가지고서야 자본가대 노동자라는 도식을 노동자 자신이 믿고 있다고 볼 수도 없고, '오늘날에도 중역이 검은 땅콩을 먹으면 사원의 고막이 찢어진다고 말할 수 있다'는 식이 되며 개인주의적 윤리라는 점에서 보자면 2600년 전에 성서가 부정한 '죄는 구족에 미친다'는 생각을 거꾸로 확대해석함으로써 한 회사를 한 가족으로 보고 이를 실행에 옮긴 원시적이고 미개한 인간이 되어 버린다.—모든 걸 떠나서, 그렇게 하는 사람 자신에게 그런 짓이 과연 '진보'인 것일까?

104 미국의 록히드가 1950년대 후반부터 1970년대까지 항공기를 팔기 위해서 여러 나라에 뇌물을 공여한 이른바 '록히드 사건'으로 서독, 이탈리아, 네덜란드, 일본의 정치계에 큰 파장이 일었다. 이 사건의 영향으로 록히드는 파산 직전까지 갔다. 일본의 록히드 사건은 마루베니 상사를 비롯한 일본 정치계, 산업계, 야쿠자의 고위층과 연계되어 있었고, 이로 인해 자민당은 전후 최대의 혼란에 직면했다. 다나카 총리의 혐의는 전일본공수(ANA)에 록히드 항공기를 구입하도록 영향력을 행사하는 대가로 마루베니 상사를 통해 5억 엔의 뇌물을 받았다는 것이었다. 사건 직후 일본에서는 비리를 저지른 마루베니 상사에 근무하던 직원에게 비난을 퍼붓고 그들의 자녀를 배척하는 기류까지 있었던 것으로 보인다.

무슨 사건이 있으면 그 부모의 사진까지 곁들여 신문에 등장한다. 그리고는 그 부모를 향해 '국민에게 엎드려 사죄하라'는 따위의 투고가 신문에 실리거나 실제로 부모가 목을 매거나 한다. 일본은 아직도 '자식이 신 포도를 먹으면 아버지의 이가 시다'는 식이어서 '아이가 아사마 산장을 점거하면[105] 부모가 자살을 해도 마땅하다'는 말을 할 수 없는 사회로 변화한 것이 아니다. 우리 사회는 일련탁생一蓮托生[106]으로 '죄가 구족에 미친다'는 개념이 더욱 확대된 연대책임의 사회, 이른바 집단 윤리의 사회다. 이것이 일본식 상황 윤리의 기반이고, 공산당은 그 최첨단을 걷고 있으니 이러한 바탕이 존재하는 한 변혁은 어림도 없다.

지금까지 설명한 내용을 일본적 유교 윤리라는 측면에서 다시 말하면, '우리 회사의 곧은 자는 예레미야와는 달리 사장이 검은 땅콩을 먹어도 중역은 사장을 위해 숨겨주고, 중역이 검은 땅콩을 먹어도 사장은 중역을 위해 숨겨주니 곧음은 그 가운데 있는' 상황으로, 이것이 정의이자 진실인 셈이다. 그래서 증인으로 소환당한 사람이 '모릅니다', '알지 못합니다', '기억에 없습니다'라고 하는 말 자체는 사실이 아니더라도 그 말속에 숨은 진실이 있는 것이다. 좌우를 불문하고 그렇게 할 수 있는 사람

---

105 1972년 2월 19일부터 2월 28일까지 나가노현의 휴양소 아사마 산장에서 사카구치 히로시를 비롯한 연합적군 멤버 5명이 아사마 산장 관리인의 아내를 인질로 잡고 10일 동안 틀어박혀 경찰과 대치했는데 당시 인질은 무려 219시간 동안이나 감금되어 있었다. 경찰의 포위망 속에서 벌어진 인질 사건으로서는 일본 최장시간 억류를 기록하였다. 인질은 구출되었지만 작전 과정에서 경찰 3명이 사망했다.

106 사후에 극락정토에서 서로 같은 연화대(蓮花臺) 위에 왕생하는 것을 가리키며, 어떤 일의 선악이나 결과에 대한 예견에 관계없이 최후까지 행동과 운명을 함께한다는 의미다.

이 '진실한 사람'으로 여겨졌고, 좋건 나쁘건 우리 사회는 그렇게 성립되었다. 도쿠가와 시대는 물론 30년 전까지만 해도 이것이 공공연한 규범이었다. 이 규범 아래서는 당연히 연대책임이 된다. 그러니까 마루베니 중역의 규범도, 언뜻 보면 이를 비난하는 것 같은 노조원의 확성기도, 마루베니 사원 자녀에 대한 배척도 전부 실은 우리 일본인 모두가 잠재적으로 지니고 있는 일본적 유교 규범에서 비롯된 것이다. 곰곰이 생각해보면 그게 당연하고, 그렇게 하지 않는 사람이 오히려 예외임을 알 수 있다. 적어도 수백 년 동안 길러진 전통적 규범들이 30년 만에 일변할 수는 없는 노릇이다. 정말로 돌변하기라도 했다가는 일본 사회가 붕괴되어버릴 터이므로 비난은 할지언정 누구도 그 규범으로부터 벗어날 수는 없다. 실은 비난 자체도 그 규범에 바탕을 두고 있다.

그러므로 일본 사회에서 이런 '확성기를 든 노조원들'이 마루베니의 중역과 똑같은 규범에 따라 행동하더라도 전혀 이상할 것이 없다. 그런 행위를 누가 저질렀냐고 물어도 모두가 '아비는 자식을 위해 숨겨주고 자식은 아비를 위해 숨겨주어' '모릅니다', '알지 못합니다', '기억이 없습니다'라면서 절대 나서지 않는 것이 보통이기 때문이다. 만일 '아비가 확성기를 입에 대도 자식은 입을 열지 않는다'는 원칙을 바탕으로 자식, 즉 하부 조직 내 인간이 사실을 말하기라도 했다가는 그는 '진실과 정의'가 없는 부도덕하고 의리 없는 거짓말쟁이로 간주되어 추방되고 처벌되기 마련이다. 그런 예를 들자면 얼마든지 있다.

이 점에 관한 한 우익도 좌익도, 자본가 측도 노동자 측도 다 마찬가지다. 당연히 공산당도 예외가 아니라서 린치 사건에 대한 공산당의 태

도가 '아비는 자식을 위해 숨겨주고, 자식은 아비를 위해 숨겨주니 곧음은 그 가운데 있는 것'처럼 되는 것이 당연하다. 그것이 당연하기 때문에 '아비는 자식을 위한 염탐のぞきみ107을 부정하고, 자식은 아버지를 위한 염탐을 부정하니 곧음은 그 가운데 있는 것'이 된다. 마루베니 상사이고, 공산당이고, 신문사이고 간에 그러지 않으면 질서가 성립되지 않는다. 이 경우 예레미야와 같은 태도를 취하면 그것은 '곧음'이 없는 자, 말하자면 거짓말쟁이나 악인이 되는 것 또한 당연하다. 이런 점에서 공산당이야말로 가장 정확하게 전통적 윤리를 지키고 있는, 모든 면에서 참으로 멋들어진 보수당이라는 사실이 드러난다.

말하자면 교토의 '빨간 땅콩'이라고 할 수 있는 사건108이 일어났을 때 공산당의 태도도 거기에서 벗어나지 않았다. "유일한 근거로 삼은 가나이金井 사장의 발언은 단순히 지나가는 말일 뿐 신뢰할 만한 것은 아무것도 없다. 가나이 사장의 언동은 정상적인 판단에 부합하는 것은 아니다. 당 의원단은 이 문제와 무관하다.", "흑색선전은 사실무근이다. 나다이灘井 씨는 결백하며, 악질적인 모략이다."라는 성명을 발표했다. 이 성명은 기본적으로 칠일회七日会109의 다나카 가쿠에이 전 수상에 관한 성명과

---

107   들여다봄, 엿봄, 남의 사생활 따위를 알려고 함을 의미한다.

108   록히드 사건으로 일본공산당이 정부를 강하게 비판하던 1976년 공산당원 나다이 고로(灘井五郎)가 연루된 교토 골프장 부패 사건이 알려졌다. 공산당은 3월 나다이를 제명하고, 동 사건은 자질이 부족한 후보자 개인이 저지른 부패였으며, 록히드 사건을 무마하기 위한 반공 공격이었다고 주장했다. 동 사건은 사회당이 공동 투쟁을 거부하고 절연 성명을 내고 당 기관지 《적기》 독자 수가 감소하는 등 대중 운동에도 부정적인 영향을 미쳤다.

다르지 않다. 자, 움직일 수 없는 증거가 나온다면 어떡하느냐? 나는 자민당도 공산당이 취한 것과 똑같은 수법을 취할 것으로 본다. "당사자의 자질 문제다.", "부패는 나다이 개인의 것이다."라고 하면서, 쉽게 말하면 부모에 걸맞지 않는 '불초의 자식'으로 만들어 의절하고 부자의 인연을 끊음으로써 모든 것을 결말 짓는 식으로 말이다. 그리고 이 원칙에 따르면 '아비'의 경우는 '은퇴'하게 되는 것으로 마루베니도 전일본공수[110]도 대략 공산당과 같은 원칙에 따라 '사건의 낙착'을 보게 된 것이다. 하지만 쇄국 시대라면 몰라도 근대사회에서 이런 방식으로는 도저히 해결할 수 없는 문제가 나타날 수밖에 없다. 그것을 단적으로 보여주는 것이 '공해 문제'('공해'가 아니라 '공해 문제')와 외교 문제로, 나중에 더 자세히 설명할 테니 우선 이런 사고방식의 '원점'으로 돌아가보자.

　　나는 중국 사상에 대해서는 아는 게 별로 없지만 전문가들에 따르면 일본적 유교 사상과 중국 사상은 근본적으로 다르다고 한다. 그 설명을 들은 다음에 살펴보면 확실히 공자의 생활 방식은 일본적이지 않다. 그에게 '아비와 자식의 윤리'는 문자 그대로 부자의 윤리였다. 공자는 동시대의 제후를 대할 때는 절대 그런 태도를 취하고 있지 않기 때문이다. 그의 생활 방식은 종신 고용과 회사에 대한 귀속 또는 조직에 대한 충성을 절대시하는 현대 일본인보다는, 자신을 인정하고 자신의 계획을 채택해 그 시행을 자신에게 맡겨줄 조직을 스스로 선택하는 미국의 경영진과

109　자민당 내 다나카 파벌로, 1972년 다나카 가쿠에이 등이 사토파(佐藤派)로부터 독립해 결성했다. 다나카 총리의 취임이 그해 7월 7일이었으므로 칠일회로 이름을 정했다.

110　全日本空輸株式会社, 즉 ANA(All Nippon Airways)를 가리킨다.

더 비슷하다. 만일 그런 것을 근대적이라고 할 수 있다면, 공자가 오늘날의 일본인보다 더 근대적이다. 그는 자신을 정확히 평가하고 초빙해줄 제후(대기업?)를 찾아 드넓은 중국을 떠돌아다니는 것을 당연하게 여겼다. 그 둘 사이의 관계는 일본적인 상명하복식 고용이 아니라 오히려 대등한 계약관계에 가깝고, 초빙자가 계약대로 그를 활용하지 않을 경우 그는 그곳을 떠나는 것을 당연하게 여기고 있었다. 이런 생애를 산 인물의 말씀임을 감안하고 읽으면, 앞서 예시한 그의 말이 뜻하는 바는 도쿠가와 시대의 주종 관계와도, 오늘날 일본의 주종 관계와도 다르다.

그 차이가 어디에 있는 걸까. 공자는 분명히 상대를 성실하게 대했다. 그는 한 사람의 제후를 섬기는 이상 그에게 충성을 바쳤지만, 그럼에도 이 관계는 어디까지나 상대적인 것으로 '임금이 임금 노릇을 못하면 신하도 신하 노릇을 못한다'[111]는 식의 관계였다. 요컨대 양자의 관계는 신의성실을 바탕으로 삼아야 한다는 계약적 의미의 성실함인데, 필경 이것이 '충忠'이라는 개념일 터이다. 공자에게 '충'이라는 개념은, 혈연이라는 어찌할 수 없는 비계약적 질서의 기본인 '효孝'와는 어디까지나 다른

---

111 《논어》안연 제12편의 내용을 따온 것으로 생각된다.

제나라 경공이 공자에게 정치에 대해 묻자 공자께서 대답하셨다. "임금은 임금 노릇을, 신하는 신하 노릇을, 아버지는 아버지 노릇을, 자식은 자식 노릇을 하는 것입니다." 경공이 말했다. "좋은 말이오. 진실로 만일 임금이 임금 노릇을 못하고 신하가 신하 노릇을 못하며 아버지가 아버지 노릇을 못하고 자식이 자식 노릇을 못한다면 비록 곡식이 있더라도 내가 얻어먹을 수가 있겠소?"

齊景公問政於孔子, 孔子對曰, 君君臣臣父父子子 公曰, 善哉 信如君不君臣不臣父不父子不子 雖有粟 吾得而食諸

개념이었을 것이다. 다른 개념이기 때문에 다른 말로 표현되는 것이고, 이 둘을 동일시하면 사회가 엉망이 된다고 생각했을 것이 틀림없다. 그래서 앞에 설명한 것처럼 부자 관계가 아닌 회사나 조합 같은 조직에까지 부자의 윤리를 확대 적용하면서 이를 유교라고 부르는 데 대해서는 공자 자신이 격노하고 반대했을지도 모른다. 더 깊이 들어가면 복잡한 문제가 있을 듯하니, 앞에 설명한 것 같은 규정은 일단 변형된 '일본적 유교'라고 불러야 할 것으로 본다.

새삼 지적할 것도 없이, 일본은 30년 전까지 '충효일치'를 통해 '효'를 조직으로 확대한 상태를 '충'이라고 부르면서 '임금이 임금 노릇을 못해도 신하는 신하 노릇을 하라'는 것을 당연시하던 사회였다. 도쿠가와 시대에는 이것이 봉건 제후에 대한 복종을 절대화하는 이데올로기였는데, 메이지 이후에는 이런 이데올로기가 극한까지 확대되었고 그 극한에 놓인 것이 덴노였다. 이 체제는 제2차 세계대전이라는 타격으로 붕괴되었지만, 물리적 붕괴가 질적 변화를 의미하지 않았음은 말할 필요조차 없다. 곧바로 새롭게 생겨난 다양한 조직을 '효'의 대상으로 만들어 그것들이 서로 '한 가족'을 형성했다. 오히려 전쟁 직후의 시대는 그런 조직이 형성되기 쉬운 토양을 제공했다.

우에마에 준이치로上前淳一郎112 씨가 썼듯이, 30년 전 1학기에 '야마토다마시이大和魂113'라고 칠판에 썼던 교사가 2학기 때 '민주주의'라고 썼다 해서 무슨 변화가 일어나는 건 아니다. 교사건 학생이건 그들의 통상성(일상성)은 수개월 전과 달라지지 않은 그대로인 것이 당연하다. 달라지는 것은 이 통상성에 기초하고 있던 하나의 허구에 해당하는, 공자의

'아비와 아들' 사이 같은 '곧음'뿐이다. 간단히 말하면 허구에 응수하는 가운데 나타나는 세계의 특정 유형이 변화하는 것일 뿐이다. 낡은 허구든 새로운 허구든 허구이기는 매한가지라서, 칠판 글씨를 다시 쓰면 그걸로 그만이다. 만약에 우리가 정말로 '통상성의 규범을 바꾸어야' 한다면 그처럼 간단할 리는 없다. 그렇다면 어째서 마치 칠판 글씨를 다시 쓰는 것처럼 일견 매우 수월하게 '개혁'이 이루어졌던 것일까. 그것은 미국이 일본에 가져다준 이데올로기가 '자유'와 '민주' 두 가지였다는 흥미로운 사실에 근거한다.

미국인들은 참으로 순박하게 이 두 가지가 서로 결합된 것이라고 생각하고 있었다. 하지만 어떤 민족을 완전한 불간섭의 자유 상태로 방치해두면 과연 어떻게 될까. 그들은 어쩔 수 없이 전통적 문화 규범에 의지해 질서를 만들기 마련이다. 그런 질서를 형성하는 데는 아무런 고생도 노력도 마찰도 생기지 않는다. 진공 상태 같은 수용소에 생겨난 것도 '토착의 질서'라고 불러도 좋을 것 같은 질서였다. 거기에 모인 사람들이 자신들의 무의식적 통상성의 규범에 따라 생활하면 좋든 싫든 형성되는 질서다. 그러니까 미국이 '민주'는 내버려둔 채 '자유'만 가져다주고 완전한 자유 상태로 일본을 방치했다면 수백 년의 전통을 가진 규범들이 그대로

---

112   우에마에 준이치로(1934~)는 일본의 논픽션 작가로 도쿄 외국어대학 영어과를 졸업하고, 아사히신문사 사회부 기자를 거쳐 1966년 퇴사했다. 1977년 첫 저서 《태평양의 생환자》로 오야 소이치 논픽션상을 수상했다.

113   大和魂은 일본 특유의 정신을 가리키는 용어로, 에도 후기 이후로는 일본 민족 특유의 '죽음을 두려워하지 않는 기개'라는 의미로 사용되었다.

사회질서가 되어갔을 것이다. 두말할 필요도 없이 그것은 일본 유교적 규범의 세계, 즉 일군만민의 상황 윤리가 지배하는 세계일 것이다. 이 세계는 예레미야적 전통을 가진 세계와는 문화적 규범이 다를 수밖에 없으므로 자유롭게 방치해두면 스스로 자유를 잃는 결과가 나타나더라도 이상할 것이 없다. 그렇기 때문에 자유롭게 행동하면서 자유를 잃지 않으려면 '일군만민 또는 전원 3등급 식으로 사실을 말하지 않는 것이 진실'이 되는 모든 조직에서 벗어나는 수밖에 없다. 하지만 조직에서 벗어난다는 것은 이를테면 의절을 의미하고, 의절당한 사람은 일체의 권리를 실질적으로 잃는다는 점에서 어차피 자유를 잃어버리게 되는 셈이다. 실은 그런 연유로 전후 30년이 지난 지금의 일본인에게 다루기 몹시 어려운 개념이 되어버린 것이 '자유'라는 개념이다.

후술하겠지만, '사회' 내지 '사회주의'라는 개념은 메이지 초기부터 전전·전후에 이르기까지 조금도 다루기 힘든 개념이 아니었다.─위원장 1명과 '공3당원들'[114]이 '아비와 자식의 상호 은폐'의 윤리를 바탕으로 삼는 것을 사회주의라고 생각한다면 말이다. 게다가 그것을 통해 언뜻 보면 '민주주의적'으로 보이는 사회를 만드는 것 또한 가능하다. '아비는 자식을 위해 비민주적인 것을 숨기고, 자식은 아비를 위해 같은 식으로 숨겨준다'면 누가 보더라도 민주주의처럼 보일 터이다. 지금의 일본이 그러듯이 단지 개인의 '자유'만 배제한다면.

---

114 '전원 3등급'을 의미하는 '올3'를 共3으로 표현해 공산당원과 같은 발음으로 만든 저자의 말장난이다.

7.

전쟁 전 일본 군부와 우익이 절대 용납할 수 없는 존재로 생각했던 것은 오히려 '자유주의자' 쪽이었지, 꼭 '사회주의자'만은 아니었다. 사회주의는 단지 방향을 잘못 잡았을 뿐 그들의 의도 자체는 반드시 잘못이라고 할 수 없기 때문에 방향만 전환시키면, 요컨대 전향만 하면 유능한 '우국지사^{憂國志士}'가 될 수 있을 것이라고 그들은 생각했다. 그러니까 전향자들 중 다수가 군부의 지원을 받아 '만철 조사부^{滿鐵調查部}'[115]에 근무하게 된 것도 그리 이상한 일은 아니다. 그런 군부와 우익도 자유주의자는 도무지 아무 짝에도 쓸모없는 존재로 여겼다. 청년 장교들도 확실히 이런 생각을 가지고 있었다. 그들에게 자유주의자는 '전향시킬 가망이 없는 인간', 다시 말해 '구제 불능의 패거리'였던 셈이다. 그러면 그들은 과연 어떤 인간을 '자유주의자'로 규정했던 것일까? 간단히 말하자면, 있는 사실을 있다고 하고 본 것을 보았다고 말하면서 그것이 진실이라고 믿는 지극히 단순하고 솔직한 인간을 자유주의자로 간주했다. 왜 그들은 이런 인간을 싫어했을까? 그 이유는 앞에서 설명한 '아비와 자식의 상호 은폐' 규범을 조직의 규범으로 삼을 경우, 역으로 그 원칙이 충성의 척도로 사용되기 때문이다. 그

---

115 1907년 설립된 남만주 철도의 조사 기관을 말한다. 초기에는 만주 철도의 경영을 위해 중국 동북 지역의 정치, 경제, 지리 등에 대한 기초적인 조사를 했지만 점차 일본의 중국 진출이 확대됨에 따라 중국 전역을 연구 대상으로 삼았다. 일본에서 활동 장소를 잃은 공산주의자 등이 근무하게 됨에 따라 결국 두 번에 걸친 탄압 사건을 거치면서 활동이 축소되었다.

래서 그들은 '자유주의자'를 그 어떤 일에 대해서도 '불충'하고 '일체의 조직에 부적합'하며 신뢰할 수 없는 사람이라고 여겼다.

　규범을 뒤집어 충성을 가늠한다는 것은 앞에 설명한 윤리를 거꾸로 적용하면 누구나 쉽게 이해할 수 있다. 설령 아비 자식 사이가 아니라 A와 B라는 타인 간이라 하더라도 'A가 양을 훔친 것을 B가 숨겨주고, B가 양을 훔친 것을 A가 숨겨준다'면 '곧음', 즉 정의와 진실은 양자의 사이에 있고, 따라서 상호간의 신뢰를 바탕으로 조직이 확립된다. 사장이 뇌물을 받는 현장을 보더라도, 설령 공산당원이 '공산당원의 염탐' 현장을 보더라도 '모릅니다', '알지 못합니다'라고 말하면 '곧음은 그 가운데 있는' 것이 되고, 그는 조직에 성실한 사원이고 믿음직한 당원이 된다. 칠일회에서 다나카 전 총리가 자신은 결백하다고 말한다. 설령 면전에서 많은 돈을 받은 반대 증거가 있다 하더라도 이러한 사실을 입 밖에 내지 않고 총리의 말씀이 옳다고 말한다면 '곧음이 그 가운데 있는' 성실한 회원이 된다. 또한 린치의 현장에 있었고 실제 그것을 보았고 그런 일이 있었다고 과거에 증언을 했다 하더라도 '상황'에 순응해 '그런 일은 절대로 없었다'고 말하면 '곧음이 그 가운데 있는' 성실한 당원이 되는 것이다. 하지만 '이런 논리는 좀 이상하다, 그렇게 되면 모든 것이 허위가 되어 수습이 안 되잖느냐?'라고 묻는다면, 그게 바로 '고정 윤리'의 사고방식이다. 상황 윤리는 안팎의 상황 변화는 물론, 모든 사실을 상황에 대응시키기 때문에 그 '진실'이 사실이 되게끔 상황을 설정하면 된다. 요컨대 고무자의 척도를 사실에 맞추면 된다. "그가 양을 훔친 것은 이러저러한 상황 아래에서였으니 그 상황을 감안하지 않고 '도둑질'만을 운운함으로써 그 인간을 규정하는 것은 옳지 않다. 더 지독한 약탈이 횡행하던 그 당시의 상황을 고의로 무시하는 것은 보수 반동이다.”라고 하면 인간은 모두 ‘평등’하고 그 행위는 오로지 상황에 대응하는 것이 되므로 내부적으로는 그로써 충분하고, “그러니까 역시 그는 훔친 것이 아니다.”라고 말하면 충성이 증명되는 것이다. 따라서 ‘일군만민’, ‘교사 1명 대 전원 3등급 학생’의 평등주의와 상황 윤리는 절대 분리할 수 없는 것이다.

최근 기업 중에도 ‘일군만민’ 방식을 취하고 있는 곳이 나타나고 있다는 사실을 보더라도 이것이 우리에게 가장 적합한 상태라는 사실이 드러난다. 어느 회사의 사장이 경영 잡지에서 ‘일본인 횡적 사회론’을 주장하면서 종래의 ‘종적 사회론’을 부정하는 말을 한 적이 있었다. 그것을 요약하면 ‘사장 1명 대 모든 평사원’으로, 사원들을 ‘횡적’으로 평등한 관계에 놓고 ‘자유’롭게 두는 것이 가장 능률적이라는 의견이다. “혁신 정당의 당원에게 ‘특등석’은 없다.”는 공산당의 주장도 똑같은 방식인데, 언뜻 보면 새로운 방식인 것 같아도 실은 가장 전통적인 발상이다. 일본군 가운데도 이와 같은 면이 있었다는 점은 앞서 밝힌 바와 같다. 일본적 자유와 평등을 자유롭게 방치하면 이렇게 되는데, 그런 현상은 전쟁 전에도 이미 나타나고 있었다.

우리는 항상 이 지점으로 돌아오게 되는데, 공자의 가르침이 이런 것은 아니었을 것이고, 유교에서 비롯된 ‘일본교’의 한 공리인지도 모르겠다. 당연히 이와 같은 ‘일군만민·상황 윤리’의 세계는 집단 윤리의 세계다. 이 세계는 결국 몇 개의 집단으로 분열되고 그 집단들 사이에 상호 신뢰 관계는 성립될 수가 없게 된다. 교사 1명 대 전원 3등급 학생들이라는 관계는 다른 학급과는 차단되어야 비로소 성립된다. 그렇기 때문에 여러 집단 공통의 어떤 문제가 발생하면 서로 상대방을 신뢰할 수 없어 결정적인 분열이 일어난다. 이 상태에서 분열을 피하려면 일본 전체에 적용되는 '일군만민'을 수립해야 한다는 발상이 나올 수밖에 없는 것이다.

앞에서도 나는 '공해 문제'를 누차에 걸쳐 다루었다. 물론 '공해' 자체를 다룬 것은 아니다. 나는 과학적인 분석 값이나 그것이 인체에 미치는 영향에 대해서는 발언권이 없는 '비과학적 인간'이다. 내가 관심을 가진 것은 '공해' 자체보다는 오히려 공해로 인해 촉발된 갖가지 문제, 한마디로 위와 같은 상황 윤리, 집단 윤리에 과학적 데이터가 어떻게 작용해 어떤 결과를 낳느냐 하는 점이었다. 이런 사회에서는 궁극적으로 과학적 데이터를 다룰 수 없게 되고, 마지막에는 과학을 부정하는 접신 현상이 일어나기 마련이다. 나는 일본군 중에서 그나마 '과학적'인 포병의 일원이었는데도 지겨울 만치 그런 현상을 목격했기 때문에, 다른 데서도 그와 동일한 상태가 나타나지 않을까 하는 관심이 있었다.

무엇보다 흥미로운 것은 우선 '자본의 논리'와 '시민의 논리'라는 말이 생겨났다는 것이다. 가령 이타이이타이병의 경우, 가장 중요한 문제는 엄밀한 원인 탐구에 근거해 정확한 진단을 내리는 것이고, 그 다음으로 중요한 것은 진단을 바탕으로 올바른 치료를 하는 것과 새로운 환자가 발생하는 것을 막기 위해 적절한 조치를 취하는 것이다. 문제의 핵심은 여기에 있고, 이것 말고 다른 데 있는 게 아니다. 이것을 벗어나면 환자는 올바른 치료를 못 받아 낫기를 바랄 수도 없게 되고, 다른 환자의 발생을 막지 못할 뿐 아니라 온갖 헛된 노력과 쓸데없는 투자를 하면서도 아무런 성과도 얻지 못할 것이다. 그러다 보면 태평양전쟁과 비슷한 경과와 결말을 맞게 된다. 설령 특정 시점에 특정 의사의 진단이나 치료법에 잘못이 있다 하더라도 그것이 병의 원인은 아니다. 새로운 사태가 벌어졌을 때 오판을 하는 것은 어쩌면 당연한 것이지, 별스레 이상한 일이 아니다. 오판이 없다면 오히려 기적일 것이다.

이 말은 다른 온갖 문제에도 해당한다. 나 자신이 제2차 세계대전 전에 결핵을 앓았는데 지금 돌이켜보면 당시에 쓸데없는 치료도 꽤나 받았던 것 같다. 그래도 여러 면에서 조금씩 나아졌고, 의학이 발전하면서 치료도 이루어졌으니까 '쓸데없는' 것도 꼭 쓸데없지만은 않았다고 할 수 있다. 하지만 이타이이타이병은 외국 광산에서는 발생하지 않고 일본에서만 발생하기 때문에 해외에서 '자유롭게 이루어진 연구의 성과'를 도입할 수도 없고, 그 치료법도 장래를 대비한 예방도 오로지 일본에서 해결해야 한다는 점에서 특별한 문제다. 이 문제는 어떤 식으로 해결될 것인가? 치료, 예방, 방역 등 분야에서 끊임없이 오류를 수정하는 식으로 해를 거듭하며 진보를 기약할 수 있을까? 그런 기대조차 할 수 없다면 그 이유는 무엇일까? 그 원인은 아마 의학이나 과학에 있는 게 아니라 집단 윤리와 상황 윤리, 요컨대 '아비와 자식이 서로 숨겨주는 것이 곧은 것'이라는 윤리에 있다고 해야 할 것이다.

'자본의 논리'란 표현에 담긴 진의는 아마도 다음과 같을 것이다. '아비는 자식을 위해 숨겨주고, 자식은 아비를 위해 숨겨주니 곧음은 그 가운데 있으니까, 카드뮴에 대해서도 땅콩에 대해서도 사원은 회사를 위해 숨겨주고 회사는 사원을 위해 숨겨주면 정의와 진실은 그 가운데 있는 것이다. 그러지 않으면 상호간의 신뢰에 바탕을 둔 회사라는 조직이 성립될 수는 없다. 회사가 성립하고 있다는 사실 자체가, 그 구성원들이 사실을 숨겨주고 있다는 증거다. 누군가가 사실을 제시하면 그들은 논리적으로 상황을 창출·설정하고, 그 상황에 맞춤으로써 자신들이 옳다고 할 것이다. 그것이 자본의 논리다. 이와 같은 그들의 논리는 전혀 믿을 수 없고, 그것에 의해 성립된 조직 자체가 악이므로 기업은 악이다.'라는 의미일 것이다. 이것이 사실의 한 측면임은 분명하니까 이런 견해가 나오는 것은 당연한 일이고, 이와 같은 견해가 나오면 안 된다고까지 말하는 것은 무리다. 비판을 당하는 쪽만이 아니라 비판을 하는 쪽도 같은 원칙으로 움직이는데다 자신의 원칙과 경험을 근거로 상대를 판단하고 있기 때문이다.

그런 까닭에 이 논리는 그대로 비난하는 자에게도 돌아온다. "아마도 이타이이타이병의 원인은 카드뮴이 아닐 것이다. 하지만 아비는 자식을 위해 그것을 숨겨주고, 자식은 아비를 위해 그것을 숨겨주는 법이다. 진실과 정의는 그 가운데 있으므로 아무도 '사실'은 말하지 않는다. 따라서 이타이이타이병의 진짜 원인은 사실 알지 못한다. 하지만 그렇다고 말하면 상대는 그 '진실'을 사실로 만들어 모든 상황을 논리적으로 설정하고, 그 설정을 인정하지 않은 자를 비윤리적이라고 규탄해버릴 것이기 때문에, 결국 '사실'은 알 수 없게 된다. 작고하신 고다마 다카야[116] 씨가 취재하러 갔을 때 실제로 제일 먼저 들은 말이 '당신, **어느 편**에 서서 취재하

116　주석 25번 참조.

느냐?'라는 것이었다. 쉽게 말해 어느 편과 '아비와 자식' 관계를 맺고 있
느냐는 것이다."

8.

물론 나는 카드뮴에 관해서는 아무것도 모른다. 자료를 모으면 모을수록 무지의 정도가 깊어진다. 왜 그렇게 되는가 하면, 앞에 설명한 '자본의 논리'와 '시민의 논리'라는 것은 결국 다양한 집단 윤리 속에서 설정된 상황에 바탕을 둔 '진실'로 볼 수밖에 없기 때문이다. 그렇다면 모든 사람은 어딘가에 대한 '충성'을 기점으로 삼고, 그곳을 출발점으로 삼을 수밖에 없다. 다시 말해, '카드뮴'이라는 말은 이제 전문 금속학자 이외의 사람들에게는 금속 이름이 아니라 그 말을 어떻게 받아들이느냐에 따라 그 사람이 어떤 집단의 '아비'에 대응하는 '자식'인지를 판정하는 리트머스 시험지가 되어버렸기 때문이다. 그래서 나는 금속학자가 사용하는 카드뮴과 이런 의미의 '카드뮴'을 확실히 구분하고, 카드뮴에 대한 판단과 '카드뮴'에 대한 판단은 전혀 별개의 판단으로 간주한다. 물론 나는 전문 학자의 카드뮴에 대한 설명은 그대로 받아들이지만 '카드뮴'은 이제는 그와는 다른 뜻을 지닌 동음이의어가 되었다고 본다. 그러므로 상대 쪽에서 볼 때는 모든 발언이 '음모'처럼 들리더라도 이상한 일이 아니다.

이런 현상이 흥미롭게 드러난 것이 최근 《아사히신문》의 투고 기사다. 그 일부를 인용하면 이렇다. "자민당 정조·환경부회는 '이타이이타이병의 카드뮴 원인설은 인정할 수 없다'라는 보고서를 발표했다. …… 여기서 부패가 표면으로 드러난 보수 체제를 수호하려는 심오한 음모가 전개되기 시작한 것처럼 보인다. …… 카드뮴은 유해 물질이다. 그 자체가 인간을 포함한 모든 생물에 해로운 것이다(이것이 바로 내가 말한 '카드뮴'이다). …… 이번에 이런 문제가 제기된 데는 카드뮴 원인설이 과학적으로 실증되지 못했다는 점이 작용한 것 같은데, **과학은 만능이 아니다.** 현재의 과학으로 해명되지 못한 것을 과학적이지 않다는 말로 슬쩍 바꿔치기하여 카드뮴을 방류한 기업들을 변호하는 것은 문제다. …… 우리는 저들이 문제를 호도하지 못하도록 단호히 싸워야 한다."

따로 논평할 필요도 없으리라. 집단 윤리가 도달하는 하나의 결론으로 과학적 결과에까지 '상황'이 들이닥치는 것이다. 이렇게 되면 자유로운 발상도 탐구도 전부 상황에 지배되어 사실상 할 수가 없게 되고, 인간은 모든 면에서 상황에 끼워 맞춘 결론에서 벗어나지 못하고 앞으로 나아가지도 못하게 된다. 한마디로 보수화할 수밖에 없게 되는 것이다.—물론 그것을 자유라든지 진보라고 명명하는 일은 자유겠지만. 그렇게 되면 공해 해결이라는 측면에서 보더라도, 다른 측면에서 보더라도 먼저 '공해 문제'가 해결되어야 한다. 하지만 '공해 문제'를 해결한다는 것은 '문제를 해결하는' 것일 뿐, 공해 자체의 해결이 될 수는 없을 것이다.

'그래서는 안 된다, 공해를 진짜로 해결하라'는 상황이 되면, 앞서 기술한 것처럼 '모든 공장을 멈추라'는 극단적인 형태로 '사람이 죽으면 암이 없어진다'거나 '아비와 자식이 서로 숨겨주는 체제'를 전부 파괴하지 않으면 아무것도 못한다는 식의 발상이 생기는 것이다. 이런 발상에 따른 파괴는 부분적으로는 이미 벌어진 셈인데, 파괴로 인해 초래된 자유는 어쩔 수 없이 통상성에 바탕을 두고 질서가 잡혀가기 때문에 더욱 강한 전통적 문화 규범의 일부가 되어간다. 쇠파이프를 동원한 신좌익 집단들의 상호 섬멸전을 보더라도 이런 점이 분명히 드러난다. 각 집단이 이를 반복해서 행하다 보면 결국 '일군만민'식의 체제로 회귀하게 될 것이다.

사실 이것이 메이지유신 이래 이리저리 표현을 바꾸어가면서 마치 숙명처럼 끊임없이 반복되고 있는 현상이다. 여기에서 그중 한 예를 들 텐데 그것이 과연 누구의 사고방식인지, 그리고 전전의 방식인지 전후의 방식인지를 생각해보시기 바란다. 다음에 해당 부분을 인용한다.

한마디로 말씀드리면, 현재의 일본은 실질적으로 경제적 봉건제도라고 할 수 있습니다. 미츠이三井, 미츠비시三菱, 스미모토住友 등을 왕년의 세 유력 가문御三家117에 비유한다면 일본은 경제생활에 있어서 다이묘 황금기의 삼백 제후들이 지배하고 있다고 볼 수 있습니다. 그러므로 정부의 국局에 해당하는 자가 정당이든 관료든 **그 밖의** 어떠한 형태든 간에 그들의 겉모습과는 별도로 내용은 경제적 다이묘들, 즉 재계의 지지에 의해서 존립하고 있으니, 모조리 금권정치가 된 것입니다.

금권정치는 어느 나라 역사에서나 볼 수 있듯이, 정계 상층부에서 말단에 이르기까지 모두 부패하고 타락한 모습이 드러난다는 것은 재삼 말씀드릴 필요조차 없습니다.

최근 암살이나 그 밖의 **부분적으로** 불온한 행동이 발생했지만, 동시에 금권정치에서 비롯된 지배계급의 부패와 타락상이 폭로되기 시작하면서 수많은 고관, 거물 등과 연관된 범죄 사건이 속출하고, 대부분 그 두 가지가

---

117 도쿠가와 쇼군 일가인 오와리(尾張), 기이(紀伊), 미토(水戸) 세 가문을 가리킨다.

병행하여 나타나는 것을 보더라도 아실 수 있을 것입니다. (중략)

그래서 저는 우선 합리적으로 국내의 개혁을 완수하고자 하는 것입니다. 국내의 개혁 방침으로는 금권정치를 일소하는 것, 즉 3대 가문을 비롯한 삼백 제후가 소유하고 있는 자원의 소유를 국가로 이전하여 그것을 국가가 경영하고, 그 이익을 국가에 귀속시키는 일이 가장 우선이라고 말씀드릴 수 있습니다.

이는 매우 간단한 것으로, 이들 제후 재벌의 부는 누구나 볼 수 있는 곳에 존재하고 있으므로 단지 그 소유를 국가의 명의로 변경하면 그만입니다. 또한 중역에서 노동자에 이르기까지 그 직원들을 즉각 국가의 공직자로 임명함으로써 매우 간단하게 매듭지을 수 있습니다.

저는 자연적으로 자유를 요구하는 인간의 근본적 속성에 입각해 사유재산제도가 필요불가결함을 주장하고 있습니다. 그런즉 **종래의 교조적** 공산주의와는 전혀 사상의 근본을 달리하며, 사유재산에 한도를 두고 한도 이내의 사유재산은 국가가 지키고 권장해야 할 대상으로서 법률의 보호를 받아야 한다고 생각하고 있습니다. 그런 연유로 제가 건의하는 개혁 방안은 (중략) 중산층 이하에는 한 점의 동요도 일으키지 않을 것을 주안점으로 하고 있습니다. 만약 이 점만 실현시킬 수 있다면 당장 이들의 수익만으로 현재 일본에 필요한 세출을 충당하기에 충분하고도 남음이 있으리라고 믿습니다. (중략)

이 일은 근본정신에 있어서 국민의 자유와 평등을, 즉 당연히 보장되어야 할 국민의 생활 안정을 국가의 힘으로 지키고 도와주어야 마땅하다는 사실을 보여주는 것입니다. 일본의 정치체제는 하나의 **정부**를 중심으로 만민이 일률적으로 평등하고 무차별한 것이어야 합니다.

사실 이것은 기타 잇키北一輝118에 관한 〈경시청 조사서〉의 일부다. 원문을 조금 바꿨지만, 바꾼 부분은 굵은 글씨로 표시한 곳뿐이다. 원래대로 표기하자면 **그 밖의**=군벌軍閥이든, 재**계**=재벌, **부분적으로**=부대에 의한部隊的, **종래의 교조적**=(삭제), 한 **정부**=한 덴노天子 밖에 없다. 이런 식으로 자구 수정만 한다면 2.26 사건으로 사형당한 이소베 아사이치磯部浅一119의 《옥중일기》 내용을 일부 발췌해도 전후의 문서로 여겨질지도 모른다. 예를 들어, '메이지유신 이후의 일본은 덴노를 정치적 중심으로 하는 일군만민의 일체적 입헌 국가입니다. 더 알기 쉽게 말씀드리자면, 덴노를 정치적 중심으로 삼는 근대 민주국가인 것입니다. 그렇게 되어야만 했던 국체이므로 소수에 의한 독재도 허락하지 않습니다. 그러하거늘 오늘날 일본은 어떤 꼴이 되어 있습니까? 덴노를 정치적 중심으로 세우고 원로, 중신, 귀족, 군벌, 정당 재벌이 독재를 하는 독재국가가 아닙니까?'라는 내용인데, 이것을 베껴 쓴 것처럼 보이는 사설도 있다.

이런 발상의 밑바탕에 깔려 있는 것은 무엇일까? 그것은 결국 각 집

---

118 기타 잇키의 본명은 기타 데루지로(北輝次郎, 1883~1937)로, 국가사회주의를 신봉한 사상가 겸 사회운동가였다. 2.26 사건을 일으킨 청년 장교들의 이론적 지도자로 체포된 후 군법회의에 회부되어 사형선고를 받았다.

119 이소베 아사이치(1905~1937)는 일본 육군 위관 장교 출신으로 기타 잇키의 영향을 받아 황도파 청년 장교 그룹의 선구자적인 존재로 부상했고, 1934년 육군사관학교 반란 모의 사건으로 면직된 후 2.26 사건을 주동했으나 사형선고를 받았다.

단들이 저마다 '아비와 자식이 서로 숨겨주는' 식의 '진실'로 유지하고 있는 경제적 봉건제도를 혁명으로 해체하고 일본 전체를 '아비와 자식' 체제로, 쉽게 말해 교실 벽을 부수고 일본 전체를 '1명의 교사와 전원 3등급 학생'으로 구성된 학급 체제, 즉 '일군만민'으로 만들겠다는 생각이다. 그들은 그것을 일률적이고 무차별적인 자유와 평등의 이상적 정치체제로 간주하면서 그것이 바로 입헌적 민주주의라고 정의하고 있는데, 실제로는 집단 윤리적 체제를 하나로 만들어 거기에 모든 일본인을 포함시키려는 것이다. 사실 이런 체제가 어느 정도 만들어져가고 있던 것이 전쟁 중의 일본이었다.

이를테면 일군만민 상태에 있는 1억 총인구의 상황 논리, 즉 전국적이고 총체적인 상황 윤리다. 거기에서 온갖 허구의 상황이 만들어졌고, 그 상황에 맞추어 모든 것을 판단하여 '아비와 자식' 간에 사실을 부정함으로써 '곧음이 그 가운데 있는' 충성으로 질서가 유지되었다. 일단 이렇게 되면 모든 것은 그 상태로 고정된다. 사실에 입각한 자유로운 발상도, 그런 발상에 바탕을 둔 방향 전환도 불가능하게 되고 이러지도 저러지도 못하는 가운데 설령 그것이 자멸의 길인 줄 알게 되어도 정해진 방향으로 나아갈 수밖에 없게 되는 것이다. 실은 그 허구가 파탄에 이르러도 2학기 칠판에 1학기 때와는 다른 글씨를 쓰는 것만으로도 먼저의 허구는 사라지고 즉시 다른 허구로 옮겨갈 수 있다.—'아비와 자식'이 서로 숨겨주기만 하면.

내가 '공해 문제'에 관심을 가지는 것이 바로 이 점이다. 어디까지나 가정이지만, 만약에 '카드뮴이 이타이이타이병과 무관함'을 증명한다면 어떻게 될까? 지금까지의 치료도 예방도 중단하고 다른 원인을 찾아 대책을 세워야 할 것이다. 의학적으로 본다면 예전에도 이런 일은 얼마든지 있었다. 인류의 역사란 것은 착오의 역사이기 때문에 이런 일 자체는 하나도 이상할 게 없다. 예전에는 결핵도 유전이라고 믿어 그 집은 결핵환자 집안이니 어쩌니 하는 말들도 했다. 칼슘 주사를 연속적으로 맞으면 병소가 석회화(?)되면서 치유가 된다 하여 나도 그런 주사를 여러 번 맞은 경험이 있다. 지금 와서 친한 의사에게 물어보니 완전히 쓸데없는 짓이었다고 한다.

그런데 만약 그 어떤 상황 윤리가 작용하여, 지금도 그것이 소용없다고는 말할 수 없는 상태가 됨으로써 '아비 자식 간 서로 숨겨주는' 식의 진실이 유지되고 있다면 어떻게 되었을까? 그것은 이미 의학의 문제도 과학의 문제도 아니고 앞에 소개한 투고자처럼 과학을 부정하더라도 일정한 상황을 유지하면서 거기에 맞추려고 하는 우리가 안고 있는 '통상성'의 논리 문제, 짧게 말하면 '일군만민', '교사 1명 대 전원 3등급 학생'과, 이것을 창출하기 위한 상황 논리와, 거기에 바탕을 둔 윤리의 문제인 것이다. 이 문제는 다음 장에서 근본주의와 관련하여 다시 다루겠지만 '공해'와 관련하여 드러난 사항만 문제가 되는 것은 아니다. '일군만민 평등 무차별'은 그 '군君'이 누구든 간에 전체주의적 무책임 체제인 것이다.

9.

이것은 군인 그 자체의 성격은 아니다. 일본 육군을 관통하는 **그 어떤 힘**이 군인으로 하여금 이와 같은 조직을 만들거나 그런 행동을 하게끔 만들고 있는 것이다.

(고다니 히데조小谷秀三 저,《필리핀의 흙比島の土》에서)

일본은 참으로 불가사의한 나라다. 연구실 또는 실험실에서 데이터가 나오면 그것을 추구하기에 앞서 **그 어떤 힘**이 거기에 작용한다.

(호조 마코토[120] 저,《환경문제의 전환점環境問題の曲り角》중에서 스위스 제약회사 직원의 말)

위의 두 문장에는 공통적으로 '그 어떤 힘'이라는 말이 나오는데, 서로 전혀 무관할 뿐더러 어떤 사람이 어떤 상황에서 쓴 글인지 서로 알 수도 없는 분들이 쓴 문장이다. 고다니 히데조 씨는《포로일기》를 쓴 고마쓰 신이치 씨처럼 기술자 신분으로 군에 징용되어 루손 섬에서 패전 과정에 휘말렸다가 구사일생으로 살아난 민간인이다. 이 사람이 민간인이라는 제삼자적 입장에서 본 바로는 괴멸되고 패주하고 사라져가는 일본군에 군사적인 것과는 아무 관계도 없고 '군인 그 자체의 성격'과도 무관한 '그 어떤 힘'이 작용하고 있었다. 그리고 이 '그 어떤 힘'이 일본을 괴멸시켰다.

120   주석 12번 참조.

그날로부터 '민주화가 이루어진 전후 삼십 몇 년'이 흘렀다. 그리고 호조 마코토 씨는 고다니 씨가 겪은 일이나 필리핀에서 일본군이 괴멸된 실상을 전혀 모르는 어느 스위스인으로부터 동일한 지적을 받는다. 호조 씨가 기술한 내용을 좀 더 인용한다.

그 신사 분은 '그 어떤 힘'이라고 말했는데, 그 추상적 표현이 오히려 내 마음에 상처를 주었다. 그렇다. 일본에서는 데이터, 현상, 사건에 곧바로 '그 어떤 힘'이 작용한다. 언론이 달려든다. 그리고 큰 소용돌이가 되어 과장된 선전이 이루어지고 여론이 만들어진다. 그 여론은 데이터나 사건과 전혀 무관한 곳까지 확대되어버린다. 이 또한 일본인의 과열성過熱性인 것일까? 하지만 '과열성'이라고만 치부하고 끝낼 문제가 아니다. …… 인간의 건강이라든지 평화로운 시민 생활 따위는 출발점으로 이용될 뿐 언제부터인지 잊혀지고, 추잡한 싸움이 되고 만다. 문제가 환경에 관한 것인 만큼 나는 더더욱 '그 어떤 힘'을 두려워하는 것이다.

'인간의 건강이라든지 평화로운 시민 생활'이 출발점인 것처럼 과거 일본군의 경우도 그 발상의 기점은 국가와 국민의 안전과 '생활권·생명선의 확보'였고, 그렇다고 반복해서 주장했다. 하지만 그 '기점'에 '그 어떤 힘'이 작용하면 마치 숙명처럼 모든 것이 궤멸되는 방향으로 달려가면서 스스로를 통제할 수가 없게 된다. 그 현장을 직접 목격한 제삼자로서는 어떻게도 표현할 수 없는 상태이기 때문에 그냥 '그 어떤 힘'이라고 말할 수밖에 없다. 우리 일본인은 언제나 모든 문제에서 이 '그 어떤 힘'을 느끼고 있다. 그것은 여러 가지 말의 행간에서 드러나는데 종종 '○○문제'라는 식으로 표현된다. 예를 들어, 어떤 외교 교섭이 국내에서 '정치 문제로 변했다'고 할 경우 사람들은 그 표현을 "이 문제에는 '그 어떤 힘'이 작용해 이제 더는 순수한 외교 교섭으로써 합리적으로 해결하기는 불가능하게 되었다."는 의미로 받아들인다. 나는 앞에서 '공해'와 '공해 문제'를 별개로 생각한다고 밝혔는데, 이렇게 생각하는 사람이 아마 나 혼자만은 아닐 것이다. '문제'라는 이름이 붙는 순간 거기에는 고다니 씨나 스위스 신사가 지적한 것 같은 '그 어떤 힘'이 작용하고, 그 힘은 거꾸로 현안의 해결을 방해한다.

행인지 불행인지 우리는 어떤 힘(에너지)에 확실히 지배당하고 있다. 이것은 부인할 수 없는 사실이다. 그렇다면 예나 지금이나 우리를 지배하고 있는 '그 어떤 힘'이란 대체 무엇일까? 그 힘에 저항하기란 불가능한가? 그 힘을 '그 어떤'이라고 부르는 동안은 확실히 불가능하다.—실체가 뭔지 모르는 것에 대항할 수는 없으니까. 따라서 만일 고다니 씨가 필리핀에서 감지했고, 약품 피해 문제에 관해 그 스위스인이 감지했고, 또한 여러 사람이 다양한 '문제'에서 감지하고 있는 '그 어떤 힘'에 제대로 대항하여 이 굴레 같은 힘으로부터 탈피하기를 원한다면, '그 어떤' 것이 뭔지를 해명하고 새롭게 파악하여 그에 대처하는 길 외에는 방법이 없다. 그 '힘'은 외부에서 왔을 리는 없고 우리의 내부, 즉 일상적인 생활 방식에 관한 규범의 축적, 요컨대 그 통상성이라는 무의식적 규범 속에 있을 것이다. 무의식이 아니고서야 우리가 자멸할 때까지 거기에 지배당할 리는 없기 때문이다. 또한 그것이 어디까지나 하나의 힘인 이상, 반드시 마이너스로만 작용한다고는 볼 수 없고, 그 힘은 플러스로도 마이너스로도 작용하고 있을 것이다. 플러스로 작용한 경우는 마치 기적처럼 보일 것이다. 메이지 시대의 일본을 만들어놓은 플러스의 '그 어떤 힘'은 필경 그것을 괴멸시킨 마이너스의 '그 어떤 힘'과 같은 것이고, 전후 일본에 '기적의 부흥'을 일으킨 '그 어떤 힘'도 아마 그것을 괴멸시킬 가능성을 지닌 '그 어떤 힘'과 같을 것이다. 그 힘을 통제할 방법을 갖지 않는 한 그 힘이 어느 한쪽을 향할 때 얻은 성과가 그 힘이 다른 방향으로 움직일 때 일거에 파괴되더라도 이상할 것이 없다.

그럼 이 대목에서 우리는 다시 한 번 무언가를 결정하고 행동에 옮길 때 적용되는 원리가 어떤 것인지 살펴보자. 〈'공기'의 연구〉에서 설명한 바와 같이 결정을 내리는 것은 '공기'이고 공기가 조성되는 원리는 대상을 임재감적으로 파악하는 것이다. 그리고 임재감적 파악의 원리는 대상에 일방적으로 감정을 이입함으로써 자신을 대상과 일체화하고, 대상에 대한 분석을 거부하는 심적 태도다. 그러므로 대상에 대한 분석으로는 임재감적 파악을 벗어날 수 없다. 쉽게 말해 석불은 돌이고, 금동불은 금과 동이며, 인골은 물질에 불과하고, 고신타이는 돌덩어리고, 덴노는 인간이며, 카드뮴은 금속이라고 말하는 것만으로 거기에서 탈피할 수는 없는 것이다. 물론 언뜻 보기에 탈피한 것 같은 착각은 가능하다. 하지만 그렇게 착각한 사람은 다른 대상을 감정이입의 대상으로 삼을 뿐이어서, 예컨대 '덴노로부터 마오쩌둥으로 전향했다'는 식이 된다. 어떠한 대상을 자신의 감정이입 대상으로 삼아 우상, 즉 상징으로 만들 수 있는 한 대상은 변하더라도 이 상태에서 벗어날 수는 없다.

많은 사람은 메이지 시대와 관련된 과거의 상징을 버렸다. 그리고 그 것을 버리지 않는 사람을 고루하다거나 완고하다고 매도했다. 그러나 그 것은 남들을 매도한 사람이 그 상태를 벗어났다거나 새로운 상징을 임재 감적으로 파악하지 않았다는 의미가 아니라, 그 반대로 즉각 새로운 상징 을 임재감적으로 파악하고 그 상징과의 사이에 '문명개화'라는 새로운 '공 기'를 조성했음을 의미할 뿐이었다. 단어도 하나의 슬로건으로써 상징이 될 수 있다. '존황양이尊皇攘夷'라든지 '문명개화'가 그러한 단어들인데, 분 석이 필요한 의미·내용을 지닌 명제가 아닌 하나의 상징으로만 사용되 는 한 이러한 '표어들'은 그 의미·내용과 관계없이 거기에 대한 감정이입 이 이루어지면 곧바로 새로운 '공기'를 조성하게 되는 것이 당연하다.

전후 시대가 시작되는 대목의 상황도 마찬가지였다. 이때도 입장을 전환한 사람들은 자신들이 그렇게 함으로써 과거와 단절할 수 있게 되었 다고 믿어 의심치 않았고, 그건 별로 이상한 일이 아니었다. 메이지 시대 초기에 적잖은 일본인들이 "우리에게는 역사가 없고, 우리의 역사는 오늘 부터 새롭게 시작한다."라는 말을 했는데, 이것은 매우 흥미로운 말이다. 이런 자세는 전후의 행동 방식, 즉 새로운 대상을 임재감적으로 파악함으 로써 모든 면에서 과거와 단절할 수 있다고 믿으려고 했을 때 많은 사람 들이 과거에 대해 취했던 태도와 똑같다. 즉 과거를 전부 부정해야 할 대 상으로 재구성하고, 그것을 임재감적으로 새롭게 파악함으로써 과거와 실제로 단절할 수 있다고 믿었던 것이다.

이와 같은 태도는 종교적 개종conversion과 매우 흡사하다. 종교적 회 심廻心이라면 마음의 변화에 따라 임재감적 파악의 대상이 갑자기 변하여

'낡은 신을 버리고 새로운 신을 취한다'면서 '예전의 자신을 버리고 새로운 사람으로 산다'고 하는 현상도 낯설지 않다. 이런 경우 예전에 임재감적으로 파악했던 대상은 사라지거나 부정의 대상으로 '악마화'되고, 그 결과 자신을 구속하던 과거의 '공기'가 일순간에 사라져 속박에서 해방되었다고 느끼더라도 이상할 것이 없다.—설령 그것이 새로운 대상의 속박에 몸을 맡기는 것일지라도. 이와 같은 현상은 기독교 수용기의 서구를 보면 전혀 드문 현상이 아니었고, 개종한 사람은 즉시 과거의 '우상을 파괴'하는 쪽으로 돌아섰다. 일본의 전환기에도 많든 적든 과거에 찬미를 받던 대상이 악의 화신으로 돌변하곤 했다.—무적의 황군이든, 덴노든, 상사商社든, 자동차든 또는 그러한 대상의 슬로건이었던 동아시아 해방이든, 충군애국忠君愛國이든, 경제성장이든.

　　단, 예전의 대상과 새로운 대상 모두 절대자 내지 절대적 대상이 아니라면 이러한 회심은 일어날 수 없다. 분석적 대상은 회심을 야기하는 신앙의 대상이 될 수 없다. 그러니까 메이지유신 당시의 회심이든, 전후의 회심이든 그것을 야기한 대상은 그 어떤 절대자여야만 하는 것이다. 메이지유신이라는 전환점과 그로부터 지속된 전쟁 전까지의 절대적 대상은 덴노였다. 그러나 회심한 자는 설령 주관적으로는 '새롭게 태어난 다른 사람'일지 몰라도, 그 직전까지의 그와 다른 사람일 수는 없다. 앞에 썼듯이 칠판에 적혀 있던 '야마토다마시이'를 지우고 '민주주의'라고 썼다 한들 그 교사 자신이 변할 수는 없는 것이다. 마찬가지로 1944년의 일본인이 1945년 8월 15일이 되었다고 돌변할 수는 없다. 다만 임재감적 파악의 대상을 바꾸고 그 대상에 대한 회심을 함으로써, 즉 그 대상에 감정을 이입함으로써 자기가 변혁했다는 착각을 할 수 있는 데 지나지 않는다. 이런 경우의 대상은 절대적이고, 동시적 회심이라는 점에 있어서 여러 사람이 대상에 대해 평등한 입장에 설 수 있어야 한다.

어떤 경우에도 그 절대자에 대해 다른 모든 사람은 평등하다. 이는 종교적 회심의 당연한 귀결로 절대자가 회심자를 '차별'하는 존재일 수는 없고, 기독교적으로 말하자면 '주님 앞의 형제자매'이어야 한다. 이런 관계는 메이지유신 때나 전후나 마찬가지인데, 다른 점이 있다면 전후의 절대자는 민주주의나 헌법이라는 점뿐이다. 따라서 민주주의와 헌법에 대한 일본의 정의는 헌법을 끊임없이 개정해 나가면서 헌법 개정 가능성을 민주주의 원칙으로 삼고 있는 서구의 전통적 정의와 동일하지 않다. 하물며 민주주의를 '통치의 한 형태로, 그 속에 극복해야 할 여러 가지 결함을 포함한' 것으로 상대화하는 것은 일본에서는 도저히 인정될 수 없고, 일단 '민주'라고 하면 그것은 절대적인 것으로 여겨진다. 게다가 일본의 민주주의는 세계 최고의 각별한 것이어야만 한다. 헌법도 마찬가지여서 다른 모든 법처럼 결함이 있기 때문에 그것을 운영해 나가면서 끊임없이 개정이 필요한 존재여서는 안 되고, 전쟁 전의 덴노제가 다른 나라의 입헌군주제와는 전혀 다른 완전무결한 체제였다는 주장처럼 완전무결하지 않으면 안 되는 것이다. 요컨대 이러한 것을 표현하는 말은 비판이나 분석의 대상이 되는 내용을 포함하는 개념이 아니라 일종의 우상, 즉 절대적인 상징이어야만 한다. 그렇지 않으면 상황에 대응하는 '전원 3등급' 식으로 '평등한' 동시적 회심이 일어날 수가 없기 때문이다.

그러나 현실에서 어떠한 정치제도가 '절대적'인 것이 될 수는 없는 노릇이다. 또한 그것이 일률적 평등·무차별을 보증하는 기구도 아니다. 본디 정치제도란 불상처럼 임재감적으로 파악할 수 있는 대상이 아니라 인간이 운영해야 하는 기구다. 하지만 아무도 그런 사실을 자각할 수 없게 된다. 그런 탓에 정치에 대한 요구가 종교적인 형태로까지 과대 분출되어 결국 임재감적 파악이라는 일방적 충족을 요구하게 된다. 2.26 사건의 장교는 덴노를 임재감적으로 파악하고 있었기 때문에 덴노를 불상처럼 간주하였고, 그래서 덴노가 스스로의 의지를 가지고 정부를 지배하고 있음을 실감했을 때 마치 불상이 말을 하면서 자신들을 단죄하기라도 한 것처럼 놀랐다. 놀란 것도 무리는 아니었다. 임재감적 파악의 대상은 자신 쪽에서 일방적으로 감정이 이입할 수 있는 '우상'이어야지, 그 자체가 스스로 의지를 가지고 행동하면 임재감적 파악의 대상이 될 수 없다. 즉, '찬물을 끼얹는' 통상성이 초래하는 상황 윤리의 세계는 최종적으로는 '공기의 지배'에 도달하는 것이다.

이런 상태는 전후에도 변함이 없다. 하지만 대상이 될 수 없는 것을 대상으로 삼아 그것이 조성하는 '공기'를 하나의 체제로 지속시키고 영속적인 '힘'으로 만들기 위해서는 공기 말고도 한 가지 요소가 더 필요하다. 물론 '공기'는 임재감적 파악의 대상이 변하면 그에 따라 순식간에 사라진다. 그렇기 때문에 〈'공기'의 연구〉에 기술했듯이 그것은 개개인의 결정을 구속할 수는 있어도 영속적 체제가 될 수는 없다. 이렇게 체제로 성립될 수 없는 것이 하나의 체제가 되게끔 만들고, '전체공기구속주의'로 일본 전체를 구속하면서 '그 어떤 힘'을 발휘하도록 만들기 위해서는 한 가지 통상성을 **보완**裏打121하지 않으면 안 된다. 그것이 '물'이라는 현실이 가리키는 바인 동시에 오늘날의 상황이 가리키는 바이기도 하다. '일군만민', '교사 1명 대 전원 3등급 학생'이라는 '아비와 자식이 서로 숨겨주는 진실'의 체제가 되어감으로써 이런 체제는 성립되고, 이런 체제를 영속화시키는 것이 상황 논리와 상황 윤리다.

이러한 상호 관계를 간단히 예시해보겠다. 메이지유신 당시의 회심에는 임재감적 파악의 대상이 바뀐 것이 전환점이 되었다. 이 회심 상태를 하나의 영속적 체제로 만들자면 덴노는 '불상 같은' 현인신으로 존속해야만 했다. 이렇게 되면 덴노가 인간이자 한 사람의 불교 신자로서 센뉴지泉涌寺의 시주 노릇을 하는 일은 포기하고, 자신이 인간이라는 사실을 덴노는 국민을 위해 숨기고 국민은 덴노를 위해 숨겨 '곧음이 그 가운데 있는' 상태를 만들어, 각자가 속으로는 어떻게 생각하든지 간에 그 생각을 입 밖에 내지 않는 것이 정의와 신실함으로 통하는 체제를 수립할 도리밖에 없다.

말할 필요도 없이, 당시의 모든 일본인은 덴노가 단지 인간에 불과하다는 사실을 알고 있었다. 알고 있으면서도 그것을 굳이 발설하지 않는 것이 정의롭고 신실한 것이고 발설하면 정의롭지도 신실하지도 않게 되어버린다는 사실도 잘 알고 있었다. 요컨대 그것을 발설하는 사람은 비국민, 즉 '일본인이 아닌' 사람이 되는 것이다. 쉽게 말해 이 원칙은 자신이 일본이라는 나라 앞에 '곧은' 일본인이라는 사실을 스스로 증명하

---

121   우라우치(裏打)란 옷 안에 헝겊 따위를 덧대거나 종이나 가죽 뒷면에 다른 종이나 천을 배접하어 튼튼하게 만드는 것을 의미한다.

는 것이고, 따라서 다른 이들과 더불어 현인신 같은 말을 진실로 내세우는 사람도 그 말이 '사실'이 아님은 누구보다 스스로 잘 알고 있으며, 알고 있으면서도 그것만을 진실이라고 말하는 데 의미가 있었던 것이다. 그것은 그 사람이 '곧은' 마루베니 사원, '곧은' 공산당원, '곧은' 노조원이라는 점을 보여줄 때의 원칙과 동일한 것이었다. 이 말은 그 외의 다른 의미를 가질 수 없다. 그래서 전쟁 전의 인간은 덴노가 '세계적 생물학자'라고 자랑했을지언정 '생물학자가 자기를 현인신으로 여긴다는 일은 있을 수 없지 않은가?'라는 질문은 하지 않았다. 뒤에 더 자세히 쓰겠지만, 이러한 것을 이해할 수 없었던 수용소의 미국인 장교는 내가 "일본에는 진화론 재판Monkey Trial122이 없었다. 우리는 진화론을 당연한 것으로서 받아들여 초등학교에서도 배웠고, 진화론 재판을 이상하다고 생각했다."라고 말했을 때 절대 믿으려 들지 않았다. 그는 단호하게 내가 거짓말쟁이거나 일본인이 미친 것이라고 믿었다. 그는 "무엇보다 신의 선조가 원숭이라고 믿거나 원숭이의 후손이 현인신이라고 믿는 인간이 있을 턱이 없지 않은가, 미치지 않고서야."라고 했다. 그러나 '사실을 서로 숨겨주고 그 가운데에 곧음이 있다'는 원칙을 감안한다면 이런 일은 조금도 이상할 것이 없다. 이런 문제는 '회심'이 일어난 이후의 전쟁 후 상황밖에 모르는 사람은 대단히 이해하기 어려운 모양이다. 이해하기 어려운 것도 당연

---

122 이른바 the Scopes Monkey Trial로 알려진 1925년 미국 The State of Tennessee v. John Thomas Scopes 재판을 가리킨다. 데이튼 고등학교 임시교사 존 스콥스(John Scopes)가 공립학교에서 진화론을 가르칠 것을 금지하는 테네시 주법을 어긴 혐의로 재판을 받아 벌금 100달러를 선고받은 사건이다.

하다. 그것은 마치 신흥 종교단체를 탈퇴한 사람이 신앙을 가지고 있을 때의 자신의 상태를 객관적으로 설명할 수 없는 거나 마찬가지다. 그러나 그것은 파악하는 대상이 바뀌었을 뿐 행동 방식의 기본은 전전이나 전후나 변하지 않았음을 스스로 입증하는 데 지나지 않는다. 자세한 것은 이미 앞에 지적했으니 여기에서 반복할 필요는 없을 것 같다. 이상과 같은 관계를 한마디로 설명한다면, 원래 '아비와 자식' 사이만을 규정하는 윤리가 임재감적 파악의 대상을 '아비'로, 파악하는 자를 '자식'으로 삼아 그 둘 사이의 관계를 규정하게 된 것이다.─이로써 '아비와 자식'의 관계가 모든 질서의 기본이 되게끔 한 것인데, 그 자체로 말하자면 종교적 현상으로서 특이한 상태는 아니다. 이런 식으로 하나의 체제가 완성되었다는 것은 도식적으로 설명하면 불교적 기반 위에 유교적 규범이 결합한 결과라고 할 수 있다. 그리고 이러한 체제가 철저히 배제하는 것은 '자유'와 '개인'이라는 개념이다. 개인이 자유롭게 사실을 말하면 이러한 관계는 성립되지 않고 교의敎義의 구속도 성립될 수가 없다. 그렇기 때문에 일본에서는 민주주의와 사회주의라는 말은 받아들여져도 자유·개인이라는 개념은 실질적으로는 배제되어야 했다. 앞에도 썼듯이 '민주'와 '사회'는 사실 전쟁 전부터 덴노제와 연결된 강고한 개념이었다. 하지만 일본 사회는 개인이 자유롭게 발언하고 개인으로서 자유롭게 행동하는 경우에는 서서히 그러나 매우 냉혹하게 그것을 완전히 배제해왔다. 단, 본인이 전향하여 기존의 '아비와 자식' 관계로 다시 들어오기만 하면 집단은 곧바로 그를 받아주었다. 그러니까 치안유지법으로 처형된 자가 한 명도 없는 것도 전혀 이상할 것이 없고, 많은 사람들이 전향과 동시에 괜찮은 일

자리까지 제공을 받은 것도 이상할 것이 없다. 개종자는 어느 종단에서든 역으로 높이 평가받는 법이니까.

10.

〈'공기'의 연구〉와 〈'물=통상성'의 연구〉를 통하여 지금까지 임재감적 파악, 공기의 조성, '아비와 자식'의 서로 숨겨주는 윤리, 교사 1명 대 전원 3등급 학생 같은 일군만민의 방식, 그것을 뒷받침하는 상황 논리와 상황 윤리 등 여러 가지에 관해 설명했다. 그렇다면 이것들에 공통적으로 적용되는 내용을 한마디로 표현한다면 무엇일까. 그것은 바로 '허구의 세계', '허구 속에서 진실을 찾는 사회'이고, 그것이 하나의 체제로 굳어진 '허구의 지배 기구'라고 할 수 있다.

　허구가 존재하지 않는 사회는 없을 뿐더러 인간을 움직이는 것이 허구라는 것, 아니 실은 허구뿐이라는 것도 부정할 수 없다. 그러니까 '그 어떤 힘'이 거기에 작용하는 것은 당연하다. 연극이나 제사 의식을 예로 들면 누구나 쉽게 알 수 있을 것이다. 무대라는 것을 간단히 말하면 주위를 완전히 차단함으로써 성립하는 하나의 세계, 즉 하나의 상황 논리의 장을 설정하는 것이라고 할 수 있다. 그 설정을 바탕으로 사람들은 연기를 하고 그것이 연기라는 것을 연출자와 관객이 서로 숨김으로써 하나의 진실이 표현되는 것이다. 단적으로 말해 가부키歌舞伎라는 것은 여장 배우가 남자라는 '사실'을 자꾸 큰소리로 지적해대는 사람은 객석에 있으면 안 되는 '비연극인非演劇人, 비관객非観客'이고, 그런 사람이 존재하면 연극이 표현하는 진실이 무너지는 세계다. '연기자는 관객을 위해 숨겨주고 관객은 연기자를 위해 숨겨줌'으로써 구성되는 세계, 그런 상황 논리가 설정되어 있는 극장이라는 작은 세계 안에서 대상을 임재감적으로 파악하는 관객들 가운데 '공기'를 조성하고, 전체공기구속주의적으로 사람들을 딴 세상에 옮겨놓으면 그 세계는 당연히 사람들에게 영향을 미치고 사람들을 움직이는 '힘'으로 작용하게 되는 것이다. 여기에서 문제는 사람이 이런 상태가 될 수 있다는 데 있는 것이 아니라, 이런 상태가 사회의 어느 부문을 어떤 방식으로 지배하고 있느냐는 것이다. 연극이나 제의祭儀의 세계라면 문제될 것이 없겠지만, 일본이라는 나라의 경우에는 통상성에 바탕을 둔 하나의 질서를 성립시키는 해답은 우선 '공기의 조성'과, 그것을 유지시켜주는 '아비와 자식이 서로 숨겨주는' 진실 속에서 찾을 수밖에 없다. '찾을 수밖에 없다'고 했지만 의식적으로 찾을 필요는 없다. 통상성에 바탕을 둔 행동을 지속하다 보면 좋든 싫든 이런 질서가 만들어지고, 그 질서 속에 안주하고 있는 것을 보통의 상태라고 여기게 된다. 앞에도 썼듯이, 그 점에 있어서는 공산당이나 마루베니 상사나 마찬가지다.

문제는 이와 같은 질서를 유지하자면 모든 집단이 '극장 같은 폐쇄성'을 지녀야만 하고, 집단은 폐쇄 집단이 되어 일본 전체에 이런 질서를 적용하자면 필연적으로 쇄국이 될 수밖에 없다는 점이다. 최근 쇄국에 관한 여러 가지 논의가 이루어지고 있지만 그 최대의 논점은 정보 통제에 관한 것으로, 이 점에 있어서는 현재의 일본과 기본적으로 차이가 없다. 문제는 이러한 일상성이 정치, 경제, 외교, 군사, 과학 등의 부문을 지배하고 '아비와 자식이 서로 숨겨주는' 식의 진실에 바탕을 두고 이런저런 결정이 이뤄지는데, 과연 그것이 안전하냐 하는 데 있다. 이런 방식으로 내리는 결정이 가장 큰 약점을 노출하는 대목은 아마도 외래 사상, 외교, 군사, 과학적 사고 등과 같이 쇄국이 적용되지 않는 부분에서일 것이다.

　　꽤 오래전의 일인데, 강연에서 이런 이야기를 한 적이 있었다. "이대로 가면 일본은 여러 개의 폐쇄적 집단들이 모여 외부의 정보를 자동적으로 막는 나라가 될 겁니다. 말하자면 집단 안에서 진행되는 '연극'에 지장이 없게끔 변형된 정보만 받아들이고, 그렇게 하지 않으면 질서가 유지될 수 없는 세계가 되어가는 것입니다. 그것은 일종의 초국가주의가 될 수밖에 없습니다." 그러자 청중 가운데 한 사람이 분연히 일어나 "절대로 그런 일이 있어서는 안 됩니다. 초국가주의와의 전쟁에서 우리는……." 어쩌고 하면서 따지고 들었다. 거기에 대해서 나는 초국가주의Ultra-nationalism라는 것은 본디 '쇄국'을 지향하기 마련이고 내가 말한 초국가주의도 그런 의미를 담고 있다는 것과, 전쟁이란 것은 이와는 극단적으로 대비되는 국제적International인 행위라는 점을 설명했다. 그랬더니 그 사람은 매우 의외라는 듯한 표정을 지었다. 전쟁이라는 것은 국제적 사건이므로 일본과 전쟁을 벌이던 미국의 군대가 상대를 알기 위해 일본어 학교를 설립하고 전국의 수재를 불러 모아 일본어 특별 훈련을 시킨 것 같은 발상이 당연시되는 '사건'이다. 하지만 일본은 반대로 영어를 적국의 언어로 규정하고 영어 교육을 폐지했다. 내게 항의했던 청중의 발상도 기본적으로 이와 같은 것인데, 이런 발상이 먼저 외교에서 드러날 수밖에 없다. 이를테면 상대와 관계를 수립할 생각이라면 먼저 서로 감춰주어야 하며, 그러지 않으면 '진실'한 관계는 성립되지 않는다는 발상이다. 그러나 이런 상태가 되면 정보의 통제 때문에 진정한 외교는 존재하지 않게 된다. 오늘날의 세계에서는 어떠한 형태로든 외교의 기능을 하는 그 무엇 없이는 국가가 존립할 수 없기 때문에 진정한 외교가 존립할 수 없게 되는 경우는 두 나라가 서로 '아비와 자식이 서로 숨겨주는 가운데 진실이 있다'는 식으로, 요컨대 허구를 바탕으로 관계를 수립할 수밖에 없다. 그러나 그것은 결국 또 다른 형태의 단절 상태로 전락하게 된다. 전쟁이 발발하기 전까지 일본이 걸었던 길이 이런 것이었는데, 아마 지금도 같은 길을 걷고 있을 것이다. 그것이 필연적으로 전쟁으로 이어진다고 할 수는 없지만, 외교적 파탄으로 인해 파멸에 이를 공산이 크다.

독자들은 이미 눈치채셨겠지만, 이런 상태가 전형적으로 나타난 것이 바로 전후 일본이 일종의 '자주독립적' 외교 협상으로 시행한 '일중 수교'였다. 먼저 국내의 '공기'가 원칙에 따라 조성되었고, 이어서 베이징과의 사이에 '아비와 자식'에 해당하는 관계가 수립되었다. 이런 관계가 전형적으로 나타난 것이 린뱌오林彪 사건123이었는데, '베이징은 일본의 신문을 위해 숨겨주고, 일본의 신문은 베이징을 위해 숨겨주어 곧음이 그 가운데 있는' 양자 사이의 허구—이것만이 아니라 많은 허구들—를 공유함으로써 진정한 관계가 수립되었다. 이런 식의 관계가 언론 보도라는 측

---

123 문화대혁명 때 마오쩌둥사상을 절대화하고 인민해방군을 지휘하여 마오쩌둥을 지원한 린뱌오는 중국 공산당 제9회 전국대표자대회(1969년)에서 마오쩌둥의 후계자로 지명되었으나, 1971년 9월 12일 마오쩌둥이 항조우(杭州)로부터 열차를 타고 상하이(上海)를 방문하려 할 당시 열차 폭파를 기도했다. 그러나 린뱌오의 딸 린더우더우(林豆豆)가 이를 저우언라이(周恩來)에게 보고함으로써 마오쩌둥은 비행기로 베이징(北京)으로 돌아갔다. 그날 오후 린뱌오는 암살 계획이 실패했음을 알고 베이다이허(北載河)까지 달아난 후 트라이던트 비행기를 타고 소련에 망명하려 했지만 다음날 아침 몽고 영내에서 추락사 했다. 저자는 1972년 일중 수교당시 일본 언론이 이 사건을 상세히 파고들지 않았음을 지적한 것으로 보인다.

면에서 문제가 되었을 때 아사히신문사의 히로오카広岡 사장[124]은 "앞으로 우호 관계를 수립하려는 상대에 대해 모든 사실을 보도하는 것은 아무래도 좀……."이라는 말을 했다. 일본 사회에서 그런 말이 당연한 결로 받아들여지는 현상이야말로 지금까지 설명한 일본의 무의식적 통상성을 압축적으로 보여주는 것일지도 모른다. 그런 의미에서 히로오카 사장의 말은 보기 드문 명언이었을 뿐만 아니라, 이런 때에만 '그 어떤 힘'이 작용하며 단숨에 일을 성사시키고 상황이 반대로 바뀌면 앞에 설명한 것처럼 일거에 저절로 무너지는 에너지를 발휘할 수 있다는 점도 아울러 설명해 준 셈이다. 이처럼 '무대와 관객' 같은 형태로 형성된 '그 어떤 힘'은 단편적인 사실을 지적하는 것만으로도 아주 쉽게 무너진다. 그러므로 그러한 행동 방식을 지속하면서 그 힘을 무너뜨리지 않으려면 모든 수단을 동원해 사실에 대한 지적을 배제해야 한다. 그것은 결국 전쟁 중의 '영어 금지'가 상징하는 것처럼 상대의 실태를 보아서는 안 된다는 태도로 나타나고, 그 결과 일체의 정보를 통제하면서 신문과 독자 사이, 또는 정부와 국민 사이도 '아비와 자식이 서로 숨겨주는' 상태처럼 만들게 된다. 그런 통제에 사용되는 것이 상황 윤리다. 이런 상황 윤리를 받아들인 사람은 그것을 부정하는 사람을 어떤 의미로든 비윤리적 인간으로 규탄하고 배제하는 가운데 스스로는 언제나 오류가 없는 존재로 규정할 수밖에 없게 된다. 이런 상호 관계는 군사 문제나 공해 문제에서도 나타나는데, 거기

---

124 아마추어 야구선수 출신으로 1967~1977년간 아사히신문사 사장을 역임하고 후일 일본신문협회 회장도 역임한 히로오카 도모오(広岡知男, 1907~2002) 씨를 말한다.

에 관해서는 이미 설명했으니 재론하지는 않겠다.

　제1장인 〈'공기'의 연구〉에서부터 지금까지 설명한 내용을 한마디로 요약하면 일본에서 벌어지는 구속의 원리를 해명한 것이다. 일정한 상태에서 사람은 무엇에 구속되어 자유를 잃는 것일까? 왜 자유로운 사고와 그것에 바탕을 둔 자유로운 발언을 할 수 없게 되는 걸까? 그리고 그런 상태에 있으면서도 '현재 일본에는 자유가 과도하게 많다'고 말할 수 있는 건 왜일까? '자유'라는 개념을 설명하는 데 있어서 '양보할 수 있는 자유'와 '양보할 수 없는 자유'라는, 아마 세계적으로 비슷한 예를 찾을 수 없을 부자유스러운 분류가 생겨난 것은 왜일까? 아마도 그것은 우리가 '공기가 구속하는 통상성' 속의 어디쯤에 '자유'라는 개념을 두면 좋을지를 모르기 때문일 것이다. 이런 상태에서 '자유'라는 말을 입에 올리면 솔직한 사람은 웃음을 터뜨릴 것이 틀림없다. 그런 사정을 분명히 보여주는 사례가 《쇼쿤諸君!》[125](1976년 3월호)의 투고다. 기사의 일부를 인용하면 다음과 같다.

　　와타나베 쇼이치 씨의 논문 〈갑각류의 연구〉를 읽었다. …… 과연 물 흐르듯 유연한 문장으로 사회주의 문제와 전혀 상관없는 것처럼 보이는 영유아 문제부터 시작해 끝까지 단숨에 읽어버렸다. 그럼에도 마지막 페이지에서 '물고기처럼 자유롭게 되고 싶다.'라는 대목을 보고는 **무심코 웃음**

125　분케이슌쥬가 발간하던 월간 오피니언 잡지로 1969년 창간하여 2009년 6월호를 마지막으로 휴간했다.

을 터뜨렸다. 이토록 재미난 이야기를 **이처럼 진지한 희망**이 뒷받침해주고 있다는 것은 실로 의외였다. …… 일단 기본적인 몇 가지만 반박하고자 한다.

와타나베 씨는 자신의 **입장을 명확히 밝히지 않은 채** 논문을 이어가고 있지만, 그래도 마지막에는 '자유주의'를 선택할 것을 주장하고 있다. **자유주의라는 것은 결국 자본주의인 것**이고, 사회주의나 국가사회주의는 자본주의의 모순으로부터 나온 것이다.

와타나베 씨가 말하는 **자유주의가 어떤 것인지 잘 모르겠지만**, 자본주의도 초기 자본주의와는 달리 썩 **자유롭지만은 않게** 사회주의화하고 있으며, 이와 같은 추세는 불가피하다.

와타나베 쇼이치 씨에 대한 이 반론 투고를 읽고 먼저 느낀 궁금증은 이 글을 쓴 사람이 가지고 있는 '자유'라는 개념이 어떤 내용일까 하는 것이었다. 이 문장에서 '자유', '자유주의' 두 가지 말이 나오는 부분을 따로 빼내면 '자유롭게 되고 싶다'는 데 대해 '무심코 웃음을 터뜨리고', 이어서 '자유주의란 결국 자본주의인 것'이라고 단정한 다음 '와타나베 씨가 말하는 자유주의가 어떤 것인지 잘 모르겠다'고 했다가, 마지막으로 자본주의도 초기와 비교하면 '썩 자유롭지만은 않다'고 되어 있다. 이 사람이 쓴 글의 배후에 자리 잡고 있는 자유라는 개념이 어쩌면 오늘날 일본인이 평균적으로 가지고 있는 '자유'라는 개념이 아닐까? 만약 그렇다면 이 글을 쓴 사람에게 '자유'란 쓸모없는, 아니 오히려 거추장스럽고 그냥 웃어넘기고 말아야 마땅할 개념일 것이다.

'공기'의 구속, 상황의 구속, '교사 1명 대 전원 3등급 학생'식 일군 만민의 구속, 아비와 자식이 서로 숨겨주는 진실의 구속 등과 같은 통상성에 따른 구속 덕택에 질서가 성립되는 사회에서 '자유'라는 말을 입에 올릴 때 솔직한 사람이라면 누구나 웃음을 터뜨릴 것이 분명하다. 그 웃음은 극장 안에서 장소에 어울리지 않는 엉뚱한 말을 내뱉는 사람을 향한 웃음처럼 일종의 자조적인 웃음일 것이다. 그 바로 다음 순간부터 '자유 → 자유주의 → 자본주의'라는 도식으로 자유라는 말을 부정하고 지워나가는 것은, 통상성의 구속을 감안하면 어떻든 당연한 면이 있다고 여겨진다. 전쟁 직후 한때 유행처럼 사용되었던 '자유'라는 말은 끊임없이 '물'을 맞아 그 실질은 서서히 사라지고, 거기에 대한 폭발적이고 파괴적인 저항은 앞에 쓴 것처럼 거꾸로 전통적인 문화적 규범을 강화하는 방향으로만 작용했다. 결국 그것은 과거에 걸었던 길의 겉모습이 달라진 것에 불과하다.

그렇다면 어떻게 하면 좋을까? 30년 전에 했던 것처럼 다시 시작해야 하는 걸까? 선진국에서든 후진국에서든 좌파든 우파든 간에 또 새로운 임재감적 파악의 대상을 찾아내 그쪽으로 방향을 바꾸는 방식으로 회심을 하고, 그로써 현재의 주술적 구속을 끊으면서 그것을 악마화하고 단죄함으로써 자유와 해방이 왔다고 일시적으로 믿고, 이렇게 조성된 공기의 유행이 초래하는 현상을 통상성으로 지속시키고, 그것이 질서인 양 여겨야 하는 것일까? 적어도 부분적으로는 최근까지도 이런 식의 행동 방식이 시도되는 가운데 다양한 사건들이 벌어져왔다. 언론의 논조는 아마도 그것을 쓰는 기자들조차 명확히 인식하지 못하는 가운데 이런 방향으로 진행되어왔을 것이다. 그 이외의 행동 방식은 아마 상상조차 못했겠지만, 결국 이러한 식의 행동 방식은 메이지유신 이래 지속되어온 방식의 연장이고, 거기서 빚어진 새로운 것이라고는 아무것도 없다.

메이지유신 이래 우리는 앞에 설명한 것 같은 행동을 계속 되풀이하면서 창조적인 사상도, 체계도, 체제도 만들어내지 못했다. 앞에 예로 든 투고 기사를 쓴 사람을 포함해서 우리는 뭔가를 잊고 있다. 앞서 설명했듯이 새롭게 무언가를 만들어내는 것은 모든 구속을 끊어버린 '자유', 즉 '자유로운 사고'뿐이며 그것 없이는 우리는 언제나 상황을 설정하는 기존의 대상을 임재감적으로 파악하고 그것과의 관계로 스스로를 규정하는 것 말고는 달리 방법이 없는 것이다. 그리고 그런 발상으로 미래를 바라보면 앞의 기고자처럼 언제나 '……한 추세는 불가피하다'는 식의 숙명론적 맹종의 태도만을 드러내게 되는 것이다. 이런 사실은 모른 채 자유라는 말을 그냥 웃어넘겨 버렸던 것이다.

자유라는 개념은 물론 자유주의나 자본주의보다 오래된 것으로, 그 원래의 뜻은 해방 노예를 가리키는 것이었다. 사람으로 하여금 무언가를 추종하면서 최고의 에너지를 발휘하도록 만들려면, 이런저런 구속으로 그 사람의 생각을 묶어두는 것이 분명히 가장 능률적이다. 설령 허구라 하더라도 주술적 속박이 큰 '힘'을 발휘한다는 것은 부인할 수 없는 사실이다. 그런 상태는 '자유'와 '모색'이라는 상태와 비교할 때 기적에 가까운 능률을 올린다. 그러나 사람이 무엇이든 완전히 새로운 것을 창조할 수 있게 하려면 그 사람의 사고를 모든 구속에서 해방시켜 자유롭게 하는 것 말고 다른 방법은 없다.

우리는 분명히 '세계의 추세'를 뒤쫓아왔다. '이런 것이 추세'라고 하면 만사가 그만이던 시절에는 '자유'는 '비능률'과 동의어로 여기고 웃어넘기면 그만이었다. 그편이 문제도 적었다. 다만 이런 방식이 통하지 않는 지점에 도달하게 되면 문제의 '그 어떤 힘'은 방향감을 상실한 채 새로운 임재감적 파악의 대상을 찾아 괜스레 우왕좌왕 충돌하면서 미쳐 날뛰는 상태가 된다. 이때 그 '힘'은 파괴적으로만 작용하게 되는 것이 당연하다. 그 힘은 파멸할 줄 뻔히 알면서 외부로 불거지기도 했고, 내부적 혼란 때문에 스스로 붕괴되기도 했다. 이런 때 그것을 피할 수 있는 유일한 길은 앞에 썼듯이 모든 구속을 스스로의 의지로 끊어버리는 '자유로운 사고'와 거기에 바탕을 둔 모색밖에 없다.―우선 '공기'를 벗어나고 통상성의 규범으로부터 벗어나 '자유롭게' 되는 것이다. 설령 이러한 결론에 누군가가 '무심코 웃음을 터뜨린다' 하더라도 그것 말고 다른 방법은 없다.

그렇게 하기 위한 전제 조건은 자신의 정신을 구속하고 있는 것이 도대체 무엇인지를 철저히 탐구하는 것이다. 모든 것은 여기에서 시작된다. 그런 과정을 가장 잘 보여준 사람이 종교개혁자 루터^{Martin Luther}였다. 어떤 의미에서 근대사회는 그와 더불어 시작되었다고도 할 수 있다. 전통적으로 무의식 속에서 정신을 구속하다가 어느덧 통상성으로 변해버린 그 무언가를 탐구하여, 그것의 구속을 끊어버린 것이 그가 이룩한 개혁이었다. 새로운 자기 개혁은 그런 작업 없이는 불가능하다. 스스로 '개혁'을 이루었노라고 큰소리치는 기존의 대상을 '추세'라는 숙명론 아래 임재감적으로 파악하고 추종함으로써 새롭게 회심을 하려 드는 것은 루터의 개혁과는 다르다. 그렇게 하는 것은 실질적으로 자기 위치를 변화시키지 않은 채 '고개만 돌려' 새로운 대상을 추종하려는 것일 뿐, 진보나 개혁이라고 할 수 없다.

그럼 이 대목에서 '공기'와 '물'과 '자유' 사이의 관계를 살펴보자.

여기까지 읽은 독자는 전후 한때 우리가 왕성하게 논의했던 '자유'라는 것이 어떤 것이었는지 이미 알고 계실 걸로 생각한다. 그것은 '물을 끼얹을 자유'를 의미했다. 이것이 없었기 때문에 일본은 당시의 파멸을 자초했다는 반성을 했던 것이다. 지금 와서 돌이켜보면, 전쟁 직후 '군부에 저항한 사람'으로 영웅시된 많은 사람은 용감하게도 당시의 '공기'에 '물을 끼얹은 사람'이었다는 사실을 알아챌 수 있다. 그러니까 '영웅'이 반드시 '평화주의자'였던 것도 아니고, 사상이나 '주의主義'가 이런 행위와 무관하다는 것도 신기한 일이 아니다. '죽창전술'[126]을 비판한 영웅은 '죽창으로 조성된 공기'에 대해 '죽창은 B29 폭격기에 닿지 않는다'는 '사실'을 언급했을 뿐이다. 이런 말은 앞에 쓴 '그런데 먼저 있어야 할 것先立つ이 없네.'라는 말처럼 '공기'를 순식간에 흩어버리는 '물'이기 때문에, 설령 그런 말을 한 사람이 제대로 된 군국주의의 입장에서 제기했음에도 국민답지 못하다는 비난을 들었다 하더라도 이상할 것이 없다. 마치 무대 위의 여장 배우를 가리키면서 "저거 남자야, 남자."라고 떠드는 거나 마찬가지니까 그런 사람은 극장 밖으로 쫓아낼 수밖에 없다. 이들의 말=물의 배후에 있는 것은 말하는 사람이나 듣는 사람 모두를 포함하는 통상성의

---

126 전력이나 기술력이 압도적으로 우세한 적에 대항하여 정신력으로 싸운다는 의미를 담고 있는 표현이다.

행동을 가리키는 셈이라서, 이 말은 거짓이 아닌 사실임에도 '진실이 아니'라고 일컬어지게 되는 것이다. 전후에는 굳이 말로 표현하지 않더라도 이런 식의 행동 방식이 일본을 파멸시켰다는 것을 모든 사람이 실감할 수 있었다. 그랬기 때문에 사람들이 '찬물을 끼얹을 자유'야말로 진정한 '자유'이고, 이것을 잃으면 큰일이라고 느꼈던 것도 무리는 아니었다.

　　전후 '공기'의 구속을 가장 강력하게 받아온 것은 공산당이 아니었나 싶다. '공기'가 화염병 투쟁도 낳고, 산촌공작대山村工作隊[127]도 낳고, 이와 유사한 다양한 행동들을 낳았다. 공산당이라는 조직이 일본에서 살아남으려면 일본적 통상성을 지녀야만 했기 때문에, 외부로부터가 아니라 내부에서 어쩔 수 없이 매일 '물'을 맞게 되었고, 이윽고 '물'을 끼얹는 당사자가 주도권을 잡고 조직과 행동을 통상성 원칙에 맞는 형태로 바꾸어 갈 수밖에 없게끔 되었다. 이것이 '짐승의 탈'을 벗기는 식의 결과로 나타난 셈이다. '아비와 자식' 관계로의 변화, 또는 '마루베니 상사'식의 변화가 공산당 조직의 항구성·영속성·일상성을 보장해주고, 무리 없는 발전도 보장해준 것이다. 그러나 동시에 특이성의 상실이라는 대가를 지불해야 했다. 그런 연유로 우리는 지금까지도 '물을 끼얹을 자유'를 확보해두지 않으면 큰일 난다는 인식을 가지게 되었고, 그런 인식은 조직의 안팎에서 작동하게 되었다. 그와 동시에, 이러한 자유만 확보해두면 괜찮다는

127　山村工作隊(산손코자쿠타이)는 1950년대 초반 일본공산당 임시 중앙 지도부의 지휘하에 무장투쟁을 지향한 비공개 조직이다. 중국 공산당의 농촌 거점 투쟁을 모방한 것이었으나 실효성은 별로 없었다.

의식도 낳았다. '물'이라는 것은 이를테면 '현실'이고, 현실은 우리가 살아가고 있는 '통상성'이며, 이 통상성이 '공기'를 조성하는 근본이기도 하다는 사실을 잊고 있는 셈이다. 사실 일본의 통상성이라는 것은 개인의 자유라는 개념을 허락하지 않고 '아비와 자식이 서로 숨겨주는' 세계이므로 집단 내의 상황 윤리에 따라 사적인 신의를 절대시하는 세계로 변해간다. 이 상황 윤리라는 것이 사실상 '공기'를 만드는 온상이라는 점은 앞에 설명한 바와 같다. 그 근저에 있는 것은 스스로 '상황을 조성할 수 있는' 창조자, 즉 현인신으로서의 '무오류인'이나 '오류 없는 인간들의 집단'이다.

지금까지 설명해왔듯이 '공기'와 '물' 두 가지 다 일본적 상황 논리와 상황 윤리의 세계에서 만들어진 일본적 정신생활의 '양식糧食'이라고 할 수 있다. 공기와 물. 이것은 실로 멋진 표현이라고 하지 않을 수 없다. 왜냐 하면 진짜 공기와 물 없이 인간이 생활하지 못하는 것처럼, '공기'와 '물' 없이 우리의 정신은 살아갈 수 없기 때문이다.

그 증거로서 전쟁 직후 '자유'에 대해서 논하던 수많은 사람들이 결국 '언제든 물을 끼얹을 자유'를 행사할 수 있는 '공기'를 조성하는 일에 전념하고 있었던 것을 들 수 있다. 그리고 그 '공기'에도 '물'이 끼얹어진다는 사실은 잊고 있었다. 그런 점에서 결국 남는 것은 공기와 물뿐이다.

일본적 근본주의에 관하여

1.

전후 필리핀 수용소에서 한창 유행하던 말 중에 '머리를 갈아 끼운다'는 흥미로운 표현이 있었다. 간단히 말하면 상황이 변했으니 그 변화에 즉시 대응하여 변화한 상황에 맞게 사고·행동·태도 등을 죄다 뜯어고치겠다는 것으로, 상황에 대응하여 새로운 대상을 임재감으로 파악하고 회심 conversion을 하자는 뜻이다. 장성들은 수용소가 달랐기 때문에 분명치 않지만, 영관급이면 대좌건 소좌건 같은 수용소에 수용되었다. 간부후보생 소위 같은 부류는 애당초 군인 흉내를 내는 학생들이 많으니까 문제 삼지 않더라도, 생애가 군인 그 자체로 다른 생활이라고는 모르는 영관급 장교라면 쉽사리 '머리를 갈아 끼우기'란 가능하지 않으리라고 보는 것이 상식에 맞는다. 그럼에도 그런 일이 신기하리만치 쉽게 벌어졌다. 어제까지 연대장 노릇을 했던 사람이 마치 역할이 끝나고 무대에서 내려온 배우처럼 마음이 넓고 사람 좋은 노인이 되어 싱글벙글 웃으며 사람들을 대하는 것이었다. 위관급과 간부후보생들은 당연하다는 듯이 곧바로 보통 시민으로 돌아가버렸다. 때로는 예외적으로 그렇게 하지 못하는 사람도 있었지만, 그런 사람은 '아직 머리를 갈아 끼우지 못한 놈'이라는 비웃음과 멸시를 받으며 따돌림을 받는 게 다반사였다. 재미있는 것은, 국내로의 귀환이 가까워지면 또 다른 '머리 갈아 끼우기'가 일어난다는 점이었다.

이런 식의 변화는 참으로 자유자재의 변신이어서 눈이 휘둥그레지는 것이었다. 나는 어느 날 호튼이라는 미군 중위 한 사람으로부터 전혀 뜻밖의 질문을 받고 일종의 충격을 느꼈다. 그는 하버드였는지 어딘지 상당히 유명한 대학 출신으로, 포로 장교들을 모아놓고 민주주의 교육을 하려 드는 '나쁜 습관'이 있었고, 그 점에서나 다른 면으로나 그 무렵 미국의 젊은 인텔리의 이미지를 그림처럼 빼다 박은 인물이었다. 당시 나는 수용소 부설 나무 공장에서 통역을 맡고 있었는데, 어떤 일로 우리 사무실을 방문한 그는 예의 '나쁜 습관'을 발휘해 나를 붙들고 장황하게 진화론 강의를 하기 시작했다.

사실 나는 조금 화가 났다. 그는 분명히 내가 진화론을 전혀 모르고, 처음 들어보는 '인간의 조상은 원숭이라는 학설'에 경악할 것이라고 착각했던 모양이다. 처음에는 "하는 수 없지. 포로 신분으로 가지는 인간관계니까."라고 체념하고 얌전히 듣고 있었지만, 상대를 훈계하는 태도에 좀 부아가 치밀어 결국 "진화론 정도는 일본에서는 초등학교에서 가르친다. 일본은 진화론 재판이 열린 미국처럼 미개하지 않다."라는 취지로 말했다. 그런데 그는 내 말을 믿지 않는 것이었다. 나는 내심 "당최 미국인이라는 녀석들은……." 하고 분개하면서 다윈 이야기, 비글호 이야기, 갈라파고스섬의 조사가 이론의 단서였다는 사실 등을 설명하고, 그런 정도는《어린이 과학》이라는 청소년 잡지에서 초등학교 때 이미 읽었노라고 말했다.

상대가 놀라는 눈치였다. 하지만 이번에는 내 대답에 대한 상대의 반응에 내가 놀랄 차례였다. "그렇다면 일본인들은 원숭이의 후손을 신이라고 믿을 수 있다는 것인가? 너도 그렇게 믿고 있나?" 그가 믿을 수 없다는 얼굴로 그렇게 말했기 때문이다. 이 뜻밖의 질문에 이번에는 내 말문이 막혔다. 그는 일본인이 '국정 국사 교과서'에 따라 덴노는 현인신이고, 아마테라스 오카미天照大神128라는 신의 직계 자손이라고 믿고 있으리라고 확신했다. 그렇게 그를 확신시킨 자료가 일본 측에 있었음은 분명히 부인할 수 없다. 그런 교과서가 존재하는 한 진화론이 존재할 리는 없다는 것이 그의 결론이었던 것이다. 인간이 원숭이의 후손이라고 가르쳤다 해서 법정 다툼까지 벌어진 나라의 입장에서 보자면, 덴노가 인간 선언을 발표해야 하는 나라에는 진화론이 있을 턱이 없는 것이다. 그렇게 생각하면, 확실히 진화론을 가르친다는 것은 '현인신은 원숭이의 후손'이라고 가르치는 꼴이다. '인간은 원숭이의 후손'이라는 주장이 법정 다툼이 되는 정신 구조를 가진 나라에서 온 사람에게 '살아 있는 신이 원숭이의 후손'이라는 내용이 조금도 저항 없이 통용되고 있는 나라는 있을 수 없다는 생각은 너무도 당연한 것이다. 그러니까 그는 일본에서는 필경 진화론이 금지되었을 것이라고 생각하고, 덴노도 원숭이의 후손이니까 신이 아니라고 논증하여 나를 계몽할 생각이었던 것 같다. 그런데 그만 상대가 태연히 그런 일은 초등학생도 안다고 말했기 때문에 어찌 받아들여야 좋을지 모를 상태에 빠진 것이었다.

128 아마테라스 오카미(天照大御)는 신도에서 태양을 관장하는 최고의 신이다. 이자나기의 왼쪽 눈에서 태어났으며, 남동생인 폭풍의 신 스사노오와 달의 신 쓰쿠요미도 뒤를 이어 태어났다. 《고지키(古事記)》에는 아마테라스 오미카미(天照大御神), 《니혼쇼키(日本書紀)》에는 아마테라스 오카미(天照大神)라고 표기되어 있다. 술에 취한 스사노오의 행패를 보다 못한 아마테라스가 동굴 속에 은둔하자 세상은 어둠으로 휩싸였는데, 다른 신들이 춤을 추면서 아마테라스의 호기심을 자극하여 동굴에서 나오게 한 다음 동굴을 영원히 봉인해버리고 스사노오는 행패에 대한 책임으로 지상으로 쫓아냈다. 아마테라스는 일본 역대 천황에게 삼종 신기인 구슬, 칼, 거울을 하사했다고 하나, 덴노 외에 삼종 신기를 본 사람은 없다.

나 말고도 그의 강의벽 피해자는 꽤 있었을 텐데, 당시 수용소의 일본인은 거의 아무런 항의도 반박도 하지 않았다. 하물며 진화론 강의를 들었다고 해서 거기에 반론을 펴는 일본인은 있었을 턱이 없다. 대개 초등학교나 중학교에서 배우는 상식에 속하는 지극히 당연한 이야기를 들으면 '이 자식이 일본인을 무슨 미개한 야만인으로 아나. 저런 애송이가 잘난 체하는 면상으로 하는 강의를 듣다니, 정말 전쟁에서 진다는 건 지긋지긋한 일이군.' 하는 것이 내심의 반응이었을 것이다. 그러니까 '또 시작인가.' 하고 이죽거리며 들은 것뿐이지, 그 이상으로는 반응할 길이 없었던 것이다. 상대방이 대체 무슨 이유로 우리가 이미 알고 있는 사실을 저토록 열심히 강의하고 있는 것인지 그 전제를 파악하지는 못했던 것이다. 반면 그의 입장에서 보자면 당연히 있어야 할 반응이나 반발이 없는 것이 이상했을 것이고, 도대체 일본인들은 히죽거리면서 속으로는 무슨 생각을 하는지 도통 짐작이 안 갔을 것이다. 그도 그럴 것이, 그의 당연한 전제가 '현인신이 존재하는 세계에 진화론은 있을 수 없다'는 것이고, 그로서는 이 두 가지가 '평화공존'할 수 있는 정신 상태를 이해할 수가 없었기 때문이다.

따라서 호튼 중위는 "현인신과 진화론이 어떻게 공존할 수 있는가? 진화론을 설파하는 것이 왜 불경죄에 해당하지 않는가? 왜 더 격렬한 진화론 재판이 벌어지지 않는가?"라고 물을 수밖에 없었다. 그런 질문을 받는 내 쪽에는 뭐라고 답변할 말이 없다. '아차, 이런 반격을 받을 줄 알았다면 진화론 재판 이야기 따위는 꺼내지 말 것을.'이라고 생각했을 때는 이미 늦은 뒤였다. 상대는 내가 이 재판을 알고 있다는 사실에도 흥미를 표하면서 일본인은 그것을 어떻게 받아들이고 있는지도 듣고 싶어 했다. 진화론 재판에 관해 읽고 나서 내심 '미국인들은 참 이상한 짓을 하는 작자들이다.'라고 생각했던 것은 사실이지만, 그런 대답을 했다가는 또 무슨 질문이 돌아올지 알 수 없고, 무엇보다 거기에까지 답을 할 영어 실력이 내게는 없었다. 그래서 포로 병사들 중에는 종교학자, 민속학자, 철학자도 있으니 그 사람들에게 물어보라고 하면서 '현인신과 진화론이 어떻게 공존할 수 있는가?' 같은 어려운 문제는 나로선 대답할 능력이 없다고 말하고 도망갔다. 그러자 그는 이번에는 육군 일등병 가운데 대학원까지 나온 학자가 있다는 것을 믿기 어려워했다. 그쯤에서 우리 두 사람의 대화는 서로 뭐가 뭔지 알 수 없는 상태로 끝나버렸다.

우리는 지금도 진화론 재판에 관해 들을 때면 일종의 비웃는 태도랄지 이해하기 어렵다는 식의 의아한 표정이 된다. 하지만 그들 입장에서 보면, 현인신이 존재하던 시절에 이런 재판도 없이 태연히 진화론이 통용되고 있었다는 상태를 이해할 수가 없다. 왜 그런 걸까? 이른바 선진국들은 일단 외면상으로는 모두 탈종교 체제에 진입했다고 할 수 있다는 공통점을 가지고 있는데, 이러한 탈종교 체제 이전의 상태를 서로 비교해보면 예전에 일본과 서구에 각기 존재했던 것은 완전히 이질적인 세계라는 사실을 알 수 있다. 쉽게 말해, 일본에는 일신교적 신정제Theocracy가 존재했던 적이 없다. 일본인은 조상 대대로 거의 일관되게 범신론적 세계에 살고 있었다. 일신교 세계 특유의 조직적이고 체계적인 사상이 존재하지 않는 세계였다. 신학조차 조직신학systematic theology을 통해 조직적이고 합리적인 사고 체계로 갈무리해야 성에 차는 세계에서는 예컨대 '진화론'을 그 조직적 사고 체계 속에 어떻게 편입시켜야 하는지가 커다란 문제가 된다. 그 세계에 속한 사람이 자신의 조직적 사고 체계 속에 진화론을 합리적으로 포함시킬 수 있으면 좋지만 그렇지 못하면 할 수 없이 성서적 세계를 부정하고 진화론적 세계를 수용하거나, 또는 진화론적 세계를 부정하고 성서적 세계를 취하는 양자택일을 하는 수밖에 없다. 그런 세계에서 일본을 보면 '현인신을 취할지 진화론을 취할지'가 일본에서 문제가 되었어야 마땅하고, 진화론을 취했다면 덴노제는 붕괴되었어야만 하는 것이다. 그러니 덴노제가 붕괴하지 않았다면 이는 진화론을 분명히 금지했을 것이라는 뜻이고, 따라서 일본을 민주화시켜 신이 다스리는 초국가주의를 제거하려면 진화론을 강의하면 된다는 발상으로 귀결되었던 것이다. 그러나 일본에는 그와 같은 일신교의 조직신학적 발상이 애당초 존재하지 않고, 일본인의 회심은 오로지 상황에 대한 대응으로 결정되는 것이기 때문에 그런 강의 정도는 히죽거리며 듣고 있게끔 되는 것이다. 우리 일본인은 제시된 상황을 임재감적으로 파악하면 그 상황에 대응하여 '머리를 갈아 끼우기' 때문에, 진화론 강의 따위는 필요가 없다. 그 미군 장교는 그 점을 이해할 수가 없었던 것이다.

이 대목에서 우리는 우선 일본 자신에 관한 문제를 다루기 위해 카터Jimmy Carter[129]의 출현을 재료 삼아 서구인들이 가진 신정제라는 개념에

---

129 1977~1981년간 재임한 미국의 39대 대통령이다. 조지아주 태생인 그는 독실한 침례교 신자로서 재임 중 도덕에 기반을 둔 외교정책을 추구하였다.

관해 알아보자. 신정제야말로 우리 일본인이 그토록 이해하기 어려운 진화론 재판의 바탕이기 때문이다.

.

2.

5월 말이었던 것 같다. 일본을 방문한 프랭크 기브니Frank Gibney[130] 씨와 대화를 나누던 중 어느 대목에선가 그는 "이제 미국은 남침례회Southern Baptist에 정복당했어요."라고 말했다. 거기에 대해 나는 뭔가 건성으로 애매한 대답을 했고, 대화는 다른 방향으로 흘러가버렸다. 그 뒤로 한참이 지나서야 그가 하던 이야기가 미국 민주당 대통령 후보 지미 카터에 관한 것이었다는 사실을 깨달았다. 지식을 조금 갖고 있더라도 그것이 자신의 지적 감각으로 소화되지 않은 사람은 이런 종류의 질문에 즉시 반응할 수가 없다. 반응할 수 없었다는 것은 역시 진정한 의미에서 이해를 못했다는 뜻이다. '남침례회가 미국을 정복했다'는 이 동부 지식인의 의구심 섞인 반응은 어디에서 비롯된 것일까. 그 배후에 있는 것은 무엇인가? 남침례교파라든가, 근본주의자fundamentalist 또는 어딘가 차별적인 어감을 담은 펀디fundie(근본쟁이根元星?)[131]라는 약칭 같은 용어들을 통해 그들이 표현하려는 '그 어떤 것'은 대체 무엇일까? 그것이 미국의 '원점'이고, '펀디' 농장주

---

130 프랭크 브레이 기브니(Frank Bray Gibney, 1924~2006)는 미국의 저널리스트 겸 학자로, 제2차 세계대전 중 해군에서 일본어를 배우고 일본에서 근무하며 활동했다. 1966~1976년 동안 그는 브리태니커 백과사전 편집위원회의 부회장으로 근무했으며, 브리태니커와 도쿄 방송국의 합작회사 사장도 역임했다. 일본 정부는 1976년 그에게 문화 부문의 공로를 인정하여 훈장(旭日章)을 수여했는데, 아마도 이 무렵 야마모토 씨와 만나 본문의 대화를 나눈 것으로 추정된다.

카터에 대한 이상할 정도의 인기는 전통적인 미국의 원점으로 돌아가자는 움직임이라는 뜻인가? 근본주의자가 대통령 후보가 될 수 있는 현상의 배후에는 과연 어떤 사태가 있는가? 이것은 우리 일본인으로서는 가장 이해하기 어렵고 파헤치기 힘든 미국의 일면인지도 모른다.

서쪽에서 뭔가 새로운 태동 같은 것이 있으면 동쪽에도 비슷한 일이 벌어지기 마련이다. 그런 흡사한 현상으로 꼽을 수 있는 것이 이스라엘에서 나타난 이가엘 야딘Yigael Yadin132의 정계 진출 선언과 여론 조사에서 나타난 이상하리만치 높은 그의 지지율이다. 야딘은 유명한 고고학자 겸 발굴가로 중대한 발굴 사업의 탁월한 지휘자이기도 했다. 특히 그가 이끈 마사다Masada, 하조르Hazor, 바르 코크바Bar Kokhba 동굴 서한 등의 발굴은 무척 유명하다. 그는 이스라엘 독립전쟁 무렵에는 참모총장으로서 그 어려운 전쟁을 절묘하게 승리로 이끈 명지휘관이었다. 그러나 독립을

---

131 일어에서 '~屋(야)'는 어떤 일을 전문으로 하는 사람, 그 분야의 기술이 뛰어난 사람 등을 의미한다. 경우에 따라 자부심이나 부러움의 어감이 담길 수도 있지만 자조와 모멸의 뜻을 담을 수도 있다. 이 경우는 예컨대 '꼴통' 정도의 비속어만큼 강한 어감은 아니고 '~꾼' 또는 '~쟁이' 정도로 새길 수 있다.

132 이가엘 야딘(1917~1984)은 이스라엘 정치인으로, 1949~1952년간에는 이스라엘군 제2대 참모총장을 역임했고 사임 후에는 고고학자로서 유적 발굴에 힘을 썼다. 그는 종종 권력자에 의한 유물 도난 사례와 맞서 싸워야 했다. 유명한 모세 다얀 장군은 1941년 시리아 진공 작전에서 한쪽 눈을 잃었는데, 그가 유물 도난에 연루되자 야딘은 "누군지 알지만 이름을 밝히지는 않겠다. 하지만 내가 그를 잡으면 다른 한쪽 눈도 파내버리겠다."라고 언급한 적이 있었다. 그는 1976년 '변화를 위한 민주운동(Dash)'을 창당해 여당인 노동당의 부패상을 비판했다. 그의 당은 1977년 선거에서 돌풍을 일으키며 의회에서 15석을 획득했고, 야딘은 연정에 참여해 부총리로 봉직했다. 그러나 Dash 당은 얼마 못 가서 와해되었다.

달성하고 평화를 확보하는 목표를 달성하자 그는 1952년에 일체의 공직에서 사임했고, 그 이후 그가 검소한 일상생활을 영위하면서 학문, 발굴, 저작에 전념한 지도 벌써 사반세기가 지났다. 엄밀한 의미에서 그는 정치가였던 적은 한 번도 없고 직업 정치가다운 면모도 전혀 없어서, 어찌 보아도 난국에 대처할 능력을 가진 '교묘한 정치가'처럼 보이지는 않는다. 그래서 '도대체 왜 이 사람이……'라는 의아한 느낌이 강하게 드는 것도 무리가 아니다.

《뉴스위크》지는 그를 드골에 비유했다. 확실히 그도 현 정부를 유약하다고 비판하고 있어 일견 대아랍 강경파처럼 보인다는 점을 감안하면, 드골 식으로 강경함 속에서 타협을 모색하는 것일지도 모른다. 그러나 그에 대한 비상한 지지는 이러한 태도보다는 첫째로 그가 '정쟁으로부터 깨끗하다'는 데서 비롯된 것이고, 둘째로 '국민들이 욤키푸르 전쟁 이후 경제성장이나 풍요로운 생활보다는 오히려 이스라엘 건국 당시의 단순하고 순수하고 간소한 분위기와 생활 태도로 돌아가기를 열망하고 있다'는 점 때문이라고 한다. 이스라엘에는 록히드 사건은 없지만, 이 '목이 곧은 백성'[133]의 '정쟁'은 '대충대충' 하는 법이 없는 대단한 것이어서 모든 정치가는 정쟁에 지쳐 있고, 그런 것을 보면서 사반세기를 보내야 했던 국민들이 기성 정치인에 대해 품고 있던 불신과 불만이 야딘에 대한 비상한 인기의 배경으로 작용하는 것으로 생각된다. 중앙 정계의 기성 정치인에 대한 불신과 불만은 미국에도 존재한다. 다만 이스라엘은 신생국가

133   출애굽기 32:9

이기 때문에 '원점으로 돌아간다'고 할 때의 원점은 모두가 코앞에 구체적으로 볼 수 있는 것이다. 그런 까닭에 원점의 상징으로서 독립전쟁 당시의 참모총장이었고, 이후에는 완전한 학자로서 비정치가였던 그가 때마침 그 원점의 '이상적인 구현자'가 될 수 있는 자리에 있었던 것이다. 이렇게 본다면 그의 비정상적인 인기는 일단 해석은 가능하다.

카터에 대한 미국 내 인기에도 어딘가 이 경우와 유사성이 있다고 생각한다. 그러나 이러한 인기를 업고 배출되는 사람의 앞길이 반드시 그 전보다 더 평온하리라고 할 수는 없다. 눈길을 돌려 일본을 보면, 여러 방면에서 이와 유사한 '공기'를 발견할 수 있다. 다만, 현실에는 1년 전만 해도 무명이나 다름 없던 일개 주지사가 대통령이 된다든지, 혹은 정치와 전혀 무관했던 일개 학자가 총리를 목표로 입후보하는 식의 새로운 경향은 보이지 않고, 선거가 열리면 결국 총리는 '역시 변함없군.'이라는 결과가 나타나고 록히드 사건에 대한 '정치적 판결'도 결국 '태산명동 낙선일필'[134]에 불과했다. 하지만 우리도 마음속 어딘가에서는 우리의 '펀디'를 기다리고 있는지도 모르고, 아니면 그 출현을 두려워하면서 '자정작용'을 기대하고 있는지도 모른다. 그들의 '기대'는 어떤 내용일까? 이스라엘

---

134 태산명동서일필(太山鳴動鼠一匹)이라는 고사성어를 뒤튼 것이다. 시작할 때는 마치 큰 일이라도 나려는 듯 태산이 울릴 정도의 요란을 떨더니 막상 마치고 보니 겨우 쥐 한 마리만 잡았다는 뜻이다. 록히드 사건 직후에 열려 '록히드 선거'라고까지 불렸던 1976년 제34회 중의원 선거에서 자민당은 22석을 잃고 과반 의석이라는 지위를 상실했지만 여전히 제1당이었다. 다나카 총리의 사임후 후임 총리 자리는 다나카 휘하에서 부총리를 역임하던 미키 다케오(三木 武夫)가 1974~1976년간 이어받았고, 이때 외무상이었던 후쿠다 다케오(福田赳夫)는 1976년 총선 후 총리가 되었다.

의 경우는 너무나 분명하니까 논외로 하고, 참고삼아 우선 카터가 출현한 배경부터 살펴보자. 일본은 몇 가지 점에서는 어떠한 표현 방식을 취하든 간에 미국의 영향을 받거나, 미국에 의해 촉발되거나, 좌우간 '미국의 뒤를 추종하고 있는' 나라라는 면을 부인할 수 없다. 그러므로 '워터게이트 → 다나카 총리의 돈줄 문제', '닉슨의 실각 → 다나카의 실각', '카터의 출현 → ?'이라는 식의 연상 작용도 당연히 가능한 것이리라.

'펀디'는 근본주의자에 대한 약간의 경멸을 담은 약칭임은 전술한 바 있다. 그럼 근본주의란 무엇인가? 근본주의란 일본인으로서는 가장 이해하기 어렵고, 그래서 '눈을 감고 회피해버리는' 개신교의 한 단면이고, 아마 일본에 근본주의에 대한 해설서가 없는 것도 그 때문일 것이다. 일본에 알려져 있는 개신교의 특징이라면 그것이 앞에 언급한 진화론 재판, 즉 '성서의 가르침에 반하는 진화론을 교육하는 것을 주법州法으로 금지한다'는 사고방식을 낳은 사상이라는 정도다. 이렇게만 말해서는 여전히 조소 어린 부정적 평가만 나올 것이다. 하지만 그렇게 말하는 사람이라도 국제기독교대학의 후루야 야스오 교수가 남침례교회에서 듣고 기록해둔 설교를 두세 편만 읽어봐도 '이건 아예 딴 세상이네.'라는 느낌을 받을지도 모른다. 왜냐하면 거기에서 드러나는 남침례교회는 인류의 역사를 아담부터 헤아려 사천 몇 백 년(?)으로 보고, 천지창조는 그보다 7일 전이니까 달의 암석은 아무리 오래되어도 그 연대 이내의 것이어야 하므로 월석의 연대가 수억 년 전이라는 따위의 발표는 허위라는 등의 설교가 지금까지도 통용되는 세계이기 때문이다. 한편 이 교파에는 저명한 과학자나 기술자가 소속되어 있는 것도 사실이다. 우리는 오히려 이 점을 더 이해하기 어렵다. 요컨대 이런 사람들이 어떤 식으로 자신들의 조직적 사고 체계 속에 진화론을 받아들이고, 일종의 이중 진리설이라고도 부를 수 있는 사고방식을 어떻게 가질 수 있는가 하는 점이다. 그들에게는 '현인신과 진화론'이 아무 문제없이 공존할 수가 없기 때문이다.[135]

　　미국에 이런 '성서 절대주의' 지대가 있다는 사실은 널리 알려져 있지 않다. 아울러 '선 벨트Sun Belt'[136]라고 불리는 이 지역이 '바이블 벨트Bible Belt'라고도 불린다는 사실, 그것이 정치적으로 무시할 수 없는 지역이라는 사실, 또한 흑인의 60퍼센트 이상(다소간의 통계상 오차를 감안하면 70퍼센트라는 주장도 있다.)이 남침례교인으로 민권운동의 투사인 고 마틴 루터 킹도 남침례교파의 '목사'라는 사실 등은 물론, 흑인 민권운동과 근본주의가 어떻게 연관되어 있는지에 관해서도 별로 알려진 바가 없다.

---

135 2012년 갤럽 조사에 따르면, 미국인의 오직 15퍼센트만이 호모 사피엔스가 신의 개입 없이 자연선택만을 통해 진화했다고 생각한다. 32퍼센트의 미국인은 인간이 초기 생명 형태부터 수백만 년에 걸쳐 진화했을 가능성이 있지만 신이 이 쇼 전체를 지휘했다고 주장한다. 46퍼센트의 미국인은 성경에 적힌 그대로 신이 지난 1만 년 동안의 어느 시점에 지금의 형태로 인간을 창조했다고 믿는다. 3년간 대학을 다녀도 이러한 견해는 절대 바뀌지 않는다. 같은 조사에서, 문학사 학위를 받은 대학 졸업생들 가운데 46퍼센트가 성경의 창조 이야기를 믿는 반면, 14퍼센트만이 인간이 신의 감독 없이 진화했다고 생각한다는 사실이 밝혀졌다. 심지어 석사 학위와 박사 학위를 가진 사람들 가운데 25퍼센트가 성경을 믿고 고작 29퍼센트가 자연선택만으로 우리 종이 생겼다고 믿는다. 학교가 진화에 대해 제대로 가르치지 못한 것이 분명하지만, 열성적인 신자들은 그것도 모자라 진화를 아예 가르치지 말아야 한다고 주장한다. 혹은 지적설계론도 함께 학생들에게 가르치라고 요구한다. 지적설계론에 따르면 모든 생명체는 어떤 지적 존재(신)의 설계로 창조되었다.

　　_ 유발 하라리 저,《호모 데우스》중에서

136 대략 위도 36도 이남의 미국 남부 지역을 가리킨다.

'목사'라고 따옴표를 한 이유는 이 교파가 엄밀한 의미의 성직자 없이 만인제사장주의를 믿고 있기 때문이다. 또한 이들은 교회에 대한 정치권력의 개입을 절대적으로 거부하고 있어서 이 교파의 영향력이 강력한 주에서 주정부의 통치권은 교회의 내부에 미치지 못한다. 그밖에도 다양한 특징이 있는데, 한마디로 말하면 가장 공고하고 보수적인 개신교의 신봉자들이라고 할 수 있다. 그것이 '펀디'라는 명칭이 지니는 어감이다.

그들이 성서를 가리켜 '절대 오류가 없고, 그 한마디 한마디가 신의 말로서 바꿀 수 없는 유일한 진리'이자 소위 '우주적인 불멸의 대전'이라고 하는 데는 그 나름의 이유가 있다. 그런 입장이 종교개혁의 기점으로서 '교황은 그렇게 말했지만 성서는 이렇게 말한다'는 것이 개혁자들의 공통적인 입장이기 때문이다. 다시 말해, 성서를 절대적 권위로 삼아 지상에 있는 신의 대리인인 교황의 절대적 권위에 맞섰으므로 '성서의 절대성'이 무너지면 자신들도 무너지게 된다는 점에서 결코 양보할 수 없는 입장이 되는 것이다. 우리 눈에는 기묘해 보일 수 있어도, 근본주의 fundamentalism의 배후에는 성서만을 유일한 권위의 근거로 삼아 유혈이 낭자한 해방 투쟁을 수백 년간 지속한 역사가 있으니까 쉽사리 비웃고 무시해버릴 일은 아니다.

이런 배경을 감안하면 개혁은 참으로 불가사의한 것이라는 생각이 든다. 개혁하려는 자가 천오백 년의 전통을 뛰어넘어 그 기원에 해당하는 성서를 절대화하는 극단적인 보수주의적 입장을 취하고, 그럼으로써 개혁을 낳는다는 기묘한 관계가 생겨나기 때문이다. 메이지유신의 '왕정복고'에도 이와 동일한 경향이 있다는 사실 또한 흥미롭다. 뭔가를 '개혁하겠다'는 의지가 나타나면 그 의지는 사람들이 그때까지 '진보'라고 여겨왔던 행동 방식, 이를테면 그때까지의 '우수 사례들best and brightest'을 부정한다. 그러니까 '남침례회가 미국을 정복'한다거나 '독립 후의 사반세기 동안 정치·군사·경제적 성과와 무관한 지위에 있었던' 야딘 같은 사람이 출마하는 결과가 나타날 수 있는 건지도 모르겠다. 그렇다면 일본은 어떻게 될 것인가. 이것이 궁극적인 질문이 되겠는데, 우리는 일단 '펀디'의 궤적을 좀 더 살펴보기로 하자. 장차 '미일 교섭사'를 살펴보는 데 필요한 관점이 거기에 포함되어 있을지도 모르니까.

3.

'성서 절대주의'는 당연히 신정제神政制를 지향한다. 루터에서 시작된 종교개혁은 칼뱅Jean Calvin으로 귀결되었다. 흔히 제네바 신정정치 시대라고 말하는 그의 생애 마지막 24년, 즉 41세에서 64세까지의 기간은 '교회 규정Les Ordonnances Ecclésiastiques'에 바탕을 둔 엄격한 통치가 이루어지고 있었다. 저 유명한 세르베투스Servetus[137]의 화형 사건은 그가 53세 때의 일이었다. 영국의 청교도파에 가장 강한 영향을 끼친 사람이 칼뱅이다. 훗날 필그림 파더스Pilgrim Fathers[138]가 될 사람들은 레이던Leiden[139]에 거주하던 시절에 칼뱅주의 대 아르미니우스주의[140]와의 논쟁을 접하고 자신들의 입장을 더욱 명확히 굳히게 되었다. 이 논쟁에서 필그림의 지도자 로빈슨

---

[137] 미카엘 세르베투스(Michael Servetus, 1511~1553), 미겔 세르베트(Miguel Servet), 또는 세르베토(Serveto)는 스페인 출신 의학자 겸 신학자로, 유럽에서 최초로 혈액의 폐순환을 기술한 인물이다. 그는 당시 개종을 거부한 유대인 12만 명을 추방하고 무어인 수천 명을 화형시킨 스페인 정부의 종교적 광기와 당시 교황과 교직자들의 도덕적 타락상을 비판하고, 기독교가 첫 3세기 동안 부패했으며 콘스탄티누스와 후계자들이 성서에 없는 삼위일체를 공식 교리로 채택했음을 지적하는 《삼위일체론의 오류》(1531)라는 책을 출간했지만, 삼위일체 교리를 반대했다는 이유로 1553년 제네바에서 산 채로 화형당했다.

[138] 필그림 파더스 또는 필그림스(Pilgrims)는 1620년 미국으로 건너가 플리머스 식민지에 초기에 정착한 영국의 청교도를 가리킨다. 그들의 지도자들은 영국 성공회에 반대하는 비국교도로, 네덜란드를 거쳐 미국으로 건너가게 된다.

[139] 레이던은 네덜란드의 도시로, 레이던 대학교를 중심으로 성장한 대학 도시다. 1575년 오렌지공 윌리엄이 설립한 레이던 대학교는 네덜란드에서 가장 오래된 대학이다.

Robinson[141]은 확고한 칼뱅주의[142]의 입장에 서서 아르미니우스주의자인 에피스코피우스Episcopius[143]와 연속 사흘에 걸쳐 대공개 논쟁을 벌인 바 있다. 이 신학 논쟁의 세부 내용은 잠시 접어두고, 아르미니우스파에 속하는

140 아르미니우스주의(Arminianism)는 네덜란드 신학자 야코부스 아르미니우스(Jacobus Arminius, 1560~1609)의 가르침을 가리키며, 칼뱅주의가 예정론(predestination)을 통해서 하나님의 계획을 강조하는 데 반해 아르미니우스주의는 창세기의 아담 전승을 인용해서 합리성과 인간의 자유의지(free will)를 강조한다. 이들의 교의는 다섯 가지 전제로 요약되는데, (1) 예지에 기초한 조건적 선택(Conditional Election), (2) 인간의 개인적 신앙에 의해 제한되는 만인 구속설(Universal Atonement), (3) 신의 은총 없이는 선을 행할 수 없는 자연적 무능력(Natural Inability), (4) 인간의 선의 근원을 제시하는 선행적 은총(Prevenient Grace), (5) 인간이 스스로의 의지로 은총을 떠날 수 있는 조건적 견인(Conditional Perseverance) 등이다.

141 존 로빈슨(John Robinson, 1576~1625)은 영국 교회 초기 분리주의자 그룹의 지도자로, 필그림 파더스들이 메이플라워호를 타고 미국으로 떠나기 전까지 이들 청교도 집단을 인도하던 목사였다. 로버트 브라운(Robert Browne)과 더불어 회중 교회(Congregational Church)의 창설자로 간주된다. 1596년 케임브리지 대학을 졸업하고 영국 국교 사제로 서품되었다가 케임브리지 대학에 교수로 재직하면서 청교도 원칙들을 수용했다. 1604년에 국교 사제직을 사임하고 결혼을 했고, 제임스 1세에 의한 청교도 탄압이 심해지자 영국을 떠나 네덜란드로 이주해 1609년부터는 레이던에 거주했다. 1615년부터 레이던 대학에서 공부하면서 칼뱅주의자 입장에서 아르미니우스 관련 논쟁에 활발히 참여했다.

142 칼뱅주의(Calvinism)는 장 칼뱅이 주창한 기독교 신학 사조로서, 칼뱅 개인의 사상이라기보다는 종교개혁을 거치면서 체계화된 개신교의 주류 신학을 가리키는 경우가 많다. 도르트 공회에서 만장일치로 칼뱅주의의 주요 5대 교리가 선포되고 아르미니안의 주장은 이단으로 선포되었다. 다음의 5대 교리를 앞 글자를 따서 'TULIP'이라고 부른다. (1) 자연적 무능력 또는 전적 타락(Total Depravity), (2) 무조건적 선택 또는 특별 예정(Unconditional Election or Particular Predestination), (3) 선택된 사람들만을 위한 제한적 구속(Limited Atonement), (4) 불가항력적 은총 또는 유효한 소명(Irresistible Grace or Effectual Calling), (5) 최종적인 견인(Final Perseverance or Perseverance of Saints)

훗날의 휘호 그로티우스Hugo Grotius144가 근대적 자유주의 및 평화주의에 미친 영향으로 보더라도 현대적 관점으로 말하자면 아르미니우스주의가 훨씬 더 근대적이고 합리적이라는 점은 분명하다. 그러나 미국 건국의 '신화적 아버지들'은 분명히 그 계통은 아니었다.

종교개혁기의 신정제를 살펴보겠다면 빠뜨려서는 안 될 또 하나의 운동이 있다. 그것은 주로 재세례파再洗禮派145가 신정제를 목표로 일으켰던 급진적 혁명이다. 이것은 기독교 급진주의라든지 윤리적 열광주의, 또는 기독교계에 신약성서 이래 언제나 내재해온 젤롯당Zealot黨146(열심당=대로마 반란을 꾀하던 초과격파 세력)적 요소 같은 측면이 그대로 표출된 급

---

143 시몬 에피스코피우스(Simon Episcopius, 1583~1643)는 네덜란드 출신 신학자로서, 본명은 시몬 비숍(Simon Bisschop)이다. 1600년 레이던 대학(University of Leiden)에서 야코부스 아르미우스에게 신학을 사사했고 1612년 레이던 대학 신학 교수가 되었다. 1618년 도르트 공회(Synod of Dort)에서 아르미니우스주의자를 대표하여 참석했으나 발언 기회를 가지지 못하고 이듬해 추방되었다. 1626년에는 네덜란드로 돌아와 네덜란드 개혁 교회(Romonstrant Church)의 목사로 활동했다.

144 휘호 그로티우스(1583~1645), 휘호 데 흐로트(Hugo de Groot) 또는 하위흐 데 흐로트(Huig de Groot)는 '국제법의 아버지', '자연법의 아버지'로 불리는 네덜란드의 법학자이자 정치가다.

145 재세례파 또는 재침례파(再浸禮派, Anabaptist)는 16세기 종교개혁 당시 급진적 개혁을 주장한 기독교 종파로, 그 명맥을 이어받은 현대 개신교 교파로는 아미시파, 후터라이트, 메노나이트 등이 있다. 이들은 유아세례뿐만 아니라 로마 가톨릭교회에서 받은 세례도 무효이기 때문에 그런 사람들은 다시 세례를 받아야 한다고 주장했고, 로마 가톨릭교회 및 다른 개신교로부터 이단으로 배척되어 수많은 순교자들이 발생했다. 20여 년에 걸쳐 3만여 명이 화형, 수장 등으로 살육당한 것으로 알려져 있다. 그중에서도 급진적인 부류는 '새 예루살렘'을 건설하기 위한 폭력 동원을 인정했다. 급진적 재침례파로 인해 발생한 사건이 뮌스터 반란이다.

진적 혁명운동이었다. 이 재세례파와 남침례회가 어떤 관계인지에 관한 설명은 잠시 접어두겠다. 교회사적으로는 계통적이거나 직접적인 관계는 없다는 것이 정설이지만 나 자신은 이 정론을 액면 그대로 받아들이지는 않는다.

재세례파는 그들이 스스로 붙인 이름이 아니라 다른 사람들이 붙여준 일종의 경멸적 명칭이다. 그래서 한때는 재세례파로 불렸던 침례교파도 나중에는 이를 부정하기 위해 양자 사이에 명확한 선을 긋고 있다. 다만 한쪽(침례교파)이 자칭이라면 다른 쪽(재세례파)은 타칭이어서 제삼자 입장에서 보면 어떤 면에서는 공통성이 있다는 점은 부인할 수 없다. 어쨌든 이 명칭은 그들이 유아세례를 부정하고 진정한 자각에 기초해 세례를 받은 사람만 진정한 기독교인으로 인정한 데서 비롯되었다. 그래서 반세례파Catabaptist, 僞洗礼派로 불린 적도 있었다. 다양한 분파가 존재하지만 가장 큰 직접적 영향을 미친 인물은 루터가 '알슈테트Allstedt의 악마'라고 불렀던 뮌처Thomas Müntzer147였다. 그의 영향을 받은 급진적 대개혁과 그 좌절 과정은 로트만Bernhard Rothmann148의 지도 아래 일어난 '뮌스터시 봉기Münster Rebellion'149에서 나타났다. 단, 이에 관해서도 이설은 있다.

뮌처에 대한 평가는 분분하다. 어떤 면에서 그는 독일 최초로 시민혁명을 추구한 인물이고, 또 어떤 면에서는 신약성서의 요한계시록의 일

---

146   열심당(熱心黨) 또는 혁명당이라고 번역되며, 로마제국 시절 로마의 통치에 폭력 항쟁으로 맞설 것을 주장한 유대의 종교적 민족주의 정치 운동을 가리킨다. 예수의 열두 제자들 중에도 시몬이라는 열심당원이 포함되어 있었다. 열심당의 폭력적 전위대를 시카리(Sicarii)라고 불렀고, 이 명칭은 정치적 암살자를 의미하는 시카리오(Sicario)라는 단어에 흔적을 남겼다.

부(20장 2, 4, 7절)를 문자 그대로 받아들여 '천년지복千年至福'의 출현을 믿는 광신자였다(최소한 '일본교'의 신도들인 우리 일본인의 눈으로 보면 그렇다.). 그것이 우리가 '서구적 시민혁명'이라고 부르는 것 속에 내재하는 기묘한 일면이다. 뮌처는 어떤 의미에서는 진정으로 '순수'했고, 그런 그의 입장에서 보자면 가톨릭은 물론이려니와 루터를 비롯한 종교개혁자들까지 전부 위선자였다. 그러므로 루터에 대한 그의 추궁과 고발은 로마교회에 대한 추궁 이상으로 날카롭다. 그로서는 루터가 세계를 이원적으로

147 토마스 뮌처(1489?~1525)는 독일의 전도사, 신학자다. 종교개혁 당시 중부 독일의 봉건 지배자들에게 저항함으로써 루터와 가톨릭교회 모두와 적이 되었다. 1525년 플레바이안에서 농민들의 봉기를 주도했다가(독일 농민전쟁), 프랑켄하우젠에서 사로잡혀 고문 끝에 처형당했다. (루터는 초기에는 농민전쟁을 지지했으나 나중에는 자신을 후원하는 봉건영주 편을 들어 농민전쟁을 불법으로 정죄했다.) 복잡한 인물인 뮌처는 오늘날 독일의 초기 종교개혁뿐 아니라 유럽 혁명분자들의 역사에도 큰 영향을 미친 인물로 평가된다.

148 베른하르트 로트만(1495?~1535?)은 지금의 독일 뮌스터시에서 재세례파의 지도자로 활동하던 인물이다. 가톨릭의 연옥, 성상 숭배 등 교리를 규탄했고 가톨릭교회의 권위를 부정하는 한편, 절대적으로 평등한 부의 분배를 주장함으로써 빈민들을 규합했다. 재세례파의 지도자 얀 마티스(Jan Matthys)가 1534년 뮌스터시를 그리스도가 재림할 '새 예루살렘'으로 선포하고 뮌스터에 입성하여 로트만에게 세례를 베푼 뒤, 뮌스터에는 혁명적 봉기의 분위기가 무르익었고 로트만은 그 이론적 지도자가 되었다. 로트만이 봉기 과정에서 사망했는지 여부는 분명치 않다.

149 뮌스터 봉기는 재세례파 과격주의자들이 뮌스터 시정을 장악하기 위해 일으킨 사건으로, 1534년 2월 이들이 시청을 점거한 이후 1535년 6월까지 뮌스터시는 재세례파의 통치하에 놓였다. 독일 농민전쟁(1524~1525) 직후부터 뮌스터에서는 신정제를 수립하기 위한 강력한 운동이 전개되었고, 재세례파는 봉기를 통해 그리 어렵지 않게 시정을 장악했으나 1535년 루터파와 가톨릭의 연합군의 반격으로 대다수의 재세례파 지도자들은 체포되고 처형당했다. 가톨릭교회는 뮌스터 봉기를 개신교 진영 전체를 악평하는 계기로 삼았는데, 뮌스터 봉기는 이례적인 사건이었고 재세례파의 주류는 평화주의를 근간으로 삼고 있었다.

파악하여 이른바 '육신의 세계'에서 봉건영주의 지배권을 인정하고 영혼의 세계를 그와는 별개의 질서로 취급한 것을 용납할 수 없었다. 그는 어디까지나 세계를 일원적으로 파악하면서 봉건영주에 대한 저항권을 적극적으로 주장했고, 자신이 꿈꾸던 '원시기독교적 공산제'야말로 지상에 수립될 '신의 나라'의 모형이라고 믿었다. 지상에 있는 일체의 세속적 권력을 타도하고 그 자리에 원시기독교적 공산제 모형에 바탕을 둔 신정제 질서를 수립하는 것이 신에게 선택된 인간의 임무라고 그는 생각했다. 그는 독일 전역을 순례하면서 팸플릿을 나눠주고 지지자를 모아 비밀결사를 만들었고, 그 결사는 훗날 독일 농민전쟁에서 활약한 가장 혁명적인 분파가 되었다. 그러나 그는 1525년 프랑켄하우젠[150]에서 전투에 패배하고 체포되었고, 처형되었다. 당시 그의 나이는 서른다섯 살이었다고 추정된다. 루터에 대한 그의 탄핵문 중 일부를 인용해보겠다.(《원전 종교개혁사》, 요르단사 출간)

〔지극히 부득이한 변호론, 그리고 간악하게 성서를 훔쳐 기독교계를 이토록 참람히 더럽히고 성령의 은총도 없이 뻔뻔스레 살아 있는 비텐베르크[151]의 후안무치(루터)에 대한 응답. 알슈테트의 토머스 뮌처〕

…… 영원하신 하나님의 아들이신 이여! …… 당신께서는 태초부터 무한까지 성령이 충만하시어(요한복음 3장), 선택된 모든 자들은 당신의 풍요

---

150 독일 중부 지방의 바트 프랑켄하우젠(Bad Frankenhausen)을 가리킨다. 지금은 치유 효과를 가진 것으로 알려진 샘이 흐르는 목가적인 휴양도시지만, 1525년에는 독일 농민전쟁이 농민들의 패배로 막을 내린 장소였다.

로움 속에서 성령을 받고(요한복음 1장), 성령께서는 선택된 자들 속에 거하십니다(고린도전서 3장 및 6장, 고린도후서 1장, 에베소서 1장, 시편 5편). 그럼에도 불구하고 당신의 성령은 은총을 받지 못한 흉포한 맹수 같은 성서학자놈들 때문에 언제나 최악의 악마처럼 간주되었습니다. 이제부터야말로 찬미, 명성, 명예와 존엄, 존칭 모든 것이, 모든 영원한 영광이 당신께만 있기를(빌립보서 2장).

…… 누구보다 공명심이 강한 성서학자인 거짓말 박사(루터)는 시간이 흐를수록 더 오만하고 영靈에 우매한 자가 되어가고, 자신의 명성이나 안일함을 줄이는 일은 전혀 하지 않으면서 당신의 성서를 몸에 두른 채 온갖 거짓을 일삼고 먼저 당신과 관련된 일은 결코 하지 않습니다(시편 58편). 그러니 그가 마치 당신에 대한 인식을 (진리의 문이신 당신을 통해서) 이미 획득하기라도 한 것처럼 행세하면서 당신 앞에서 진정한 부끄러움을 모르고 당신의 올바른 성령을 철두철미 업신여기는 것도 그리 이상할 것이 없습니다. 생각건대, 그는 당신에게 구원받은 당신의 손발인 저에 대해 광기 어린 질시와 울분을 품고 가득 찬 증오에 사로잡혀 정당하고 진실한 이유도 없이 조롱과 멸시를 일삼고 있습니다. 그는 분노로 울부짖는 자신의 동료들 앞에서 저를 조롱거리로 만드는가 하면, 용서 못할 만큼 혐오

151　독일 동부 작센안할트주에 있는 도시로, 지금의 공식 명칭은 루터슈타트 비텐베르크(Luther-stadt Wittenberg)다. 1517년에 비텐베르크 대학교의 신학 교수이던 마틴 루터가 95개 논제를 내세우며 본격적으로 종교개혁을 주도하였으므로 이 도시는 루터가 종교개혁을 일으킨 장소로 유명하다. 비텐베르크 대학교는 할레 대학교와 합병하여 현재 할레에 있는 할레 비텐베르크 마르틴 루터 대학교로 남아 있다.

스럽게도 사리사욕이 없는 순박한 사람들 앞에서는 저를 사탄이나 악마로 매도하면서 하나님을 모욕하는 간악한 논리로 저를 비난하고 비웃습니다. 하지만 그는 그렇게 함으로써 자신의 정체를 적나라하게 드러내었고, 이제 다시 숨길 수 없게 되었습니다. …… 성서가 더없이 분명하게 의미를 알려주고 있는데도 성서 도둑(루터)은 격렬한 질투심에 사로잡혀 이를 비웃으며 성령을 악마라고 부르는 것입니다.

성서 전체에 기록된 것은 (하나님의 모든 피조물도 증명하듯이) 십자가에 못박힌 하나님의 아들에 관한 것이나 다름없습니다. 그러므로 하나님의 아들은 이처럼 고난을 받으시고 아버지의 영광 속으로 들어가셔야만 했던 그의 역할을 모세 이래 모든 선지자를 통해 밝히는 일을 스스로 시작하셨습니다. 이는 누가복음의 마지막 장에 분명히 기록되어 있습니다.

…… 이러한 모든 것을 증오에 사로잡힌 성서학자들은 인식할 수 없었습니다. 그들은 당연히 그렇게 했어야 마땅하였음에도(시편 119편), 또한 그리스도께서도 그렇게 명하고 계심에도(요한복음 5장), 성서를 마음과 영혼 전체로 깊이 궁구하려 들지 않았기 때문입니다. 그들은 성서에 대한 상식을 가지고 있다고는 하지만 구두를 만든답시고 제화공 흉내를 내며 가죽을 망가뜨리는 만드는 원숭이 같은 자들입니다. …… 오늘날 성서학자가 하는 일은 옛 바리새인들과 똑같이 성서에 대한 지식을 자랑하면서 온갖 책을 휘갈겨 쓰고, 시간이 흐를수록 더 시끄럽게 "믿어라, 믿어라!"라고 지껄여대면서도 신앙의 기원을 부정하고 하나님의 영을 조롱하니, 도무지 그들이 믿는 것은 아무것도 없습니다.

…… 이 배교자(루터)는 의로운 자를 공격하고, 바울을 매우 어리석게 이해

하면서 …… 떠받들고 있습니다. 그런데도 그는 자기야말로 세상에서 가장 현명한 사람이라고 주장하는가 하면, 자신과 어깨를 나란히 할 만한 현자는 없다고 자만하고 있습니다. 그는 성령을 간구하는 사람을 모두 광신의 영이라고 폄훼하고, 영이라는 말을 듣거나 읽더라도 그것을 귀담아 들으려 들지 않습니다. …… 그는 '오직 믿음'이라고 말하지만, 믿기 위해서 무엇이 필요한지는 모릅니다. …… 저는 성서를 바르게 다루고, 성서의 첫 부분과 올바르게 연관 지어 하나님의 율법의 순수함에 다다르고자 힘쓰며(시편 19편), 성서의 모든 말씀에 따라 하나님을 경외하는 영혼을 실현시키고자 애쓰는 자의 입장에서, 비텐베르크에 살고 있는 후안무치한 배교자에 하나님의 명령을 선포하지 않고 성령에 의한 징벌이 있은 후 비로소 전적으로 체험하게 되는 신앙의 기원(요한복음 16장)을 알지 못한 채 하나님의 새 계약을 취급하는 속임수를 허용할 수는 없습니다.

…… 저는 간특한 잔꾀에 능한 까마귀(루터)가 저를 공격한 그의 책을 통하여, 당신께서 보신 바와 같이 하나님을 저버린 악당들에게 아첨하고, 그들을 어디까지건 옹호하려 하고 있다는 사실을 전 세계에 알리고 싶습니다. 이런 태도에 비추어, 그 거짓말 박사가 하나님의 집에 거하지 않고 있다는 사실은 분명히 밝혀졌습니다(시편 15편). 그는 하나님을 저버린 무리를 멸시하지 않고, 반대로 그 무리에 가세하여 하나님을 경외하는 많은 이들을 악마라고 또는 반역의 영이라고 매도하고 있기 때문입니다. 게다가 그 시커먼 까마귀는 이런 사실을 잘 알고 있습니다. 그는 썩은 고기를 얻기 위해 돼지들 머리에서 눈을 쪼아내고, 현세의 향락에 빠진 사람을 관대하게 대하여 장님으로 만들고, 그렇게 함으로써 그들로부터 명예나 재

산, 특히 최대한의 존경을 마음껏 받아 챙깁니다.

…… 그럼에도 비굴한 두목과 그에 관대한 동료들은 제게 찾아와 제가 반란을 일으키려 하고 있으며, 광부들 앞으로 보낸 저의 편지에서 그런 의도를 알아챘노라고 말합니다. 그는 한 가지 이야기만을 하면서 가장 결정적인 문제에는 입을 다물고 있습니다. 그것은 바로 제가 군주들 앞에서 사회 전체가 칼의 힘과 해방의 열쇠를 가지고 있다고 명확히 의견을 개진하였으며 …… 군주들은 칼의 주인이 아니라 칼의 종복이므로 마음 내키는 대로 행동해서는 안 되고(신명기 17장) 바르게 행동해야 한다고 말했다는 점입니다.

…… 불쌍한 아첨꾼(루터)은 은총을 날조하여 그리스도를 자기 일신을 비호할 수단으로 삼지만, 이는 바울의 말(디모데전서 1장)에 위배되는 것입니다. 그는 상거래에 관한 책(루터의 논문 〈상거래와 고리에 관해서〉)에서 "군주들은 안심하고 도둑이나 강도들과 교제하라."고 말합니다. 그러나 이 책은 온갖 절도의 원인에 대해서는 침묵하고 있습니다. 그는 세상의 재화를 위해 인명을 살육하는 일로 감사를 받으려 하는데, 이는 유혈을 예고하는 짓입니다. 그러나 하나님께서는 이러한 일을 자신의 의도로써 명하고 계시지 않습니다. 보소서. 고리대금, 절도, 강도의 근본 원인은 우리의 지배자나 군주들입니다. 그들은 모든 피조물을 거두어 사리를 꾀하고 있습니다. 수중의 물고기, 하늘의 새, 땅의 작물, 모든 것이 그들의 소유물이어야만 합니다. 그뿐만이 아니라 그들은 가난한 사람들에게 하나님의 명령을 전한답시고 하나님께서 '너는 도둑질하지 말라.'라고 명하셨다고 말합니다. 하지만 이런 것도 그들에게는 별 소용이 없습니다. 그래서 그들은 모

든 인간을 강제하고 가난한 농민과 장인, 심지어 살아 있는 모든 것을 가렴주구하는 것입니다(미가서 3장). 아주 사소한 것이라도 침해한 자는 목을 매야 한다고 하며, 거짓말 박사는 거기에 대해 '아멘'이라고 합니다. 지배자들은 가난한 사람을 적으로 만드는 씨앗을 스스로 뿌리고 있으며, 반란의 원인은 제거하려 들지 않습니다. 시간이 흐른다고 상황이 좋아질 리가 없습니다. 제가 이렇게 말하면 이유를 불문하고 저를 반란의 무리 중 하나로 간주합니다.

…… 악마는 그리스도와 그리스도의 종들에 맞서고자 극히 교활한 계책을 꾸밉니다(고린도후서 6장 및 11장). 악마는 어떤 때는 아첨하듯 자애를 베풉니다. 그리스도의 말로 배신의 패거리를 옹호하는 루터가 그러합니다. 또 어떤 때 악마는 가공할 정도의 엄격함을 강요합니다. 하지만 그것은 거짓 정의를 구실로 삼아 현세의 재화를 얻기 위한 것입니다. …… 악마는 하나님의 율법을 우롱하고, 그리스도의 자애라는 가장 귀한 보물을 수단으로 삼아 잘난 이들에게 아첨하고, 하나님의 아들의 관용을 훔쳐 아버지와 그의 엄격한 율법을 멸시하며(요한복음 15장 및 16장), 율법과 은총이라는, 성령에 의한 구별을 무시하면서 그 하나로 다른 하나를 부인하여, 마침내 이 지상에 올바른 지식이 거의 없는(예레미야서 3장) 지경에 이르게 된 것입니다. 그리하여 그리스도는 오로지 관용이며, 하나님을 저버린 기독교인들이 형제들을 멋대로 괴롭혀도 용서를 받을 것이라고 생각하도록 만들기에 이르렀습니다.

…… 거짓말 박사는 자신의 가르침이 얼마나 공정한지에 관해서 웅장한 논증을 하여 저를 반박하고, 모든 것을 파헤치겠노라고 합니다. 궁극적으

.

로 그에게 설교는 중요하지 않습니다. 그는 종교적 분파는 필연적으로 존재하는 것이라고 말하고 있고, 군주들에게도 저의 설교를 방해하지 말라고 부탁하고 있기 때문입니다. 그에 반해, 제가 원해왔던 것은 루터가 말씀대로 행동하고 세계가 보는 앞에서 공개적으로 저를 심문하고 저와 대결함으로써 결국 말씀에 따라서만 행동하도록 하는 것이었습니다. 그러나 실제 그는 완전히 정반대의 방식으로 군주들을 앞에 내세워 그들의 그늘 아래 숨으려고 합니다. 이는 누구도 '루터의 패거리들이 스스로 복음을 박해하려 하는가?'라고 묻지 못하도록 하려는 음모입니다. 그들은 저에게 설교를 하도록 해야 마땅하고, 설교를 금지해서는 안 됩니다. 그럼에도 저는 자제 명령을 받았고, 제가 쓴 글을 인쇄하는 것도 금지 당했습니다.

…… 네놈(루터)이 구세주라면 너는 참으로 이상한 구세주임에 틀림없다. 그리스도께서 영광을 그의 아버지께 돌리고(요한복음 8장) "내가 나를 영광되게 한다면, 나의 영광은 헛된 것이다."라고 말씀하셨다. 그런데 너는 오를라민데Orlamünde의 사람들에게 너를 높은 지위의 존칭을 붙여 부를 것을 요구했다. 너는 (까마귀답게도) 하나님의 아들의 이름을 훔쳐 너의 군주들로부터 감사받기를 원한다. 학식만 높은 비열한 놈! 너는 하나님께서 이사야를 통해서 42장에 기록하신 "나는 내가 받을 영광을 다른 사람에게 넘겨주지 않으리라."라는 말씀을 읽지 못하였는가? 너는 바울이 사도행전 25장에서 베스도를 이름으로 부르는 것처럼 지위가 높은 사람들을 이름으로 부르지 못하는가? 어찌하여 너는 이런 사람들을 존귀한 제후라고 부르는가? 이러한 존칭은 그들의 것이 아니라 그리스도의 것이니라(히브리서 1장, 요한복음 1장 및 8장).

······ 부끄러운 줄 알라, 비열한 놈! 너는 모든 인간을 의롭다고 인정하려 했다. 그리고 그런 아첨으로써 방황하는 이 세계에 영합하려 하고 있지 않은가(누가복음 9장). 그러나 너는 마땅히 비난해야 할 대상이 누군지 잘 알고 있다. 가련한 수도승과 수도원장들, 상인들은 너의 비난을 받아도 스스로를 변호할 수 없다. 그러니까 너는 안심하고 그들에 대한 험구를 퍼부을 수 있는 것이다. 그에 반해, 그 누구도 하나님을 저버린 통치자들을, 설령 그들이 그리스도를 발로 짓밟더라도 정죄해서는 안 된다는 것이 너의 견해다. 너는 농민들을 만족시키기 위해서 군주들은 하나님의 말씀으로 멸망할 것이라고 썼고, 또한 ······ 군주들은 자리에서 물러나게 될 것이라고 말했다. ······ 너는 군주들에 대한 악담을 했지만 또다시 그들의 비위를 맞출 줄도 안다. 새로운 교황이 된 네가 그들에게 수도원과 교회를 선사해주지 않았는가. 그렇기 때문에 그들은 너를 만족스레 여긴다. ······ 나는 네가 펜을 들어 수많은 정직한 사람들을 향해 나를 비방 중상하고 있다는 것을 증명해 보일 수 있다. 너는 공공연히 나를 헐뜯으며 악마라고 비난했다. 너는 모든 너의 반대자들을 이런 식으로 대한다.

······ 루터는 하나님의 말씀을 쓸데없는 헛소리처럼 만들어 조롱거리로 전락시키고, 내가 하나님의 말씀을 하늘의 목소리라고 부르며 천사가 대화를 나누고 있다는 등의 이야기를 퍼뜨리고 있다. 이에 대한 나의 대답은 전능하신 하나님께서 나와 더불어 이루시고 나와 더불어 말씀하신 것에 관한 한 내가 하나님의 증거를 통해 성서에 따라 사람들에게 알린 것, 단지 그것 외에는 자랑할 것이 없다는 것이다. 나는 하나님의 뜻이 무엇인지에 관해 나의 단순한 억지 견해를 설교하려 하지 않는다. 만약 내가 그런

짓을 한다면, 나는 하나님과 하나님께서 사랑하시는 친구들로부터 기꺼이 벌을 받고자 한다. 그럼으로써 하나님과 하나님께서 사랑하시는 벗들 앞에서 자진하여 책임을 지겠다는 각오다. 그러나 나를 비웃는 자들에게 내가 빚진 것은 아무것도 없다(잠언 9장).

…… 독일의 귀족들은 네가 보름스의 제국의회에서 견뎌낸 것을 감사해야 할 것이다. 너는 귀족들의 입맛을 실로 교묘히 어루만지며 꿀을 발라주었기 때문이다. 귀족들은 너의 설교를 통하여 네가 보헤미아풍의 선물, 즉 수도원과 교회를 줄 것이라고 기대하고 있었다. 지금 너는 같은 선물을 제후들에게 약속하고 있지만 말이다. 그러니 만약 네가 보름스에서 방심이라도 했다면 너는 방면되기는커녕 먼저 귀족들로부터 암살을 당했을 것이다. 누구나 그런 사정을 알고 있다. …… 가능하다면 나는 너의 오만이 끓는 가마 속에서 하나님의 분노에 의해서 타오르는 냄새를 맡고 싶다(예레미야서 1장).

…… 거짓말 박사여! 교활한 여우여! 너는 헛된 거짓말로 하나님께 심려를 끼쳐드린 적이 없는 의인의 마음을 슬픔에 잠기게 했다. 그럼으로써 너는 하나님을 저버린 악한들의 힘을 키워주고, 그들이 항상 그들의 옛길에 머물러 있을 수 있도록 해주었다. 그런 까닭에 너는 사로잡힌 여우와 같은 운명을 겪으리라. 백성은 자유로워지리라. 그리고 하나님만이 백성의 주인이 되시리라.

그러나 이렇게 역설한 뮌처는 살해당했다. 4년 뒤 뮌스터시에 나타난 로트만은 루터파에서 재세례파로 돌아선 후 동지를 모으고 점차 세력을 키워 마침내 시의 실권을 잡는다. 그는 시민군을 편성하고, 대립하는 가톨릭 성직자·수도사를 비롯한 반대자를 모조리 시에서 추방하는 동시에 열광적 개혁을 시작한다. 감독군[152]이 뮌스터시를 여러 겹으로 포위하지만, 재세례파는 천년지복의 실현이 가깝다고 믿고 일체 평등의 공산주의적 생활과 일부다처제를 실시했다. 로트만 자신이 아홉 명의 아내를 거느렸으며─이런 흥미로운 경향은 영국 청교도 랜터파Ranters[153]의 프리섹스 주장에서도 볼 수 있다.─신정제 수립 목표를 관철하려 했지만 식량 부족과 지지자들의 열광적 폭동화 등으로 인하여 채 1년도 되지 않아 시는 함락되었다. 대부분의 '폭도'는 학살되고, 그 최후는 비참했다. 이것이 '뮌스터의 다윗 왕국 소동'이라고 일컬어지는 사건이다. 재세례파는 신·구교 양측으로부터 탄압을 받았기 때문에 사형에 처해진 사람만도 총 6~7만 명에 이를 것으로 추정된다.

재세례파 중에는 뮌처의 행동 방식과는 다른 파벌도 있다. 지도자인 네덜란드인 메노 시몬즈Menno Simons[154]의 가르침을 따르는 메노나이트Mennonites가 현재 미국에 약 35만 명으로 독특한 공동체를 형성하고 있다. 이에 대해서는 가쓰타 기치타로勝田吉太郎[155] 교수의 상세한 소개가 있으니 생략하겠다.

---

152   교황청이 파견한 군대를 가리킨다.

153   랜터파는 17세기 중반 영국에서 발생한 반가톨릭 분파로, 특정 지도자를 중심으로 조직화되지는 못했으나 평민들을 중심으로 확산되었다. 교회는 이들을 이단으로 간주했고 정부는 사회 질서를 위협하는 집단으로 규정했다. 그들은 교회 및 성서의 권위를 부정하고, 범신론적인 피조물 내면의 신성함을 강조했다. 모세의 율법으로부터의 해방과, 모든 전통적 구속을 벗어나는 탈도덕주의를 추구했으며, 여기에는 성적인 자유도 포함되었다.

물론 필그림 파더스들이 도미를 결심하던 시대는 이러한 혼란기로부터 이미 한 세기 가까이 지나 몽테뉴, 세르반테스, 그로티우스 등의 새로운 사상이 이미 싹트고 난 후였고, 그들의 도미로부터 17년 후에는 데카르트가 《방법서설》을 간행했다. 그러므로 그들이 당시 가장 자유주의적이고 합리주의적이었던 네덜란드에서 보낸 12년이 그들에게 강한 영향을 주었으리라는 것은 부인할 수 없다. 아니, 오히려 이 경험의 강력한 영향으로 자신의 자손이 그들의 퓨리터니즘Puritanism을 잃게 될지도 모른다는 두려움(그 자녀들 중에는 심지어 네덜란드군의 용병이 되는 사람도 있었다.), 그들 스스로의 설명을 빌리면 '세속의 대양으로 둘러싸인 신앙의 고독한 섬'이 네덜란드라는 '속세'에 매몰되어 소멸될지도 모른다는 두려움이 그들로 하여금 신대륙으로 탈출하도록 만든 가장 큰 동기였다는 사실이 기록에 남아 있다. 하지만 그렇다고 그들이 합리주의의 영향을 받지 않았다는 뜻은 아니다. 그럼에도 신대륙에 뮌처식의 사건이 전혀 없었던 것은 아니고, 오늘날 미국에 뮌처 같은 경향을 지닌 사람이 없는 것도 아니다.

---

154 메노 시몬즈(1496~1561)는 네덜란드의 재세례파 지도자로, 출신지인 프리지아어로는 미너 심스라고 부른다. 그는 로마가톨릭교회 사제였지만, 종교개혁에 가담하여 재세례 신앙 운동의 교리를 유아세례 불인정, 개인의 종교의 자유 인정 등으로 정리하면서 정교분리와 비폭력주의를 주장했다. 유럽의 일부 메노나이트 신자들은 미국으로 이민가거나, 러시아의 농업 발전을 위해 정책적으로 메노나이트의 종교의 자유를 존중해주었던 예카테리나 대제 치하의 제정 러시아에 정착하였다. 미국 독립전쟁과 제1차 세계대전 당시 메노나이트들은 양심적 병역거부로 정부와 갈등을 겪기도 했다.

155 가쓰타 기치타로(1928~)는 일본의 정치학자로, 교토·나라 현립대학 명예교수이며, 전문 분야는 러시아 정치사상사와 아나키즘이다.

4.

우리는 여기에서 뮌처를 처음 접했을 때와 비슷한 일종의 '당혹감'을 느끼게 된다. 그 '당혹감'은 '펀디'인 학자, 특히 저명한 과학자나 의사를 접할 때의 '당혹감', 더 나아가 이 사람들이 버젓이 "우리는 성경을 절대적으로 여기기 때문에 과학 절대화의 오류를 저지르지 않는다. 그러므로 오늘날 미국이 빠져 있는 잘못으로부터 벗어날 수 있다."라고 말할 때의 '당혹감'이며, 지미 카터 같은 인물이 혜성처럼 출현하는 것을 목격할 때의 '당혹감'에 해당한다.

어느 한 면만 강조하고 다른 측면을 지워버리면 쉽사리 뮌처를 독일 시민혁명을 최초로 추구한 자로 규정할 수 있다. 그가 농민의 편, 장인의 편에 서서 평생 그들을 위해 싸웠던 것이 사실이고, 그의 가르침을 받들며 '츠비카우Zwickau[156]의 예언자'로 불리던 한 무리의 운동가들 중에는 슈토르히Nikolaus Storch[157] 같은 직물공도 있었다. 그러나 실제로 그들을 추동한 힘은 '합리성'에 대한 추구가 아니라 천년지복설적 몽상, 직접적

---

156 츠비카우는 독일 작소니 지방의 도시로, 1834~1952년간 작소니 지방정부의 소재지였다. 1520~1522년간 토머스 뮌처는 이곳에서 설교자로 활동했다.

157 니콜라우스 슈토르히(1500년 이전~1536년 이후)는 츠비카우에서 활동하던 직물공 겸 아마추어 설교자였다. 그와 그의 추종자들은 '츠비카우의 예언자들'이라고 불렸는데, 이들이 재세례파의 선구 격이었다고 보는 견해도 있다. 1520~1521년간 그는 토머스 뮌처와 긴밀하게 협력했다.

영감이라는 신비주의적 충동, 그에 의한 종교적 환희에 바탕을 둔 직접적 행동 등에 지나지 않았다는 점은 앞에 예로 든 루터에 대한 탄핵을 보더라도 분명하다. 그리고 이를 두 가지 측면이라고 말하는 것은 우리가 일단 '그렇게 나누어 보고 있다'는 것일 뿐이지, 뮌처 자신의 내부에서는 두 측면이 '불가분인 하나의 근본fumdament'을 이루고 있었다. 이와 같은 사정, 그리고 뮌처 자신은 철저한 일원론자로서 사물을 양면적으로 파악하는 식의 태도를 철저히 배격한 인물이었다는 사실을 감안하면 '일원적 합리성을 철저히 추구하도록 만드는 원동력이 실은 가장 비합리적이고 원초적인 힘이다. 이 힘을 잃으면 합리성의 추구는 사라지고 이 힘이 절대화되어도 역시 합리성은 사라진다. 그 힘은 새로운 것이 아니라 오히려 가장 보수적인 전통에서 나온다.'라고 생각할 수밖에 없다. 이런 이상한 관계는 '성서의 말씀 일언일구가 모두 절대적으로 오류가 없는 하나님의 말씀'이라고 단호히 주장하는 근본주의자 가운데서도 저명한 과학자가 출현하는 배경이기도 하다. 요컨대 우리에게는 완전히 다르다는 것이 '상식'에 해당하는 두 가지 요소가 한 인격 속에 당연하다는 듯이 일체가 되어 있는 것이다. 그 대목에서 우리는 '당혹감'을 느끼고 발을 내딛을 수도 앞으로 나아갈 수도 없게 되는 것이다. 그것은 마치 그들이 앞에 설명한 '우리의 세계에 병존하는 것'을 접할 때 당황하고 다음으로 나아가지 못하는 것과도 흡사하다.

　　이런 사정을 감안하면, 필그림 파더스가 원했던 것이 신정제였는지 민주제democracy였는지를 묻는 질문 자체가 뮌처에게 그런 질문을 하는 것만큼이나 무의미한 일이 될 터이다. 요컨대 그들에게는 합리성에 대한 추구와 성서의 절대성이 일체가 되는 것이고, 그것을 일체화하고 합리적, 조직적 사고 체계로 결합하기 위해서 신학이 필요한 셈이다. 따라서 합리성과 성서적 신정제는 반드시 종교와 과학이라는 형태로 서로 대립하는 것이 아니라, 어느 한쪽을 추구하면 궁극적으로는 다른 한쪽도 성취된다는 발상으로 귀결된다. 펀더멘탈리스트인 과학자들에게 이런 특징이 거의 공통적으로 나타나고 있는데, 이는 청교도적인 사고방식에 기인하는 것처럼 보인다.

물론 '필그림 이야기'는 하나의 '신화'에 불과하고, 이는 '미국 건국 신화'로 간주해야 할 것이다. 그러나 현실에서 국민으로 불리는 사람들을 구속하는 것은 '신화'이지, 사실이 아니다. '천손강림天孫降臨'158 건국신화와 '유신 신화維新神話'가 전쟁 전의 일본인을 구속했고, 그와 같은 계통의 '전후 신화戰後神話'가 현대 일본인을 구속하고 있는 것처럼 '미국식의 천손강림 신화'가 미국인들을 구속하는 것은 당연하다고 보아야 할 것이다. 그들은 "미국이라는 땅에 로빈슨의 '신칙神勅'159을 가지고 강림한 천

158　천손강림(덴손코우린)은 일본의 고대사서 《고지키(古事記)》에 기록된 내용으로, 아마테라스 오카미(天照大神)의 자손인 니니기(瓊瓊杵尊, 邇邇藝命)가 아시라노나카쓰쿠니헤이테이(葦原中国平定)를 받아, 아사하라노나카쓰쿠니(葦原中国)를 통치하기 위해 강림했다는 일본 국가 신화 중의 한 대목을 가리킨다.

159　일본에서 신칙(신쵸쿠)이라고 하면 일반적으로 《니혼쇼키(日本書紀)》에서 천손강림 시 아마테라스 오카미가 자손들에게 내린 세 가지 명령을 가리킨다. ⑴ 천양무궁(天攘無窮)의 신칙(이 땅은 이 몸의 자손과 그 후손들이 영원히 다스릴 땅이라는 명령), ⑵ 보경봉제(宝鏡奉斎)의 신칙(아마테라스를 동굴 밖으로 이끈 거울을 아마테라스 자신으로 여기고 모시라는 명령), ⑶ 재정(斎庭)의 신칙(신을 모시는 장소를 지키라는 명령).

손들"이다. 그리고 '국신國神'이 깃든 그 땅은 원주민이 있는 '약속의 땅'이며, 거기에서 이룩하는 질서는 '새 예루살렘'이어야만 했다. 그러면 그들은 도대체 어떤 '신칙'을 받고 어떤 질서를 수립하기 위해 '강림'한 것일까?

아르미니우스 논쟁에서 칼뱅 편에 섰던 그들의 지도자 로빈슨은 고령으로 도미를 포기하고 레이던에 남아 거기에서 사망했다. 그는 장로 브루스터William Brewster160의 지휘하에 스피드웰Speedwell호161로 사우샘프턴Southampton까지 가서 거기에서 메이플라워Mayflower호에 타는 선발대에 송별 인사를 하면서 성서의 한 구절을 읽고 설교를 했다. 당시 그 자리에 있던 사람의 기록을 통해 그중 일부 내용이 지금도 남아 있다.

그가 읽은 것은 구약성서 에스라서 8장 21절 이하로 '그곳 아하와 강가에서 나(에스라)는 모두에게 금식하라고 선언하였다. 우리는 하나님 앞에서 우리와 우리 자식들 모두가 재산을 가지고 안전하게 돌아갈 수 있도록 하나님이 보살펴주시기를 엎드려서 빌었다.'라는 내용이며, 설교의 마무리 말은 '…… 그러므로 여러분 또한 하나님과, 또 서로 간에 다음과 같은 계약을 하는 것이 좋습니다. 여러분이 성서에 기록된 하나님의 말씀이 계시하신 모든 것을 진리로 받아들인다는 것을……'이라는 것이었다.

이 서두와 말미의 말 사이에 로빈슨이 무슨 말을 했는지는 알 수 없

---

160 윌리엄 브루스터(1568~1644)는 1620년 메이플라워에 탑승한 청교도 장로로, 플리머스 식민지에서 설교자 겸 공동체의 지도자로 활동했다.
161 스피드웰호는 60톤 규모의 선박으로 메이플라워호와 함께 순례자들을 신대륙으로 이송하는 데 사용되었다.

다. 하지만 아무런 기록이 남아 있지 않긴 해도, 아니 설령 그가 아무 말도 하지 않았다 하더라도 '성서의 사람^{Bible men}'이라고 불렸던 이들의 자손, 성서만을 절대 유일의 권위로 받들면서 '핥듯이' 읽던 사람들에게는 그가 말하고자 했던 내용이 모두 명백히 이해되었을 것이 분명하다. 왜냐하면 에스라서의 이 구절은 바빌론 포로의 땅 아하와 강가에서 팔레스타인으로 돌아와 거기에 새 예루살렘, 즉 새로운 질서를 수립하는 데 성공했던 '에스라 혁명'에 대한 기술의 시작 부분이기 때문이다. 에스라는 여기에서 '약속의 땅'으로 출발하자며 그 앞길을 하나님께 기도하고 맡길 수 있도록 금식을 한다. 브루스터 일행은 이제 '신대륙'으로 떠나려 한다. 로빈슨은 그들을 에스라와 그 일행에 비유한 것이었다. 따라서 이 다음에는 '약속의 땅=신대륙'에서 새로운 에스라가 해야 할 일에 관한 언급이 있었을 것이 당연하다. 그것이 무언지 굳이 말하지 않아도 지도자 브루스터는 알고 있을 터였다. 에스라 혁명은 어디까지나 '민중'을 배경으로 하고 민중을 기반으로 한 혁명으로서 일체의 무력 내지 그와 유사한 수단은 사용되지 않았으며, 어디까지나 언론에 의해 민중의 지지를 추구했다는 점에서 그 표현 방식은 극히 '민주적'이었다. 요컨대 팔레스타인에 아무런 기반도 없고 제사장도 예언자도 아닌 보통 사람^{layman}인 에스라가 민중 앞에 서서 가지고 온 율법 책을 보여주고 자국의 역사와 전통을 설명하면서 율법 책(토라)으로의 복귀과 충성을 설파함으로써 민중의 절대적 지지를 얻었고, 그것을 배경으로 신전을 통해 지배하던 당시로서는 '최상의 집단^{best and brightest}'이었던 지적 지배계급, 즉 제사장 계급의 일부를 추방하고 일부는 복종시킨 다음, 또 한 명의 개혁자인 느헤미야와 공동으로 신정제 국가를 설립하는 이야기다. 조금 악의적인 시각으로 보자면 전형적인 '선동에 의한 민중의 지지 획득'이라고도 할 수 있다. 그리고 그 첫머리에 등장하는 '연기演技'는 비전통적, 비윤리적 행위—당시의 감각으로 말하면 '워터게이트적 행위'—에 대한 통렬한 비탄의 표현인 것이다.

더구나 이 사건의 역사적 구분은 매우 어려워, 에스라의 귀환 연대를 기원전 458년으로 보는 학자와 기원전 428년으로 보는 학자, 기원전 397년으로 보는 학자 등이 있고 그에 따라 각기 평가도 엇갈린다. 기원전 397년이라면 확실히 페르시아 연방 내에서의 독립을 인정받아 화폐 주조권을 보유했을 때이고, 현존하는 가장 오래된 청동 화폐인 '유대 화폐'는 이 시기에 주조된 것이었다. 유다야라는 명칭도 에스라 시기에 비롯된 것이고, 랍비의 전설적인 시조도 에스라라고 통상 알려져 있다. 그러나 이러한 시각은 어디까지나 성서 연구자의 시각이고, 필그림 파더스들에게 이러한 기술은 하나님의 지시에 해당하는 것이었다. 내가 여기에서 강조하고 싶은 것은 이 '에스라 혁명'의 방식과, 이것이 미국에 대한 '천손강림'의 신칙에 해당하였다는 점, 그리고 이처럼 에스라 혁명을 연상시킨 다음 이어지는 로빈슨의 결론이 '…… 다음과 같은 계약을 하는 것이 좋다. 여러분이 성서에 기록된 하나님의 말씀이 계시하신 모든 것을 진리로 받아들인다는 것을……'이었다는 점, 요컨대 질서의 근본을 여기에 두어야 한다고 했다는 점이다.

대체 이것은 신정제인가, 민주제인가? '적어도 에스라 혁명 자체는 민중의 지지를 얻었으니 민주제다.'라는 따위의 이야기를 할 수는 없다. 그렇다면 그들은 어떻게 생각했을까? 하지만 이 질문은 어쩌면 뭔처에게 '당신이 추구한 것이 시민혁명인가, 요한계시록의 천년지복인가?'라고 묻는 것처럼 무의미한 것일지도 모른다. 필그림 파더스에게는 그보다한 세기 전에 일어났던 것 같은 열광적 상태는 없었던 것이 분명하다. 하지만 신정제와 민주제가 한 인간 안에서 구분하기 어려운 하나의 이념이되고 있다는 점에서는 뮌처와 그들 양자 사이의 차이를 인정하기는 어렵다. 에스라 혁명이 하나의 예표였다면 그것은 '수단에 있어서의' 합리성에만 차이가 있다. 그러므로 에스라적 신정제 전통의 연장선상에 있는 한, 그 국민이 어떤 전환기에 설 때 혜성같이 나타난 자가 에스라처럼 행동하면 '신전'를 탈취할 수가 있을 터이다. 그러나 그렇게 해서 만들어진 민주적 신정제라는 것이 완전한 율법주의에 함몰되어 에스라가 그랬듯이 이교도와의 결혼 금지, 기혼자의 강제 이혼 등에서부터 그 처자식의 추방에의한 '순수성'의 확보에까지 이르게 되니, 법의 강제로 음주를 금하는 '금주법' 정도는 이상하달 것도 없다. 분명 미국에는 합리적인 '법의 한계'를넘어선 '금주법'이라는 '전과'가 있다. 하라다 도키치原田統吉[162] 씨의 《CIA의 논리와 윤리》를 이러한 관점에서 읽어보면 대단히 흥미롭다. 기실 그들의 역사에는 미국적 신정제, 합리적 민주제, 천년지복적 열광주의, 시민혁명, 도덕 외교 등이 기묘하게 혼합되어 있고 그들의 초윤리주의는 그것을 당하는 쪽에서 보면 '뮌스터의 폭도'의 후예라고 부르고 싶어질 만큼잔혹한 양상을 보이는 기묘한 모습으로 나타난다.

---

162 하라다 도키치(1915~1988)는 일본 군인으로서 첩보 활동에 종사한 경력을 가진 문필가다. 주요 저서로 《폭력론》, 《바람과 구름과 마지막 첩보 장교》 등이 있다.

그리고 그런 역사 위에서 맞이한 1933년은 미국만이 아니라 다른 많은 나라들에도 하나의 전환점이 되는 해였을 것이다. 히틀러 내각이 수립되고, 대통령에 취임한 루스벨트는 뉴딜 정책을 시작하고 소련을 승인했으며, 일본의 마츠오카 대표는 국제연맹에서 퇴장했다. 그때로부터 이미 반세기 가까운 기간이 경과했다. 그동안의 각국의 행동 방식은 다양했지만, 많은 나라들이 그 시기는 제각각이었을망정 전쟁의 승패와 무관하게 일종의 신정제로부터 합리주의적 민주제로 하나씩 전환되었다. 그것은 여러 나라에서 일종의 '합리성 만능의 신앙'을 낳았고, 이것이 지난 반세기 동안의 지도 원리였다는 것은 부인할 수 없다.─크나큰 전환의 시기를 거치면서 국가에 따라 시기의 길고 짧음이 다르기는 해도 그것은 이른바 저개발국의 지도 원리가 되기까지 했다.

하지만 그것을 만능으로 숭배하는 신앙은 제일 먼저 이 합리성 쪽으로 방향을 전환하면서 경제적 합리성에 바탕을 두고 정치적·사회적 합리성을 추구했고, 그럼으로써 과거를 극복할 수 있으리라고 믿었던 미국에서 이미 붕괴되었다. 국제기독교대학의 후루야 교수는 '펀디'의 출현 이유로 이 점을 지적한다. 즉, 그 나라 최상의 지식인 집단이 일종의 '권위'를 내세워 국민을 상대했는데, 바로 그 '최상의 집단best and brightest'이 모든 면에서 커다란 실패를 저질렀다는 환멸감과 좌절감이 그들로 하여금 개혁을 추구하도록 만들었다는 것이다. 그런데 그들의 전통에서 개혁은 언제나 종교개혁이자 에스라 혁명이고, '근본으로 돌아가자……'라는 복고주의로 나타난다. 그것이 '단호한 근본주의자'를 기반으로 하는 지미 카터의 혜성 같은 출현의 배경이고, 동부 지식인이 "미국은 지금 남침례회가 정복했답니다.”라며 한탄하는 원인이기도 하고, 동시에 때로는 에스라 혁명 같은 방식에 대항할 수단은 없다는 합리주의자의 무력감을 낳기도 한다. 하지만 합리성을 추구하는 ‘힘’은 비합리성이고, 그 비합리를 ‘거세’하면 합리성의 추구는 결국 ‘말장난’으로 전락하며, 그 말장난이라는 것이 ‘말의 이치’는 맞는데도 현실에서 작동하지 않는다는 것이 종교개혁 이후의 원칙이 아니었던가? 만약 합리성을 논리적으로 추구하는 것만으로 충분했다면 민처는 존재할 수 없었을 터이고, 필그림들로 하여금 로빈슨의 ‘신칙’을 가지고 미국으로 가도록 내모는 힘도 없었을 터이다. 그들의 이런 힘을 신약성서 이후 젤롯당과 유사한 요소―그것도 에스라로부터 기인한 것이다.―로 본다면, 합리성이라는 건 어차피 이 힘에 대한 제어장치에 불과하고, 합리성 자체로는 무언가를 설명은 할 수 있을망정 아무것도 움직일 수는 없다. 그러므로 뭔가를 움직이는 ‘개혁’을 하자면 그들이 ‘펀디’에게 개혁을 요구하는 것은 지극히 당연한 노릇이다. 이스라엘 국민이 야딘에게 출마를 요구하는 심정이 이러한 것일 터이다. 물론 이스라엘이나 미국 두 쪽 모두 지금으로선 결과를 알 수는 없지만.

5.

양의 동서를 불문하고 세계는 반세기 만에 이처럼 전환기를 맞이하고 있다고 할 수 있다. 하지만 다른 나라 사람들의 일은 일단 남의 일이다. 그들이 우리에게 큰 영향을 미친다고는 해도 그들은 우리가 아니다. 대체 우리 일본의 '펀디'는 어디에 있을까? 전후인가, 메이지 시대인가, 아니면 더 오래전인가? "일본인이 헌법을 대하는 태도는 마치 근본주의자가 성서를 대하는 식과 비슷하다."라는 한 미국인의 비평은 어떤 의미에서는 옳지만 어떤 의미에서는 그르다. 우리 일본에는 '교황은 그렇게 말했지만 성서는 이렇게 말한다.'라는 식으로 헌법을 가지고 절대적 권위에 저항을 했다는 역사가 있을 것처럼 보이지만 실은 존재하지 않는다. '법'은 민처를 낳지 않고 천년지복적 에너지로 시민혁명을 추구하려는 충동을 일으키지 않는다. 왜냐면 '법'은 이른바 합리성의 상징으로서 비합리성에 대한 '제어'가 될 수는 있을지언정 그 자체가 무엇을 개혁시키거나 스스로를 파멸시키거나 하는 '힘'이 될 수는 없기 때문이다. 그러므로 '불멸의 대전' 혹은 '평화헌법'을 지킨다는 의식은 그 자체로서 제어장치가 어떤 '힘'에 의해 깨진다거나, 일부 깨지고 있다거나, 머지않아 전부 깨질 것 같다는 의식일 수는 있어도, 새로운 합리성을 추구하는 데 비합리성이 '힘'으로 작용하니까 그 '힘'에 새로운 합리성이라는 새로운 제어장치가 필요하다는 의식은 아니다.

아마 이 정도가 우리 일본의 '펀디'일 것이다. 앞으로 되돌아가 다시 프랭크 기브니의 주장을 인용하자면, 이것은 이토 히로부미伊藤博文라는 '천재'가 마련해둔 노선이라고 할 수 있다. 기브니의 설명에 의하면, 이토 히로부미는 헌법을 조사하기 위해 서구를 돌아본 뒤 "기독교 전통과 서구의 헌법은 분리하기 어렵게 결합되어 있음을 깨달았다."고 한다. 확실히 뮌처의 '시민혁명 추구와 천년지복설'은 구분하기 어렵고, 로빈슨의 '신정제와 민주제'는 구분하기 어려우며, 근본주의자의 '성서 절대주의와 합리성'은 구분하기 어렵다. 그러나 이토 히로부미는 이 '분리하기 어려운' 것 중에서 합리성만을 '분리해 일본에 가지고 가는 것이 가능하다고 생각해 그 방법을 연구했다'면서 이는 분명 천재에게만 가능한 발상이라고 그는 말한다.

그렇다. 기브니의 관점에서 보면 이토 히로부미는 '천재'였는지도 모른다. 하지만 우리 일본의 관점에서 보자면, 이토 정도는 그 발끝에도 미치지 못하는 천재였던 아라이 하쿠세키新井白石163가 이미 같은 생각을 한 적이 있었다. 하쿠세키의 행동 방식이야말로 전통인 동시에 어느 누구도 의심을 품지 않은 상식이었고, 이토 히로부미는 전통을 맹종한 전형적인 상식인이었다. 서구적 헌법과 현인신의 병존은 진화론과 현인신의 병존과 비슷한 관계가 되기 때문이다. 우리는 그것을 분리해 수입하고 병존

---

163 아라이 하쿠세키는 에도 시대 중엽의 무사, 정치가 겸 주자학자였다. 그는 직책이 없는 무사로서 6대 쇼군 도쿠가와 이에노부(德川家宣)를 섬기면서 바쿠후 정치를 실질적으로 주도하고 '쇼우토쿠의 치세(正德の治)'라고 불리는 시대를 이룩하는 데 일익을 담당했다. 8대 쇼군 도쿠가와 요시무네 집권 후 실각하고 은퇴하여 저술 활동으로 만년을 보냈다. 주자학, 역사학, 지리학, 언어학, 문학 등 다방면에 걸친 저술과 다수의 한시가 남아 있다.

시킬 수 있다는 것을 당연하고 자명한 일로 여기고 있기 때문에 근본주의자인 과학자에 당혹감을 느끼고, 미국의 신정제적 일면에 당혹감을 느끼며, 시민혁명의 저항 속에 드러나는 묵시록적 천년지복적 에너지에 당혹감을 느끼는 것이고, 당혹감을 느끼지 않기 위해 그런 면들은 모두 사상시켜 일부러 보지 않으려고 애쓰면서 지내왔다. 그리고 상대를 부정적으로 볼 경우에는 이 부분을 다시 분리해서 강조했다. 그 어떤 모습으로 나타나든 간에 '어느 일면은 보지 않는다'는 것이고, 그것은 결국 '보지 않는다'는 것을 의미한다. 하긴 그것을 정말 보았다면 전쟁 후 미국형 헌법만 분리하여 받아들이면 충분하다는 '이토 히로부미' 식의 천재 노선을 그대로 답습하는 일은 없었을 것이다.

메이지 헌법은 그것이 반포되었던 시점에는 나름의 합리성과 모종의 유용성(특히 외부에 대한 과시로써)을 가지고 있었을지도 모른다. 그러나 메이지 헌법은 일본적 비합리성을 바탕으로 그 '힘'을 제어하고 개혁으로 전환시키도록 구성된 것은 아니었다. 비합리성이 강력하다면 저절로 합리성을 향한 활력을 억누르는 다이쇼[164]적 맹목적성(또는 '미키 내각[165]'식

---

164 다이쇼 시대(大正時代)는 다이쇼 덴노의 통치 기간인 1912년 7월 30일부터 1926년 12월 25일까지를 가리킨다. 이 시기에는 '다이쇼 데모크라시'라고 일컬어지는 민주주의, 자유주의적 사조가 크게 유행하였으나 1929년 미국에서 시작된 대공황의 여파가 일본을 덮쳐 경제 침체기에 접어들자 일본 사회에서 민주주의와 자유주의에 관한 열망이 급속도로 식어가면서 민주주의의 암흑기를 맞이했다. 영국과 프랑스가 본국과 식민지 간의 블록경제로 공황을 넘기는 것을 지켜본 일본 군부는 1931년 만주사변을 일으켜 괴뢰정부인 만주국을 수립했다. 이어서 극우 세력과 군부는 만주 침략에 반대하던 이누카이 쓰요시 총리를 암살하고 히로히토 덴노를 앞세워 군국주의로 치달았다.

의 무목적성이라고 해도 좋다.)으로 전환되고, 비합리성을 자체 내에 내재시키게 된다. 하지만 내재화된 비합리성이 외부적·내부적 요인으로 인해 한 가지 목표의 해결을 위한 '힘'으로 변질되어 폭주를 시작할 때, 헌법은 제어장치로서의 힘을 발휘하지 못하고 실질적으로는 사문화되고 만다. 그것이 우리가 걸어온 길이었다. 그리고 그러한 파탄을 청산하는 과정에서 다시 한 번 같은 일을 반복하면서 헌법을 '부적'처럼 지니고 있으면 괜찮을 거라는 '신화'를 그대로 계승한 것이 전후에 벌어진 일이었다.

일본의 경우도 전통적인 합리성과 비합리성은 서로 결합했거니와, 거기에서 합리성만을 추출하고 분리해서 자국의 경제발전 방식으로 채용하려는 여타 저개발국의 시도는 예외 없이 실패하고 있다고 할 수 있다. 우리는 그 실패를 당연시하면서도 어떤 면에서는 스스로 같은 짓을 하고도 실패했다는 자각을 하지 못하고 있을 뿐이다.

전후 일본인의 의식을 출판물이라는 측면에서 보면 크게 두 시기로 나눌 수 있다. 하나는 종전 직후부터 1960년 안보 투쟁[166]까지의 의식으

---

165 미키 다케오(三木武夫, 1907~1988)가 66대 총리대신으로 재임하던 1974~1976년간(쇼와 시대)의 일본 정부를 가리킨다. 이전 총리이던 다나카 가쿠에이가 스캔들로 사임하고 내각이 총사퇴한 후 미키가 자유민주당 총재가 되면서 내각을 구성했다. 1976년 2월 록히드 사건이 발생하자 정부는 사건의 철저한 해명을 약속했고, 7월 27일에 다나카 가쿠에이가 체포됐다. 미키 내각은 인기몰이와 내각 연명을 위해서 록히드 사건을 이용한다는 의심을 받았고, 자유민주당 비주류 파벌에 의한 격렬한 반대 운동이 일어났다. 미키 총리는 이에 중의원 해산으로 대응하려 하였으나 내각 개조와 당 집행부의 교체가 이뤄지면서 양측의 대립은 진정됐다. 미키 내각에서 실현된 법률은 정치자금규정법, 공직선거법의 개정뿐이며 독점금지법 개정안도 중의원에서 가결시켰지만 참의원에서 이 법안이 폐기됐다.

로 이는 고분도弘文堂 출판사 아테네 문고의 광고 문안처럼 '생활은 낮아도 생각은 드높은' 시대였다. 흔히 말하는 '와다쓰미[167] 시대'다. 이것이 1960년 안보 투쟁을 경계로 (1~2년의 격차는 있지만) 급변해 '생활은 높아도 생각은 낮은' 시대가 되었다. 처세how to, 재산 증식 도서에서 경영학 도서 붐에 이르기까지의 시기이며, 그 정점에 있던 것이 다양한 《다나카 가쿠에이 전기》들과 《열도 개조론》 서적이다. 말하자면 '생활은 높고'가 절대적 가치가 되어 호화 저택에 살면서 비단잉어를 키우면 거기에 사는 사람은 '생각은 낮아도' 전혀 문제될 것 없이 영웅이 될 수 있는 시대가 된 것이다.

'변증법'이 믿을 만한 것이라면 이런 의식의 '정'과 '반' 다음의 '합'은 '생활도 생각도 어느 정도 높은(또는 낮은?)' 상태가 올 것이다. 흥미로운 사실은 메이지 시대에도 이런 전환을 거쳐 일종의 '합'의 시대인 다이쇼 시대로 진입했다는 것이다. 그리고 이 '합'이 새로운 비합리성의 타격을 받았을 때 국내의 모든 세력은 '무엇을 해야 좋을지 전혀 모르는' 상태

---

166 안보 투쟁(安保鬪爭, 안포토우소우)란 1960년 일본에서 미국 주도의 냉전에 가담하는 미일상호방위조약 개정에 반대해 일어난 대규모 시민 저항운동을 가리킨다. 1960년 5월 19일 집권 자민당이 경찰을 국회 내에 배치시킨 가운데 단독으로 신안보조약 승인을 강행함에 따라 자민당의 비민주주의적인 처사에 대한 저항으로 확대되었다. 안보 투쟁은 기시 노부스케(岸信介) 내각이 물러나게 할 정도로 일본 정계에 큰 압박을 주었지만 학생운동이 극렬하게 과격주의로 치닫게 되면서부터 시민들의 관심이 점차 저조해졌다.

167 와다쓰미란 해신(海神)을 가리킨다. 1947년 도쿄 대학 협동조합출판부는 《들어라, 해신의 목소리(きけ わだつみのこえ)》라는 전몰 학도병의 유서를 모은 유고집을 발간해 반전 평화운동에 큰 영향을 미쳤다. 이 책은 1950년 영화로도 제작되어 커다란 반향을 일으켰다. 따라서 와다쓰미 시대란 전쟁에 대한 후회와 반성의 인식이 높던 시절을 가리킨다.

가 되고, 그 비합리성은 제어되지 않은 채 어딘가로 뛰쳐나갔던 것이다. 이럴 때 '이토 히로부미 식 노선'은 힘을 잃고 만다. 비합리성을 제어하고 개혁으로 전환시켜야 하는데 비합리성에 바탕을 둔 제어장치는 전혀 없기 때문이다. 그런 까닭에 모든 기구는 아무 작동도 할 수 없는 허구의 상태에서 그저 우왕좌왕할 수밖에 없다.

우리는 어느 대목에선가 이런 사실을 깨달았고, 그럴지도 모른다는 의구심을 항상 가지고 있었다. 바람직한 요소와 그렇지 않은 요소를 분리해서 수입한다는 식의 합리성과 제어장치는 군사력의 시대에 '군사적 에너지'를 제어하지 못했던 것처럼 경제력의 시대에 '돈줄의 에너지'를 제어할 수가 없고, 이대로라면 앞으로도 아마 제어할 수 없을 것이다. 선거가 열리면 '돈줄 총리[168] 같은 인물'이 민주제의 '세례'를 통해 '죄를 씻고' 재등장할 거라는 사람들의 예상은 그대로 적중하고 있다. 그리고 이런 종류의 예견은 항상 그대로 실현되었다. 왜일까? 전후 민주주의자 '펀디'들에게도 그들과 떼어내기 힘들 만치 밀착된 그 어떤 '신정제'적 절대가 있고, 그 비합리적 절대가 만들어내는 힘을 수입된 합리성이 제어하지 못하고 있는 것이다.

제어할 수 없다고 느낄 때 제일 먼저 나타나는 행동 방식은 외부에서 수입해온 제어장치를 절대화함으로써 모든 면에서 이 '힘'을 압살하고 봉쇄하려는 것이다. 다이쇼 시대에도 그런 일이 있었고, 전후에도 그것은 이어진다. 그것을 행하는 것이 '야당'의 역할이었다. 전후의 방식은 군사

---

168 이른바 '금맥 사건(金脈事件)' 스캔들로 사퇴한 다나카 가쿠에이 전 총리를 가리킨다.

적 에너지를 봉쇄해두면 그걸로 충분하다는 발상이었는데, 봉쇄해둔 에너지가 방향을 바꾸어 비합리성을 발휘할 때 그 비합리성에 대응하려면 어떤 제어장치가 있어야 그것을 개혁으로 전환시킬 수 있겠는가 하는 고민은 전혀 없었다. 그러다 보니 항상 '공기'에 의한 극단적인 전환으로부터 '물'에 의한 또 다른 전환으로 여러 번 전환을 거듭하는 것이다.

외부의 펀디를 보지 않는 전통이 스스로의 '펀디'를 보는 것을 불가능하게 만든 것이리라. 그리고 이것이 서너 번 전환을 거듭하게 되면 언젠가는 스스로 그 힘을 잃고 '생각과 삶이 괴리되지 않는' (평온한 상태라기보다는) 일종의 정체 상태에 접어들고 쇄국적 사회가 재현되지 않을까. 이런 방향성은 분명히 존재하지만, 이것이 실현되는 것은 불가능해 보인다. 그렇다면 우리는 스스로의 '펀디'를 다시 파악하는 수밖에 없다.

그렇다면 이 '펀디'란 것은 대체 무엇인가. 이것을 무시하면 우리는 언제까지나 같은 상태를 반복할지도 모른다. 그것을 막으려면 우리의 합리성에 구분하기 어려울 만큼 밀착되어 있는 신정제적 요소를 탐구하고 그 제어장치를 스스로 창출할 수밖에 없다. 그것은 미국의 신정제와는 매우 다를 것이라고 생각되지만, 그들의 신정제로부터 매우 민감하게 영향을 받기 쉬운 요소라고 본다. 그것은 '하나님 앞에서의 평등'과 대비할 수 있는 '일군만민적·가족적 평등'이며, 이러한 평등주의에 입각한 윤리주의이며, 그 윤리주의를 강행할 수 있는 '강권'에 대한 갈채다. 그러나 그 기반을 이루고 있는 일본의 절대적 제도는 서구의 경우처럼 교의(도그마)를 절대화하는 것이 아니라 오히려 가족적 상호주의에 입각한 자기 및 자기 소속 집단의 절대화라고도 부를 수 있는 그 무엇일 것이다. 그래서 일본인은 절대화를 계속 행하면서도 정작 '도그마'라는 말을 그 무엇보다 싫어하는 것이 가능하다. 그런 까닭에 검찰에 갈채를 보내는 국민과, 지역구에 대한 '봉사'라는 '윤리주의'를 추구하며 '금권적' 실력을 발휘하는 돈줄 총리에게 표를 주는 선거구민이 동일한 국민일 수 있는 것이다.

우리도 스스로의 '펀디'로 돌아와 거기에서부터 개혁을 이끌어내자면 먼저 검토해야 할 것이 바로 이 점이라고 나는 생각한다. 그리고 그런 점은 꼭 선거구민에게만 있는 것이 아니라 학자에게도 있다. 우리가 근본주의자인 과학자를 만나면 '당혹감'을 느끼는 것처럼 그들을 '당황하게 만드는' 측면, 즉 일본 과학자가 '과학상의 문제'에 대한 최종 결정을 '통상성의 교의가 결정'하도록 맡긴다거나 '아비와 자식이 서로 숨겨주는' 윤리를 우선시하는 일면이 있고, 아울러 과학 만능이 되지 않기 위해 이러한 일면을 시인하는 면도 있다. 그리고 이러한 측면은 최종적으로는 가장 비논리적인 정당이 지닌 일종의 합리성으로 나타나고 있는 것이다.

그것은 한마디로 말하면 공기를 조성하고, 찬물을 끼얹고, 물이 비가 되어 체계적 사상을 전부 부식시켜 해체하고, 해체된 것들을 스스로의 통상성 안으로 계속 흡수하는 가운데 표면상으로는 상호 모순되는 '말'을 아무렇지도 않게 병존시켜둘 수 있는 상태다. 이것이 아마도 우리의 온갖 체제의 배후에 있는 신정제일 것이다. 이 신정제의 기초는 아마도 범신론pantheism일 터이므로, 그것은 범신론적 신정제라고 부를 수 있을 것이다.

우리는 그런 형태의 병존에 아무런 모순을 느끼지 않고 있다. 이것이 우리의 근본주의다. 그렇다면 그 체제는 대체 어떤 것이고, 어떤 결함을 갖고, 장차 어떻게 작동할 것이고, 어떻게 하면 그 결함을 극복할 수 있을 것인가 하는 것이 우리가 당면한 문제다.

6.

일본인은 '상황을 임재감적으로 파악하여 역으로 상황에 지배됨으로써 움직이고, 이런 현상이 일어나기 전에는 그런 상황이 닥쳐오리라는 것을 논리적·체계적으로 논증하더라도 그 때문에 움직이지는 않지만, 순간적으로 상황에 대응할 줄 안다는 점에서는 천재적'이라는 취지를 나카네 지에中根千枝169 씨는 재미있는 표현으로 요약한 바 있다. "뜨거운 것에 치지직 하고 닿아 반사적으로 급히 물러서기 전까지는 그게 뜨겁다고 아무리 설명해도 받아들이지를 않는다. 그러나 치지직 했을 때의 대응은 실로 교묘해서 크게 다치지는 않는다."라고.

오일쇼크 때의 대응 방식은 과연 이러한 설명에 잘 들어맞는데, 과거를 돌이켜보면 공해 문제에 관해서도 마찬가지였다. 이와 같은 경향이 우리에게 있는 것은 분명하고, 당연히 있다고 보아야 한다. 우리는 상황의 변화에 반사적으로 대응할 줄은 알아도, 장래의 상황을 말로 구성한 예측에는 대응할 줄을 모른다. 앞에 '카드뮴' 관련 부분에서 나는 '과학은 만능이 아니다.'라는 신문 투고를 인용한 바 있다. 그 투고자가 자신

---

169 나카네 지에(1926~)는 인도 및 티베트, 일본 사회조직 등의 분야에 전문성을 가진 사회인류학자로 도쿄 대학 최초의 여성 교수, 일본학사원 최초의 여성 회원, 문화훈장 최초의 여성 수여자에 해당한다. 저서로는 《미개의 얼굴, 문명의 얼굴(未開の顔·文明の顔)》, 《종적 사회의 인간관계(タテ社会の人間関係)》, 《일본인의 가능성과 한계(日本人の可能性と限界)》, 《한국 농촌의 가족과 제사(韓国農村の家族と祭儀)》 등이 있다.

의 주장으로 생각하고 말했던 내용은 실은 현실이었다. 말에 의한 과학적 논증은 임재감적 파악 앞에서 무력했고, 지금도 무력하다. 전쟁 중에도 그러했지만 전후에도 이 점은 달라지지 않았다. '대약진운동' 당시 오케타니 시게오桶谷繁雄170 씨가 야금학 전문가의 입장에서 중국의 토착식 제강 방법으로는 도저히 철을 만들 수가 없음을 논증했다가 일제히 공격을 당한 경험을 기록한 바 있다. 사람들은 야금학자의 과학적·기술적·전문적 논증은 안 믿고, 토착 방식의 고로高爐가 장대하게 늘어선 사진에 반응하는 것이다. 마찬가지로 세제 소동171 당시 제조업자가 판매를 고의로 줄이는 매석賣惜 행위를 전혀 하지 않고 있으며 감산을 하는 것도 아니라고 아무리 논증해도 허사였다고 한다. 어느 회사의 사장은 "그 문제라면 지독하게 난처했다."라는 투로 이야기한 적이 있었다. 이 사장이 아무리 논증을 하더라도, 사람들은 국회의원 등의 적발대가 창고에 세제가 산더미처럼 쌓여있더라고 용감한 척하며 고발하는 사진과 기사 쪽에 반응하는 것이다.

똑같은 일이 지금도 벌어지고 있다. 일전에 핵 발전 전문가 이마이 류키치今川隆吉172 박사는 "어떤 사람에게 정보를 제공했을 때, 그 결과 그

---

170 오케타니 시게오(1910~1983)는 일본의 금속학자 겸 평론가로, 도쿄 공업대학 교수 및 명예교수를 역임했다.

171 1973년 오일쇼크를 계기로 물자 부족 상태가 벌어지리라는 소문으로 인해 벌어진 세제 사재기 소동으로, 같은 시기 화장지 사재기도 문제가 되었다. 당시 언론이 사재기로 인한 가격 상승 현상을 보도함으로써 사태를 오히려 악화시켰던 것으로 보인다.

172 이마이 류키치(1929~)는 핵 발전, 핵 확산, 핵 안전 분야를 전문적으로 다룬 저술가다.

사람이 가지고 있을 정보량과 그 사람의 태도 변경과는 상관이 없다는 것이 여러 조사 결과 드러나 대단히 놀랐다."는 취지로 말한 바 있다. 요컨대, 원자력 발전에 대해 서너 시간에 걸쳐 정확한 정보를 제공하고 상대의 질문에도 응했으므로 상대가 완전히 납득했을 것으로 생각했는데 상대는 그것만으로는 태도를 바꾸지 않더라고 한다. 오히려 그 설명을 부정하는 것처럼 보이는 사진 한 장을 보이면 그쪽에 쉽게 반응한다는 것이다. 이것 또한 토착 공법 고로의 사진에 반응하는 것과 원칙적으로는 동일한 이치다. 그보다 이십여 년 전 오케타니 씨가 체험한 것과 매우 비슷하다.—토착 공법으로 철을 만들 수 없다고 전문가들이 아무리 학문적으로 논증하고 심지어 사람들이 그 논증을 납득하더라도, 그것으로는 태도를 바꾸지 않고 한 장의 장대한 사진 쪽에 반응해버린다. 그리고 이러한 것이 바로 전쟁 중의 상태였던 것이다. 이런 사례를 들자면 끝이 없다. 아니, 오히려 그 반대의 사례를 찾는 것이 어렵다고 하겠다.

그렇다면 이런 경향은 일본인만의 것일까? 결코 그렇지는 않다. 영상을 거부하고 논증에만 초점을 맞추면 이런 경향이 없어지는 것일까? 결코 아니다. 겹겹이 쌓인 비논리적인 말이 영상처럼 파악되고, 사람이 이를 임재감적으로 파악하여 거기에 구속되는 경우도 있는데, 그 전형적인 예로 들 수 있는 것이 묵시문학이다. 묵시문학이라고 하면 일본에서는 요한계시록밖에 알려지지 않았고, 그나마 읽거나 연구하는 이가 거의 없다. 묵시문학이라는 것은 쉽게 말하면 일종의 '말의 영상'을 순차적으로 독자에게 제공함으로써 독자를 어떤 상태에 구속하는 문학이라고 할 수 있다. 일단 여기에 구속된 사람은 설령 논리적으로 논파당한다 해도 심적 전환을 일으키지 않고, 그대로 가다가는 죽음을 당할 것이 분명하다는 것을 논증한다 하더라도 태도를 바꾸지 않은 채 순교하게 되는 것이다. 묵시문학에는 종종 신화적 기법이 사용된다. 그런 측면에서 보자면 전쟁 전 일본의 역사 교과서는 '신화를 사실로 가르쳤다'기보다는 일종의 묵시문학으로 간주하는 것이 합리적이다. 전쟁을 하면 일본이 파멸하리라는 것을 논증하고 이대로 가면 죽음밖에 없다는 것을 증명해 보여도 이 묵시문학에 구속된 사람은 태도를 바꾸지 않았을 것이다. 이는 일본인이 특별히 이상한 민족이라는 뜻은 아니다. 인간은 다 똑같은 인간인 까닭에 어떤 상황 아래서 어떤 반응을 보이는 것은 당연하고, 다른 상태에 놓이게 되면 또 다른 방식으로 행동한다는 이야기일 따름이다.

어째서 이렇게 되는 것일까? 사람들은 묘사나 도상圖像, icon에는 사상성思想性이 없다고 믿어버리기 때문이다. 묘사도 도상도 사상을 전달한다. 어떤 도상이 어떤 사상을 전달했는지를 연구하는 도상학iconography이라는 학문도 있거니와, 묵시문학도 이런 관점에서 '말을 통해 연속적으로 영상을 축적시킴으로써 사상을 전달하는 방법'으로서 연구되어야 하는 것이다.

이와 같은 눈으로 일본의 신문을 읽을 때 비로소 사람들은 그것이 모종의 사상을 묵시록적으로 전달함으로써 독자에게 아무런 논리적 논증도 받아들이지 못하게끔 막아왔다는 수수께끼의 해답을 풀 수 있을 것이다. 전쟁 중 보도에 관한 연구, 중국 관련 보도에 관한 연구, 공해 보도에 관한 연구 등 모든 것을 이런 관점에서 연구해 나가다 보면, 단순한 묘사의 축적처럼 보이는 것이 실은 사람들을 모종의 사상으로 구속하고 절대로 태도를 바꾸지 못하게끔 만드는 묵시록적 전달이었다는 사실을 깨닫게 될 것이다. 이러한 탐구의 세부 사항에 대해서는 다른 기회로 미루고자 한다.

사람은 논리적 설득으로는 심적 태도를 바꾸지 않는다. 특히 화상, 영상, 말의 영상화에 의해 대상에 대한 임재감적 파악이 절대화되는 일본에서 그것은 불가능하다고 할 수 있다. 카드뮴을 '카드뮴'으로 보는 사람에게 카드뮴이 금속이라는 사실을 논증하고, 비슷한 방식으로 부적이 종이임을 논증하고, 어진도 영정도 종이와 인화지와 인쇄용 잉크라는 사실을 논증해봤자 그것은 마치 한 권의 책이 종이와 잉크로 이루어져 있음을 논증하는 것과 마찬가지로 무력한 것이다. 이러한 무력함을 깨달을 때, 사람들은 그 임재감적 '공기'에 대항하기 위해서 통상성의 '물'을 끼얹는다. 그러나 여기서 잊어서는 안 될 점은 공기도 물도 현재 및 과거의 것이며, 미래는 그것들과는 아무 상관이 없다는 사실이다. 따라서 이런 방법을 취하는 사람은 필연적으로 보수적이 될 수밖에 없다. 이른바 진보적인 '공기'도 그 자체로서 실은 가장 보수적인 것이 될 수밖에 없는 것이다. 과거의 물은 항상 '눈앞에 예측 가능한 현실로서의 미래'를 '끼얹음'으로써 공기에 대응하는 방식이었다. 하지만 이른바 선진국의 '현재'를 자국의 미래로 임재감적으로 파악했다는 점에서 엄밀한 의미에서 진정한 미래는 아니었다.

'미래는 신의 손에 달려 있다(未来は神の御手にある).'라는 말이 있다. 이 말은 종교적으로 이해해도 좋지만 현실적으로 이해하면 의미가 더욱 명확해진다. 인간의 손은 미래를 만질 수가 없다. 내일의 상태에 손을 댈

수 없을 뿐 아니라 1시간 후, 1분 후의 상태조차 손댈 수 없다. 쉬운 예로써 어느 순간 난로가 쓰러지며 다가와도 그것이 몸에 닿기 전까지는 치지직 하고 느낄 수 없으며, 그 5분 전까지도 사람은 미리 그 느낌에 접할 수는 없다. 나카네 지에 씨의 말을 부연하면, 난로가 5분 후의 미래에 사람 몸에 닿았을 때 어떤 상태가 되는지 아무리 설명해주어도 일본인은 그걸 믿지 않는다는 것이다. 간략히 말하자면 '사람은 미래를 만질 수는 없으므로 미래는 오로지 말로 구성할 수밖에 없다. 그러나 우리는 말로 구성된 미래를 현실감을 갖고 파악하거나 거기에 현실적으로 대처하기 위한 심적 전환을 하지 못한다.'라는 설명이 가능하다. 임재감적 파악은 뭔가가 임재하지 않는 한 파악할 수가 없으니, 이는 당연하다고 해야 할 것이다.

우리 일본인은 우리 손으로 미래를 말로 구성해본 적이 없었다. 말은 언제나 묵시적 전달의 수단이었다. 이는 일본의 비평에서도 드러나는데, 논쟁이 벌어져도 상대의 한마디 한마디 내용을 비평하지 않고 상대에 대한 모종의 묘사를 쌓아올려 어떤 인상을 독자인 제삼자에게 전하고 그 인상에 상대를 대응시킴으로써 논쟁을 끝내려고 한다. 그런 결과 '세계에서 욕설과 비방에 가장 약하다'는 평을 듣는 상태가 되었다. 말하자면 모종의 상황이 창출되는 것을 극단적으로 두려워하고, 그 상황에 따른 사람들의 심적 전환을 두려워하는 태도다. 그러나 '공기'가 사라지면 이것도 사라지기 때문에 논증에 의해 좀 더 정확한 미래를 말로 구성하는 것을 불가능하게 만들고 있다. 이것이 더더욱 사람들이 '말에 의한 미래의 구성'을 실감하지 못하도록 하는 악순환을 낳았다. 한편, 이래서는 아무래도 안 되겠다는 것을 깨닫고 '어쩔 수 없이 미래 예측을 필요로 하는 집단', 예컨대 기업 등에서는 스스로를 일종의 쇄국 상태에 가두고 그 밀실 안에서 내부에서만 통용되는 말로 자신의 미래를 구성하고, 그렇게 구성된 미래와 현실 사이에서 일을 처리하려는 경향도 생겨났다. 그것은 다시 그 폐쇄 집단 내부의 사적 신의에 바탕을 둔 충성을 조장하고, '아비와 자식이 서로 숨겨주는' 윤리를 더욱 공고히 한다.

만약 이런 상태가 이대로 계속된다면 아마 일본은 그런 능력을 가진 집단과 갖지 못한 일반인 두 편으로 나뉘게 될 것이다.

'공기'에 맞춰 한 행동이 돌고 돌아 어느새 자신의 목을 조여오고, 그 판단에 따라 움직이다 보면 이러지도 저러지도 못하게 된다는 것을 사람들은 여지없이 실감할 수밖에 없게 되기 때문이다. 이런 사실은 전쟁 직후 징그러울 정도로 실감했던 셈이지만, 현대에도 공해 문제가 요란하던 시절 '경단련'[173]을 에워싼 시위대가 "일본의 공장을 전부 멈춰라."고 요구한 데 대해서 어느 경제 기자가 "한번 그렇게 해보면 될 텐데."라며 될 대로 되라는 식으로 말한 사례에서도 실감할 수 있다. 이는 임재감적 파악에 기초한 행위는 행위자가 저지른 일이 돌고 돌아 미래에 자신에게 어떤 영향을 미칠 것인지를 판정할 수가 없다는 것, 오늘날의 사회는 그 판정 능력을 잃어버렸다는 것을 의미한다. 그 기자의 사고방식을 요약하면 '치지직 데어서 뜨거움을 느끼지 않는 한 이해를 못하는 사람들에게 그런 짓을 하면 어떻게 될지 아무리 논증해봤자 귀를 기울이지 않는다. 그러니까 한번 불에 데어도 된다.'라는 일종의 체념적 발언인데, 이런 태도는 전

---

173 일본경제단체연합회(日本経済団体連合会)를 줄여서 경단련, 즉 게이단렌이라고 부른다.

쟁 중에도 있었다. 막상 상황이 끝나고 '공기'가 사라지면 결국 다시 똑같은 말을 반복하게 될 것이다.—'미국과 일본의 생산력·군사력의 차이, 석유·식량의 예측, 초등학생이라도 알 만한 계산을 왜 못했을까……' 하는 말과 마찬가지로 '모든 공장의 가동을 중단하면 도대체 무슨 일이 벌어질지 초등학생이라도 알 만한 일을 왜 몰랐던 것일까.'라고. 다행히 이런 일은 일어나지 않았지만, 비슷한 일이 소규모로는 끊임없이 벌어졌다. 그리고 사람들은 세제 파동 같은 일이 벌어지면 임재감적 파악에 바탕을 둔 직접적 행동이 자신에게 뜻밖의 결과를 초래하게 된다는 것을 어렴풋이 깨닫게 된다. 그것이 현재 벌어지고 있는 일종의 무반응 상태의 원인이라고 보는 사람도 있다.

그러나 그런 가운데도 어떤 부류의 엘리트는 앞에 설명한 것 같은 작업[174]을 하고 있다. 이것이 점점 더 진행되면 결국 새로운 사대부들이 모든 것을 통치하고 '백성은 따르게 할 수는 있어도, 알게 할 수는 없다.'[175]라는 유교적 체제로 돌아가게 될 것이다. 사람들이 그렇게 되어가는 것을 마음속 어딘가에서 반쯤 인정한 것이 아닌가 여겨지는 조짐도 있다. 이런 상황 속에서 '자유'는 어느 자리에 설 수 있을까? 그것을 찾으려면

---

174 앞에서 말한 '스스로를 일종의 쇄국 상태에 가두고 그 밀실 안에서 내부에서만 통용되는 말로 자신의 미래를 구성하고, 그렇게 구성된 미래와 현실 사이에서 일을 처리하는 작업'을 의미하는 것으로 해석된다.

175 《논어》 태백편(泰伯篇)의 '子曰 民可使由之 不可使知之' 내용을 인용한 것이다. 이수태 저 《새번역 논어》는 이 구절을 '백성들은 그것에서 비롯하게 할 수는 있지만 그것을 알게 할 수는 없다.'라고 새기고 있다.

예전 사람들이 무엇을 어떻게 해서 묵시록적 지배로부터 벗어났었는지를 기록한 역사가 참고가 될 것이다. 하지만 그 문제에 대해서는 다른 기회에 써보려 한다. 이 책의 목적은 '공기'를 연구해서 우선 그 실체를 파악하려는 데 있기 때문이다.

후기

나는 이 책에서 《분게이슌쥬》에 연재한 〈'공기'의 연구〉와 《쇼쿤!》에 게재한 〈'통상성'의 연구〉, 〈사건 뒤에 오는 것事件のあと に来るもの〉 등을 바탕으로 일본에 잠재하는 전통적 발상과 심리적 질서, 그에 바탕을 둔 잠재적 체제에 대한 탐구를 시도했다. 〈'공기'의 연구〉를 제목으로 삼은 이유는 나의 탐구가 '공기'에서 시작해 결국 다시 '공기'로 돌아왔고, '공기'가 전체를 꿰뚫는 주제였기 때문이다.

'공기의 지배'의 역사는 언제부터 시작된 것일까? 물론 그 뿌리는 임재감적 파악 자체에 있지만, 그것이 맹위를 떨치기 시작한 것은 아마 근대화 진행기일 것이다. 도쿠가와 시대와 메이지 초기의 지도자들에게는 최소한 '공기'에 지배당하는 것을 '수치'로 생각하는 면이 있었다고 생각된다. "그래도 남자라는 놈이 그 자리의 공기에 지배당해 경거망동을 하다니……."라는 말에 나타나듯이, 인간은 '공기'에 지배되어서는 안 되는 존재이지, "지금 공기로는 어쩔 수 없다."라고 해도 좋은 존재는 아니었던 것이다. 그런데 쇼와 시대에 들어서면서 '공기'의 구속력이 점차 강해지더니, 언제부터인가 '그 자리의 공기', '그 시대의 공기'를 일종의 불가항력적 구속으로 여기게 되었고, 동시에 공기에 구속되었다는 증명이 개인의 책임을 면제한다고까지 여기기에 이르렀다.

현대에도 저항이 없는 건 아니다. 하지만 '찬물을 끼얹는다'는 통상성적 공기 배제의 원칙은 결국 같은 근원의 다른 작용에 의한 공기의 전위轉位에 해당할지언정 저항은 아니다. 그러므로 다른 '공기'로 전위되는 데 대한 저항이 현 '공기'의 유지 및 지속을 강요하는 형태로 표출되고, 그것이 역으로 공기의 지배를 정당화하는 결과를 낳는 악순환을 초래하고 있다. 그럼으로써 이제는 공기에 대한 저항 그 자체가 죄악시되기에 이르렀다. 이것은 록히드 사건 당시 자주 회자된 "흐지부지하지 마라."라는 말에도 나타나고 있다. 이는 록히드 사건을 규탄하는 '공기'를 언제까지나 유지하려는 주장이었던 것처럼 보이는데, 그래도 결국 '흐지부지'되고 말았다. 그러면 도대체 어째서 '흐지부지'되느냐 하는 것은 '흐지부지의 연구'라는 책을 처음부터 새롭게 쓰면서 씨름해볼 법한 문제인데, 물론 이 '흐지부지의 원칙'은 '공기와 물'의 관계에 바탕을 두고 있다.

'록히드 사건의 철저한 추구追究176'라는 '공기'에는 피할 도리 없이 '통상성의 물'이 끼얹어진다. 누군가가 의식적으로 '물'을 뿌리려고 하지 않더라도 "철저히 추구하라."고 외치는 사람의 통상성 자체가 그 외침에 '물'을 끼얹고 있기 때문에, 그 사람이 일본의 통상성 속에서 살고 있는 한 그 '공기'를 '철저한 추구가 끝날 때'까지 지속시킬 도리가 없다. 그것은 개천에서 용이 나는 유행今太閤ブーム177을 지속시키는 일이 불가능한 것과 마찬가지다.

새삼 말할 필요도 없지만, 원래 뭔가를 추구하는 끈기를 필요로 하는 지속적이고 분석적인 작업은 공기의 조성을 통해 추진·지속·완성할

---

176   이 세 단락에서 사용된 '추구'라는 단어는 '목적을 이룰 때까지 뒤쫓아 구한다'는 의미의 追求
        가 아니라 '근본을 캐어 들어가 연구한다'는 의미의 追究이다.

수가 없고, 공기에 지배되지 않고 그로부터 독립할 수 있어야 가능하다. 정말로 지속적·분석적 추구를 하겠다고 들면, 공기에 구속되거나 공기의 결정에 좌우되거나 하는 일은 장애가 될 뿐이다. 지속적·분석적 추구는 대상이 무엇이든 그것을 자기의 통상성에 포함시켜 추구하는 행위 자체를 자신의 통상성으로 변모시킴으로써 비로소 구속을 벗어나 자유로운 발상을 확보·지속하는 것이 가능해진다. 공기로 구속해둔 상태에서 추구한다는 것, 이른바 '구속과 추구'를 일체화할 수 있다고 생각하는 것 자체가 하나의 모순이다. 이를 모순으로 느끼지 않는 한 그 어떤 일도 자유로운 발상에 바탕을 두고 추구할 수 없다. 앞에 설명한 것처럼, 대상을 임재감적으로 파악하는 것은 그러한 추구를 포기하는 것이기 때문이다.

이것은 "흐지부지하지 마라."고 외치면서도, 사태를 '흐지부지하게' 만드는 원인이 무엇인지를 '흐지부지하게' 다루고 있다는 것을 깨닫지 못하는 점에서도 드러난다. 말하자면, '흐지부지함을 반대한다'는 공기에 사로잡혀 '흐지부지하게 되는' 원인을 '흐지부지하게' 추구하고, 그러면서도 태연히 있을 수 있는 자신의 심적 태도에 대해서도 '흐지부지하게' 추구하는 것이다. 이것이 바로 '공기의 구속'이다. 적어도 쇼와 시대

---

177 혼디 다이코(太閤)라 함은 아들에게 관백의 지위를 물려준 섭정(攝政)이나 태정대신(太政大臣)을 높여 부르는 말로, 도요토미 히데요시(豊臣秀吉)를 가리키는 경우가 많다. 이마다이코(今太閤)라는 표현은 도요토미 히데요시가 비천한 처지에서 시작해 힘을 길러 결국 다이코가 된 것처럼 출세하여 최고 권력자가 된 사람을 의미하는데, 일찍이 이토 히로부미를 지칭하는 데 사용된 바 있었다. 1970년대 일본에서는 맨손으로 시작에 총리직에 이른 다나카 가쿠에이 총리에 국민들이 열광하던 시절 이마다이코 총리라는 표현이 다시 유행처럼 사용되었다. 굳이 번역을 하자면 '개천에서 난 용' 정도가 적당하겠지만, 물론 어감은 다르다.

이전의 일본인에게 있었던 '그 자리의 공기에 좌우되는 것을 수치로 여기는 심적 태도'에는 이런 면에 대해 자신을 추구하는 면이 있었음을 부인할 수 없다.

도대체 왜 이와 같은 '자기 추구自己追究'가 사라지고 전체공기구속주의의 독재가 초래된 것일까? 사라진 것을 좇아봐야 소용이 없는 노릇이라면 우리는 다른 어떤 대상을 추구해야 하는가? 서구가 개혁을 추구할 때 스스로의 근원으로 돌아가 근본주의자로서의 위치에서 새 출발을 했다면, 그 방식은 우리에게도 참고가 될 것이다. 그런 의미에서, 지금 우리가 근본주의자에 대해 하고 있는 말과 완전히 동일한 말을 했던 최초의 일본인으로 '5백 년에 한 명 나올 사람'이라는 아라이 하쿠세키[178]를 후기에 소개함으로써 이 책의 마무리로 삼고 싶다.

그가 저술한 《세이요우키분西洋紀聞》은 일본에 잠입해온 선교사 죠바니 바티스타 시도티Giovanni Battista Sidotti[179]를 하쿠세키가 심문한 내용을 기록한 책이다. 이 책에서 하쿠세키는 그를 다음과 같이 평가했다. "그 교리를 설명하는 데 이르러서는 한마디로 간단히 설명할 수 있는 내용이 아니고 지혜와 우매함이 금세 역전되면서 마치 두 사람의 이야기를 듣는

178   주석 158번 참조.
179   죠바니 바티스타 시도티(1668-1714)는 쇄국정책하의 에도 중엽(1708년) 일본에 잠입해 불법 포교 활동을 하다가 체포되어 죽을 때까지 구금되었던 이탈리아 시칠리아 태생의 선교사다. 당시 아라이 하쿠세키가 그를 심문한 기록을 책으로 남겼는데, 하쿠세키는 시도티의 학식과 태도에 감명을 받았고, 이 두 사람의 접촉은 쇄국정책의 최초 전환점이 되었다. 하쿠세키는 모든 서양인을 고문과 사형에 처하는 대신 출국과 구금 조치를 우선하고, 사형은 최후의 수단으로 삼을 것을 건의했다.

것과 같다. 이로써 알 수 있는 것은 저쪽의 학문이라는 것은 단순히 눈에 보이는 형태形와 그릇器에 정통하여 이른바 형이하形而下적인 것만을 안다는 것이고, 형이상形而上의 것을 다룬다는 것은 아직 들어보지 못하였다."

하쿠세키는 이 한 사람으로부터 '두 사람의 말'을 듣는 것 같았다고 술회했다. 한쪽이 현자의 말이라면 다른 한쪽은 바보의 말이었다. 하쿠세키가 현자의 말로 받아들인 것은 시도티의 인문과학적 지식과 세계정세에 관한 광범위한 인식으로, 그는 이것을 높이 평가했다. 반면에 그가 바보의 말이라고 생각한 것은 시도티가 일부러 일본에 잠입하면서까지 전하려 했던 기독교의 가르침이었다. 사람들은 저명한 자연과학자나 사회과학자가 근본주의자라고 하면 이것과 똑같은 생각을 품게 된다. 그러나 시도티는, 하쿠세키에게는 현명하고 어리석은 두 사람으로 보였던 것을 하나의 인격 속에 결합한 한 명의 인간이고, 그로 하여금 일본에 오도록 만든 그 힘은 하쿠세키가 현명하다고 본 부분에 속한 것이 아니라 실은 우매한 부분, 말하자면 '믿처'식의 비합리성에 속한 것이었다. 이러한 원칙은 단지 근본주의자들에게만이 아니라 종교개혁 이후, 아니 그 이전부터 모든 서구인들의 내부에 있던 본질에서 말미암는 것이다. 메이지유신 이후, 아니 하쿠세키 이후 우리는 오로지 그들 내부의 '현명해 보이는 부분'에만 눈길을 멈추고 '어리석어 보이는 부분'은 무시한 채 오늘날에 이르렀다. 이토 히로부미도 그러했거니와, 일본의 전후사도 짧지만 그런 현상의 일환에 불과하다. 지미 카터에 대한 보도를 살펴보더라도 일본 언론은 그의 '우매한 부분'은 절대로 건드리지 않는다.

물론 하쿠세키가 '황화론黃禍論'을 믿는 일부 서구인들 비슷한 일본식 '백화론자白禍論者'였던 건 아니었다. 이 점에서 그는 전전과 전후를 막론하고 어떤 형태로든 언제나 존재해왔던 '귀축 영미鬼畜米英를 부르짖는 백화론자'들과는 달리, 냉정하게 시도티의 사고방식을 검토하고 일본은 그의 가르침 중 '우매한 부분'은 받아들여서는 안 된다고 결론지었다. 그는 그것을 다음과 같이 결론지었다. 그의 대기독교 정책은 어디까지나 이 결론에 근거한 것이었고, 그 쇄국 철학은 지금까지도 일본을 구속하고 있다.

　'……그렇다고는 하나, 그가 가르치는 바는 천주天主가 있어, 하늘을 만들고 땅을 만들며 만물을 만든 천주를 대군대부大君大父(전능한 창조자)로 섬기는 것이다. 내게 아비가 있으나 사랑하지 않고, 나에게 임금이 있으나 존경하지 않는다면 이를 불효불충不孝不忠이라 한다. 하물며 그 대군대부를 섬기는 데 경애를 다하지 않는 일은 있을 수 없다. 전례典禮를 따지자면 천자가 상제上帝를 섬기는 예가 있고, 제후 아래로는 감히 하늘에 제사를 지내지 않는다. 이는 귀천의 구분이 어지럽혀져서는 안 되는 까닭이다. 신하는 임금을 하늘로 섬기고, 자식은 아비를 하늘로 섬기고, 아내는 지아비를 하늘로 섬긴다. 그리하여 임금을 섬기는 것이 충忠으로 하늘을 섬기는 바가 되고, 아비를 섬기는 것이 효孝로 하늘을 섬기는 바가 되며, 지아비를 섬기는 것의 의義로 하늘을 섬기는 바가 된다. 삼강의 도리(군신·부자·부부)를 제외하고서는 하늘을 섬길 다른 길은 없다. 만약 내 임금 이외에 섬겨야 할 대군이 있고, 내 아비 외에 섬겨야 할 대부가 있어 그 존귀함이 내 임금과 아비의 존귀함이 미치지 못할 정도로 높다고 한다면, 단지 집에 가장이 둘 있고 나라에 임금이 둘 있다는 정도에 그치지 않고 임금을 멸시하고 아비를 멸시하기에 이를 터이니, 이처럼 큰 문제가 없으리라. 비록 그의 가르치는 바가 아비를 능멸하고 임금을 능멸하라는 데까지 이르지는 않고 있다 하더라도 폐해는 심대하니, 기어이 그 임금을 시해하고 그 아비를 시해하는 지경에 이르러서야 서로 후회할 일이 아니다.'

왜 기독교인은 안 된다는 것인가? 한마디로 결론을 말하자면 유교를 바탕으로 한 일본식 서열적 집단주의에 어긋나기 때문이다. 개인이 '하늘'과 직접 연결되는 것은 허용되지 않고, 개인은 항상 자신이 소속된 집단을 '하늘'로 여기고, 그 집단은 더 상위의 집단을 '하늘'로 여겨, 사람에게는 '두 개의 존엄'이 있어서는 안 되며, 만약 그것을 인정하게 되면 모든 질서가 무너지기 때문에 기독교인은 안 된다는 것이다. 이것이 그의 결론이다.

이런 관점으로 보면 서구에서는 항상 '두 개의 존엄'이 있었다고 할 수 있다. 개인이 '하늘'에 직접 연결되는 것이 당연하고 사람은 항상 개인으로서 신과 대면하는 존재로 규정되었다. '야훼의 낯을 피할 수 없다.'[180]는 말에서 보듯이, 사람은 신과의 대면을 피할 수 없는 것이다. 이는 하쿠세키가 시도티로부터 '두 사람의 말'을 들은 결과로 나타나기도 하고, 동

---

180   창세기 3:8(그 남자와 그 아내는 날이 저물고 바람이 서늘할 때에 주 하나님이 동산을 거니시는 소리를 들었다. 그 남자와 그 아내는 주 하나님의 낯을 피하여서 동산 나무 사이에 숨었다.), 요나서 1:3(그러나 요나는 주님의 낯을 피하여 스페인으로 도망가려고 길을 떠나 욥바로 내려갔다. 마침 스페인으로 떠나는 배를 만나 뱃삯을 내고, 사람들과 함께 그 배를 탔다. 주님의 낯을 피하여 스페인으로 갈 셈이었다.) 등에서 아담과 하와, 요나 등은 야훼의 낯을 피하려는 시도에서 실패한다.

시에 우리가 근본주의자에게서 '두 사람의 말'을 듣는 이유이기도 하다.

그들은 항상 이 '두 사람의 말'을 의식하고 그것을 얼마만큼 자신의 인격 속에 결합할 것인지를 고민하면서 끊임없이 그 긴장 관계 속에서 살아왔다. 이런 점은 뮌처도, 루터도, 청교도도, 2천 년 전 열심당도 마찬가지였다. 한편 우리 속에도 '두 사람의 말'은 있었고 지금도 있을 터이다. 단지 항상 그것을 의식하지는 못한 채 '현인신과 진화론'이라는 말을 듣는 순간에야 우리가 하쿠세키적인 '하늘'과 '서구 근대사상'이라는 '두 사람의 말'을 전혀 의식하지 못하고 지내왔다는 사실을 깨닫게 되는 것이다. 왜 의식하지 못하는 걸까? 실은 그것은 임재감적 파악의 기본적인 문제다. 대상에 접한 순간 그것에 감정이입함으로써 대상에 완전히 지배되기 때문에 그때마다 그 방향으로 '한 사람의 말'에만 마음을 쏟는 것이다. 또한 그것은 집단 속에서도 '두 사람의 말'을 품을 수 없도록 완전히 분위기에 구속되는 이유이기도 하며, 그것이 체제화되면서 '서로 숨겨주는' 윤리가 나타나는 것이다.

과거 일본은 유교적 도덕 체계가 적어도 정신적 체계로서는 존재하던 나라였다. 사람들은 기본적으로 이 체계 속에 살면서, 이 체계 속에서 자신의 위치를 규정하고 있었기 때문에 집단이 체계에 준거를 두는 한 '두 사람의 말'은 있을 수 없었다. 그러나 집단이 '공기'에 지배되어 자기의 도덕적 체계와 상충되는 결정을 했을 때, 그 사람은 '그 자리의 공기에 의해 움직이지 않고' 자신의 내적 체계 속의 정해진 장소에 자신을 위치시키는 방식으로 일종의 '두 명의 인간'으로 있을 수 있었다. 그 체계를 유지하면서 '현명한 부분'을 도입하는 것이 메이지유신 이후의 일관된 행동 방식이 되었고, 이 점에서 일본은 아직도 '하쿠세키 노선'의 연장선상에 있다. 그러나 실은 이 '현명한 부분'과 '우매한 부분'은 하나의 인격이고, 하쿠세키가 배제한 '우매한 부분'이 글자 그대로 '우매하게' 변형되고 섞여드는 것은 어차피 피할 수 없는 일이었다. 서구 문명을 적극적으로 도입하면서 '서양에 물드는 일'을 경계한다거나, 하쿠세키가 '형이상·형이하'를 구분한 식으로 '일본의 정신문명·서구의 물질문명'이라는 기묘한 분류 방식을 내세워 '물질문명에서는 그들에 뒤지지만 정신문명으로는 그들보다 뛰어나다'고 규정함으로써 '우매한 부분'을 배제하려고 하더라도 '한 인격 안의 현명함과 우매함을 구분'한다는 것은 애당초 무리한 명제다. 시도티는 어디까지나 시도티라는 한 인간으로서 일본에 온 것이며, 그를 쪼갤 수 없는 건 당연한 일이다.

이 대목이 우리의 근본으로서, 우리가 만약 정말로 '진보'를 생각한다면 이 점에 대해 다시 파악함으로써 출발점으로 삼아야 한다. 물론 '하쿠세키로 돌아가자'고 해봤자 그건 마치 오늘날의 미국이 필그림 파더스 시대로 돌아가는 것만큼이나, 아니 그 이상으로 불가능한 것이다. 우리는 전쟁 후 표면적으로는 우리 스스로의 내적 유교적 정신 체계를 '전통적인 우매한 부분'으로 치부해 이미 없애버렸기 때문에 남은 것은 '공기'뿐이다. '현인신과 진화론' 같은 형태로 스스로를 검증하는 것은 이미 불가능해졌으므로, 자신이 따르는 규범이 어떤 전통에 근거하고 있는지조차 파악할 수 없다. 그래서 그것이 현실에서 우리에게 어떻게 작용하고 우리를 어떻게 구속하는지도 분명치 않아서 뭔가에 구속되더라도 그 대상은 공기처럼 포착하기 어렵고, 어떨 때는 마치 '본능'처럼 각자의 몸에 배어 있는 방식으로 사람들을 구속한다. 이런 현상은 공해 문제 등에서 '과학의 문제'에 대한 최종적 결정이 다른 기준으로 이루어지는 데서도 드러나고 있다.

결국 민주주의의 이름으로 '없애버린' 것이 일단은 사라진 것처럼 보여도 그 실체는 눈에 보이지 않는 공기와 투명한 물로 변해 우리를 구속하고 있다. 어떻게 그 주술적 속박을 풀고 거기에서 벗어날 것인가? 그것을 새롭게 파악하는 것, 그것만이 거기에서 벗어나는 길이다. 사람은 무언가를 파악했을 때 지금까지 자기를 구속하던 것을 거꾸로 구속할 수 있고, 다른 위치로 이미 한 걸음 나아간다. 사람은 '공기'를 진정으로 파악할 수 있을 때, 비로소 공기의 구속으로부터 벗어난다.

이처럼 인간의 진보는 언제나 느릿느릿한 한 걸음씩 축적되는 것이며, 그밖에 다른 진보는 있을 수 없다. 이 책으로 사람들이 자기를 구속하고 있는 '공기'를 파악할 수 있게 되고, 그리하여 그 구속으로부터 벗어날 수 있다면 그로써 이 기묘한 연구의 목적을 향한 첫발을 내딛게 되는 셈이다. 모쪼록 이 책이 그런 목적에 도움이 되기를 바란다.

저자

해설

구사카 기민도日下公人181

야마모토 시치헤이 선생은 네 개의 세계를 가지고 있다.

첫째는 야마모토 서점이 출간한《일본인과 유대인》(1970년)으로 시작하는 일본인 및 일본 사회론의 세계로서, 이는 근년 들어 크게 유행하는 일본인론의 시초가 되었다. 이 책《공기의 연구》(1977년, 분게이슌주 출간)도 이 흐름 속에 있다. 일본의 지식인은 그의 일련의 저작 활동에 의해 자신이 딛고 선 발판이 일격에 부서지는 듯한 느낌을 받고 있다.

두 번째로는《내 안의 일본군》상·하권(1975년, 분게이슌쥬 출간)으로 대표되는 일본 육군에 관한 이야기로서, 일본 육군을 해부한 저서들 중 비슷한 예를 찾아보기 어려울 정도의 예리한 주장으로 이 또한 너른 애독자층을 확보하고 있다.

야마모토 시치헤이 씨는 1921년 도쿄에서 태어나, 1942년 아오야마 학원靑山学院 졸업과 동시에 육군에 제2을종으로 합격하고 소집에 응해 근위야포병연대에 입대한 후, 갑종 간부후보생 시험에 합격해 도요하시豊橋 제일육군예비사관학교에 입학했다. 거기에서 포병 장교로 교육을 받은 후, 1944년 5월 모지門司에서 출항해 맥아더 군 상륙에 즈음하여 필리

---

181 구사카 기민도(1930~) 씨는 일본장기신용은행 이사, 소프트화경제센터 이사장, 도쿄재단 회장, 사회공헌지원재단 회장, 원자력안전시스템연구소 고문 등을 역임한 일본의 평론가 겸 작가다. 저서《새로운 문화산업론》(1978)으로 제1회 산토리 학예상을 수상했다.

핀으로 파병되었다. 제103사단 포병대 본부의 소위로 지옥과도 같은 전투를 경험하고 구사일생으로 살아남아 1947년에 귀국했다.

그는 이 5년간의 체험으로 참으로 많은 것을 깨닫고 그것을 우리에게 제시했다. 그것은 전사戰史에 관한 증언인 동시에 일본인론과 인생론이기도 하고, 미국인론이나 경영조직론이기도 하다.

그의 세 번째 세계는 성서의 세계다. 그는 구약성서의 세계에 깊이 들어가 몇 권의 저서와 역서를 출간했다. 나는 《성서 여행聖書の旅》(1981년, 분게이슌쥬 출간)을 읽고 경탄했는데, 그는 그리스어·라틴어·히브리어를 자유롭게 구사하면서 많은 고전에 통달하고, 게다가 포병 장교로서의 기술적 관점으로 지난날의 제철 기술, 야전 및 공성의 전술을 살펴보고 지세와 기후를 관찰하는가 하면, 일본인답지 않은 역사관과 종교관으로 고대인의 마음을 손에 잡힐 듯 재현하면서 구약성서 속의 신화를 우리에게 현실의 이야기로 펼쳐 보여주었다.

한 사람의 두뇌 속에 이처럼 많은 지식이 수록되어 있다는 것은 완전히 상상을 넘어서는 일이다. 게다가 그 지식은 종합되고 서로 연쇄반응을 거듭한 후에 정수essence로서만 독자에게 발표되고 있다.

요즘 수험 준비를 위해 공부해야 하는 과목 수가 많아 아이들에게 부담이 과중하다는 의견을 말하는 사람이 많은데, 인간의 두뇌가 과연 그 정도로 기억 용량이 작을까? 야마모토 씨에게 물어본다면, 아마도 각 분야 전문가들의 이기주의로 인해 각 과목이 유아독존식으로 주입교육되고 있기 때문에 아이들이 거부반응을 일으키는 것이고, 모든 과목을 하나로 묶는 기본 원리, 혹은 함께 살아가는 목적이라든지 생각하는 즐거

움 등을 아이들로 하여금 자각할 수 있도록 해주는 것이 선결 과제라고 답하지는 않을는지. 실제로 그렇게 해준다면 아이들의 머리는 받아들일 것이다.

5년간의 군대 생활 동안 야마모토 시치헤이 씨는 아마 정신적으로나 육체적으로나 압살당하고 있었을 것이다. 그런 가운데 '내적인 자유'만이라도 필사적으로 지켜내고자 생명의 근원적 에너지의 발로인 두뇌 활동을 이끌어낸 것일 터이다. 그에게 군대는 '도츠카 요트 스쿨'[182]이었던 건지도 모른다.

일본인론과 군대론과 성경론을 한 권의 책으로 통합할 수 있는 높은 식견의 존재는 지금까지 일본인에게는 미지의 영역이었는데, 그는 그것을 깊이 숨기고 보여주지 않았다. 우리는 수험 공부를 하는 학생처럼 여러 가지의 각론을 먼저 익히는 일부터 시작해야 하겠지만, 이 책에서는 어딘가 초등학교 시절 혼자 여러 과목을 가르쳐주시던 선생님 같은 친근함이 느껴진다. 이 책을 읽은 독자는 그의 군대론과 성경론에도 손을 대 볼 것을 권한다.

---

182 요트 선수 출신인 도츠카 히로시(戸塚宏, 1940년생)가 1976년에 설립한 학교로, 당초에는 일류 요트 선수를 배출할 목적으로 요트와 윈드서핑 조종법 등의 항해 기술을 가르치는 학교였다. 그 후 매스컴에서 도츠카의 혹독한 교육 방식에 관심을 가지고 그것이 정서장애 등을 바로 잡는 데 효과가 있다고 보도함에 따라 학교의 목적을 생활지도로 바꾸고 많은 부모들이 요트 스쿨에 학생들을 맡겼다. 이 책이 발간되던 1977년 무렵에만 해도 이 학교에 대한 호의적 관심이 매우 컸으나, 이후 여러 차례 청소년을 훈련생 대상으로 한 사망·상해치사·행방불명 사건이 발생함으로써 사회문제가 되었다. 이 학교에 훈련생으로 등록한 학생들 중 다수가 은둔형 외톨이, 정서장애, 등교 거부와 갖가지 폭력 등을 일삼은 비행청소년 등이었던 것으로 알려졌다.

네 번째는 야마모토 서점 주인으로서의 세계다. 얼마 전 오히라大平正芳[183] 총리의 참모를 지냈던 사람들과의 모임에서 선생을 뵈었을 때 "상식적인 눈으로 보면 선생께서는 네 개의 세계를 가지고 계시다고 할 수 있는데, 그중 어느 것이 가장 자랑스러우신가요?"라고 질문했다. 답은 야마모토 서점 주인으로서의 자신이라는 것이었다. 야마모토 서점에서 출간하는 책은 세계 최고 수준의 것이므로 거기에 비하면 나머지는 별 자랑거리가 못 된다는 것이었다.

야마모토 서점은 오랜 기간 '세계에서 가장 작은 출판사'임을 자부해왔다. 이제는 젊은 직원 두 사람이 있으니까 가장 작지는 않을지도 모르겠지만 이치가야市谷의 자위대 앞 골목길에 있는, 일반인에 잘 알려지지는 않은 출판사다. 선생은 군에서 제대한 뒤 얼마간 직장 생활을 하다가 독립해서 1958년에 야마모토 서점을 창립했다. 이후 기독교의 근원에 관한 책을 신간으로 매년 10권, 재판을 15권씩 출판하고 있다.

그렇다고 그를 세상 물정에 어두운 학자·평론가 정도로 여긴다면 그건 큰 착각이다. 사실 그는 경영자로서, 일반 직장인 등이 모르는 경영의 어려움을 많이 경험하고 있다. 출판업계 안팎의 사정에서부터 대형·중소 판매 경쟁의 구조, 그리고 세금 관련 사항 등 뭐든지 상세히 알고 있을 것이다.

그가 야마모토 서점주를 자기 직함으로 쓰는 의미는 물론 야마모토 서점의 업적의 크기에 자부심을 가지고 있기 때문이라고 생각되지만,

---

183   오히라 마사요시(1910~1980)는 1978~1980년간 일본의 총리대신이었다.

그와 아울러 한낱 월급쟁이인 나로서는 기업의 세계에서 경영의 짐을 짊어지고 흑자도 내고 계신다는 의미도 있음을 느끼게 된다.

그렇게 혼자 힘으로 생계를 지켜가고 있는 강인함과 산뜻함을 바탕으로 한 평론이라서, 야마모토 시치헤이 선생의 저서는 어느 책이든 간에 타의 추종을 불허하는 면모를 지니고 있다.

이런 전망이 빗나가지 않기를 바라면서《공기의 연구》의 내용을 살펴보자.

미력이나마 내가 저자와 독자 사이의 가교 역할을 맡았다는 의미에서 먼저 떠오르는 것은 '아버지께서는 너희의 머리카락까지도 다 세어놓고 계신다.'(마태복음 10장 30절)라는 성경 구절이다.

1년 365일 태양이 내리쬐는 사막에 사는 사람들은 신과 자신의 관계를 이런 식으로 실감했을 터이고, 그런 것이 중동의 여호와나 중국의 하늘天에 관한 사상이 된 것이 틀림없다.

그러나 1년 내내 비가 많고 흐린 날씨가 계속되는 일본에서는 하늘로부터 누군가가 내려다보고 있다는 실감은 별로 나지 않는다. 중국으로부터 수입된 사상인 '하늘이 알고, 땅이 알고, 내가 안다天知る,地知る,我知る.'라든지, '하늘님 뵐 면목이 없다お天道様に相すまない.'184 같은 생각은 어느덧

---

184 오텐토사마(お天道様)는 문자 그대로는 태양을 가리키는데, 신토(神道)의 아마테라스(天照大神)나 불교의 대일여래(大日如来)를 공히 이렇게 표현할 수 있다. '아이스마나이(相すまない)'는 옛날식 표현으로 누군가에게 미안함을 뜻한다. 현대 일본인도 이 표현을 이해하기는 하지만 잘 사용하지는 않으며, 오늘날에는 '하늘이 보고 계신다(お天道様はお見通し).'라든지 '조상님께 면목이 없다(ご先祖様に顔向けできない).'는 식의 표현이 더 자주 사용된다.

세월에 풍화하고 곰팡이가 슬어, 자기 한 사람쯤은 무슨 짓을 해도 표가 나지 않으리라는 토착의 생각에 흡수되어버린다. 아마도 산이 많아 숲이 모든 동물에게 숨을 곳을 제공하는 일본의 풍토가 그런 생각을 낳는 것 같다.

일신교와 다신교의 차이는 신이 '머리카락까지도 다 세어놓고 계신다.'라고 생각하는지 아닌지의 차이일 것이다.

일신교를 믿는 입장에서 보면 일본인은 항상 동료들에게 부화뇌동하고 서로의 '공기' 속에서 살아가는 것을 아무렇지도 않게 생각하는 것처럼 보이는데, 저런 식으로 최후의 심판을 맞이하면 신 앞에서 뭐라고 해명을 하려나 걱정을 할 것이 틀림없다.

그러나 우리는 그런 걱정을 모른다. 물고기가 물을 의식하지 않듯이 우리는 일본의 '공기'를 의식하지 않는다. 야마모토 씨는 유대인의 마음을 연구했던 안목으로 일본인을 보기 때문에 그것을 지적할 수 있는 것이고, 지적을 당한 우리는 충격을 받지만 그래도 우리는 사막의 민족이 아니기 때문에 근본적인 데까지는 알 수 없다. 겨우 저 옛날에 수입된 중국의 하늘 사상과 메이지 시대 이후에 수입된 과학 사상의 합리주의에 매달리는 상태에서 우리 자신을 감싼 '공기'의 존재에 대해 약간의 비판 정신을 가지는 정도는 되었지만, 아직 그 정도에 불과하다. 야마모토 시치헤이 씨도 같은 일본인이니까 독자의 반응이 그 정도에 그치리라는 것도 잘 알고 있을 것이 틀림없다. 그래서 그 이상으로 파고드는 것은 피하고, 일신교 사상에서 유래된 각종 개념이 일본에서 얼마나 엉성하게 사용되고 있는지 입증하는 데 집중했다. 예컨대 개인주의, 합리주의, 원리·원칙,

과학적 증명, 논리적 고증 같은 용어들이 일본에서 제법 그럴듯하게 사용되지만 마지막에는 일본화되어 본래의 날카로움을 잃게 되는 상황을 극명하게 보여주었다.

게다가 그 증명의 범위는 바로 코앞의 신문 기사에서 수백 년, 수천 년 전의 역사적 사건에까지 미치고 있다. 역사는 되풀이되는 법이어서, 전쟁 전 일본인의 사상 양식이나 행동 방식이 지금도 변하지 않았다는 사실이 적확하고 분명한 대비를 통해 속속 제시되고 있기 때문에 우리는 도망갈 길이 막힌 듯한 기분이 든다.

이런 지적을 할 수 있는 야마모토 시치헤이 씨 자신은 아마도 심중에 고무처럼 늘었다 줄었다 하지 않는 단단한 잣대를 가지고 있는 것이 틀림없다. 그가 어떻게 그런 자를 지니게 되었는지 또는 그의 잣대가 어떤 것인지는 내가 감히 짐작할 수 없지만, 최소한 1934년 이전에 출생한 분들[185]은 바로 그런 신축하지 않는 잣대의 중요성과 필요성을 잘 알고 계실 터이다.

그 세대는 이유도 잘 모르면서 전쟁에 말려들어 심한 고생을 당했기 때문이다. 저자가 필리핀 카가얀주에서 악전고투를 거듭하던 시절, 나도 주야로 계속되는 공습으로 꽁치처럼 구워진 동포들의 사체를 사방에서 보면서 어머니와 여동생과 함께 나 자신도 머지않아 저렇게 되려니 생각

---

185 구사카 씨는 여기에서 다이쇼족(大正族)과 쇼와히토게타족(昭和一桁族)이라는 표현을 썼다. 이는 다이쇼 시대인 1912년과 1926년 사이에 태어난 사람들과, 쇼와 시대의 한 자릿수 연대(쇼와 1~9년)인 1926년과 1934년 사이에 태어난 사람들을 포함한다. 필자의 취지는 '전쟁을 경험한 세대'를 가리키고자 하는 것으로 보인다.

하며 살았다.

그래서 그런 일을 왜 겪어야 했는지 원인을 탐구하는 일이라면 지금도 열심이다. 나 같은 기분을 느끼는 사람이 분명 많을 것이다. 그런 관점으로 책을 읽어보니 저자는 그 원인이 '공기'의 힘이었다고 가르쳐주고 있다. 물을 끼얹어도 효과가 없을 정도로 강한 '공기'의 힘이 개전의 원인이고, 같은 일이 지금도 되풀이되고 있다는 그의 가르침은 공포감을 느끼게 할 정도로 박력이 있다.

이 책은 유대인은 기원전부터 '공기'의 존재를 자각하고 있었고, 그 극복 수단으로 다양한 연구를 거듭했었다는 사실도 알려준다. 이는 동서간 긴장 격화의 시대인 현대를 살아가는 우리에게 큰 시사점임에 틀림없다.

나는 야마모토 시치헤이 선생의 책을 읽을 수 있다는 것에 감사한다.

주석

i   "일본론의 기본 교과서로 1977년, 야마모토 시치헤이가 쓴 《공기의 연구》라는 책이 있다. 간단히 말해, 일본 사회와 조직은 '공기'에 의해 결정된다는 것이 책의 핵심이다. 누가 나서서 주장하고 끌고 나가는 것이 아니라 분위기와 흐름 속에서 의사를 결정하고 집행, 평가한다는 것이 야마모토의 일본론이다. 사실, 공기론은 일본만이 아니라 한국을 비롯한 전 세계 모든 곳에서 볼 수 있는 일반적인 현상이기도 하다. 굳이 일본을 공기론으로 설명하는 이유는 공기에 대한 일본인만이 가진 예민한 반응 때문이다. 어떤 공기가 지배하면 일본인 대부분이 빠르게 반응하고 또 적응한다. 반응하는 속도가 빠른 것은 물론, 공기에 의해 결정된 결과를 신속하게 집행한다. 원래 야마모토가 말한 공기론은 제2차 세계대전 당시 이뤄진 국가적, 군사적 차원의 이슈들을 대상으로 한 것이다. 메이지유신 이후 1945년 패전에 이르기까지, 공기론의 정점은 물론 천황이다. 천황을 앞세운 공기가 정치, 경제, 사회, 군사, 문화, 심지어 이불 속까지 파고든다. (중략) 일본에서 흔히 사용되는 말로 'KY'라는 영어 이니셜이 있다. 일상적인 대화 속에서 '그 사람은 KY 캐릭터! KY니까 출세를 못하지…….'라는 식으로 사용되는 단어다 '공기를 못 읽는(쿠우키오요메나이)'이란 말 속에 '공기'와 '못 읽는'의 이니셜인 K와 Y가 합쳐진 유행어다. 첨단은 아니지만, 6년이 지난 지금도 일상용어로 정착돼 젊은이들의 대화 중에 자주 등장한다. '공기를 못 읽는다.'는 말은 한국식 표현으로 바꾸면, '분위기나 흐름을 파악하지 못한다.'는 식으로 풀이될 수 있을 것이다. 모두가 우울한 분위기인데 혼자서 조크를 던지는 '푼수' 스타일을 일컫는 말이다. 유행어의 대부분이 그러하듯, KY란 말의 근원지는 10대를 중심으로 한 젊은 층이다. 학교에서 분위기 파악을 못하는 동급생이나 스승을 비하려 사용하는 말이 KY다."
_ 유민호 저, 《일본 내면 풍경》 중에서

"2014년, 다시 도쿄에 갔다. 게이오 대학 방문 연구원으로 1년간 머물렀다. 다시 일본 열병이 들었다. 마흔이 넘어 든 열병은 열감에 잠 못 들어 하루키를 집어드는 스무 살 청년 때와 달랐다. 끊이지 않는 미열의 밤엔 야마모토 시치헤이의 일본론인 《공기의 연구》를 읽었다. 세상이 모두 아는 일본을 나만 모르는 것인 양 닥치는 대로 읽고, 눈이 충혈되도록 고민하고, 다음날 일본인 지인을 만나 물어볼 질문을 생각하며 설렜다."
_ 성호철 저, 《와和! 일본》 중에서

ii   "일본에 살면서 한국인으로서 내가 가장 낯설게 느꼈던 부분은 일본인들의 고집스러운 아날로

그적 생활 태도였다. (일본 생활 경험이 있는 독자라면 벌써 빙긋이 웃으며 고개를 끄덕이고 계시리라.) 내가 본 일본인들은 하나같이 모범적인 근대인이었다. 현대 또는 탈근대 이전의 시대라는 의미에서의 근대. 자립과 근면과 성실을 강조하는 윤리관이 그러하고, 최첨단 기술의 본고장이면서도 육체노동과 느림의 미학이 신성시되는 역설적인 생활 태도가 그렇다. 일본 전철과 기차 노선 중에는 국가나 공공기관이 운영하지 않는 사철(私鐵)이 적지 않다. 사철이라니! 왕년에 철도가 전성기를 누렸던 선진국 치고 사철이 없던 나라는 없었을지 몰라도, 그중 일본을 제외하면 아직까지 사철이 운영되고 있는 나라는 찾아볼 수 없다. 공룡들이 뛰노는 쥐라기 공원처럼, 일본에서는 근대의 유물이 오늘의 삶 속에 버젓이 작동하고 있다. 메이지 시대, 다이쇼 시대, 쇼와 시대의 풍물과 관습은 오늘날의 일본인들에게 단절된 옛 기억이 아니다.

그 이유가 무엇일까? 혹시 일본인들에게, 자신들의 근대화 과정이 너무나도 거대한 성공이었기 때문은 아닐까? 잘 알려진 것처럼, 일본의 근대화는 동서고금을 막론하고 유사한 사례를 찾기 어려울 정도로 성공적인 시대적 전환이었다. 어쩌면 일본은 과거의 성공에 얽매여 탈근대 또는 세계화라는 새로운 전환의 기회를 놓치고 있는 것인지도 모른다. 일본의 지식인들은 종종 오늘날의 일본을 탈근대, 탈산업 사회로 규정한다. 제조업이 성장 동력을 이끌던 산업사회의 전성기를 일본이 졸업하고 있는 것은 사실일지도 모르되, 나는 일본이 탈근대 또는 포스트모더니티에 접어들지는 않았다고 생각한다. 그들의 살아가는 방식이 근대적 성공 신화에 깊이 뿌리박고 있기 때문이다. 어찌 보면 오늘의 일본인은 〈진격의 거인〉이라는 만화에서 거인의 침입을 피해 성벽을 높이 쌓고 살고 있는 마을 사람들을 연상시킨다."

_ 박용민 저, 《맛으로 본 일본》의 에필로그 중에서

iii "과학적 연구 결과 뒷담화로 결속할 수 있는 집단의 '자연적' 규모는 약 150명이라는 것이 밝혀졌다. (생략) 하지만 150명이라는 임계치를 넘는 순간, 이런 방식으로는 일이 되지 않는다. 수천 명을 거느린 사단을 소대와 같은 방식으로 운영하는 것은 불가능하다. (생략) 호모사피엔스는 어떻게 해서 이 결정적 임계치를 넘어 마침내 수십만 명이 거주하는 도시, 수억 명을 지배하는 제국을 건설할 수 있었을까? 그 비결은 아마도 허구의 등장에 있었을 것이다. 서로 모르는 수많은 사람이 공통의 신화를 믿으면 성공적 협력이 가능하다. 인간의 대규모 협력은 모두가 공통의 신화에 뿌리를 두고 있는데 그 신화는 사람들의 집단적 상상 속에서만 존재한다. 현대 국가, 중세 교회, 고대 도시, 원시 부족 모두 그렇다. 교회는 공통의 종교적 신화에 뿌리를 두고 있다. 서로 만난 일 없는 가톨릭 신자 두 명은 함께 십자군 전쟁에 참여하거나 병원을 설립하기 위한 기금을 함께 모을 수 있다. 둘 다 신이 인간의 몸으로 태어나 우리의 죄를 사하기 위해 스스로 십자가에 못 박히셨다고 믿기 때문이다."

_ 유발 하라리 저, 《사피엔스》 중에서

iv 대부분의 사람들은 실재가 객관적이거나 주관적이며 제3의 옵션은 없다고 생각한다. 그래서 어떤 것이 자신의 주관적 느낌이 아니라고 확신하면 그것은 객관적이라는 결론으로 도약한다. (생략) 하지만 실재에는 제3의 층위가 존재한다. 그것은 상호 주관적 실재이다. 상호 주관적 실재들은 개개인의 믿음과 느낌보다는 여러 사람들 사이의 의사소통에 의존한다. 역사의 중요한 동인들 가운데 많은 것이 상호 주관적 실재이다. 예를 들어 돈은 객관적 가치가 없다. 당신은 1달러짜리 지폐를 먹을 수도, 마실 수도, 입을 수도 없다. 하지만 수십억 명이 그 가치를 믿는 한 당신은 그것을 사용해 음식, 음료수, 옷을 살 수 있다.

_ 유발 하라리 저,《호모 데우스》중에서

v 롤랑 바르트(Roland Gérard Barthes)가 1960년대에 일본을 여행하고 나서 쓴《기호의 제국(L'Empire des signes)》은 일본의 다양한 문화 현상을 기호학적으로 설명한 비평서다.

"밥(이것의 절대적으로 특별한 정체성은 거기에 생쌀과는 다른 특별한 이름이 붙어 있다는 것으로 입증된다.)은 그 구성물의 모순을 통해서만 정의될 수 있다. 그것은 점성을 가진 동시에 알알이 분리되기도 한다. 밥의 물질적 종착점은 파편이자 덩어리이며 변덕스러운 집합체다. 밥은 (중국인들에게는 이율배반적일지 몰라도) 일본의 모든 요리 중에서 중요성을 지닌 유일한 요소다. (생략) 그것은 (우리의 빵과는 달리) 알갱이로 이루어져 있고 부서진다. 그러나 빽빽하게 뭉쳐 있는 이 물질은 테이블 위에서 젓가락질 한 번이면 흩어지지 않으면서도 분리된다. 그렇게 분리되면 더는 작아질 수 없는 응고물이 만들어질 뿐인 것처럼 보인다."

_ 롤랑 바르트 저,《기호의 제국》중에서

'파편이자 덩어리'인 쌀밥을 젓가락으로 떠먹는 장면은 프랑스인에게는 빛이 입자인 동시에 파장이라는 사실만큼이나 신비한 아이러니로 보였던 것인지도 모른다. 이런 논법 속에서는 동아시아에서는 일본인 이외에도 십 수억 인구가 젓가락을 사용하고 쌀밥을 주식으로 삼고 있다는 사실쯤은 간단히 사상된다.

vi "루이스 프로이스의《일구 문화 비교론》에는 일본 어린이의 풍속에 대해 언급한 대목이 나온다. 그 기록을 보면 일본 아동의 특성으로 지적된 24항목 가운데 참으로 일본적인 것은 다섯 손가락을 꼽기 어렵다. 젓가락질을 비롯하여 읽기를 먼저 배우고 그 다음 쓰기를 배운다는 것, 어린 소녀가 늘 애기를 업고 다닌다는 것 등등은 한국의 아동 풍속과 조금도 다른 것이 아니다. 한국을 모르는 프로이스의 견문으로는 어느 것이 과연 일본인만의 특성인지 식별하기 힘들 것이다. (생략) 프로이스의 그런 관점은 루스 베네딕트로 이어지고 있다. 좀 더 추상적이기 때문에 전문가가 아니면 언뜻 식별하기가 어렵다는 점만이 다를 뿐이다. 일본 문화론의 고전이 된 베네딕트의 대표작《국화와 칼》에는 '인정'과 '의리'라든가 '수치'의 문화 그리고 체면을 존중하는 육아 교육법에 이르기까지 오히려 유교의 문화, 한국의 특성이라고 볼 수 있는 요소가 모두 일본 것으로 등록되어 있다. (생략) 장유(長幼)의 서열 의식을 일본의 독특한 경어법에서 구하는 사람도 있으나 사실은 경어의 본고장은 한국이다. (생략) 한국의 경어법은 일본과는 비교도 안 될 만큼 세밀하고 복잡하게 발달되어 있다. 영어나 중국어를 가지고 볼 때 분명히 일본은 경어를 사용하는 나라일지 모른다. 그러나 '밥 처먹어라.'에서 '수라를 드시옵소서.'에 이르기까지 수많은 말의 계단이 있는 한국말을 생각하면, 경어가 일본적인 특성이라고 주장하던 사람의 말문은 막혀버리고 말 것이다."

_ 이어령 저,《축소지향의 일본인》중에서

"도이 씨는 '일본인 심리에 특이한 것이 있다면 그것은 일본어의 특이성과 밀접한 관계가 있을 것'이라고 그 방법론을 명확하게 제시하고 있다. 그래서 그가 소중하게 얻어낸 것은 다마테바코(玉手箱)가 소위 일본어 특유의 어휘라고 확신한 '아마에'라는 말이었다. (생략) 그런데 대단히 미안한 일이지만 '아마에'라는 말은 일본 말에만 있지 않다. 점보 비행기를 타고 시거 한 대 피우는 동안이면 금세 날아갈 수 있는 바로 이웃 나라에 자갈처럼 흔하게 깔려 있는 말인 것이다. 한국어에는 '아마에'란 말보다 더 세분화된 '어리광'과 '응석'이라는 말이 있다. (생략) 그런데 왜 도이 씨 같은 훌륭한 학자가 이웃 나라의 말을 주시해보지도 않고 그런 단안을 내린 것일까? 설마하니 객관적인 논거 없이 자신의 생각을 곧 확신해버리는 것이 바로 일본인 특유의 '아마에'라는 사실을 스스로 증명해보이려고 한 것은 아닐 것이다. 그 분명한 사유는 도이 교수만이 아니라 메이지유신 이래 번져간 전 일본인의 탈아시아적 사고에서 찾는 것이 옳을지 모른다. 도이 씨가 '아마에'를 일본 특유의 어휘라고 '확신'한 것은 일본어에 능통한 영국 부인과의 대화에서였다고 한다. 그는 그 발견을 극적인 것이었다고 표현하기까지 했다. (생략) 영어에는 없으니까 곧 일본어에만 있는 것이라는 이 희한한 논리는 영어는 곧 서양이고, 서양은 곧 세계라는 일본인의 환각 증세에서 생겨난 것이다. 그것은 메이지 개화 이래 일본인의 머릿속에 자신들도 모르게 깊숙이 못 박혀 있는 고정관념이다."

_ 이어령 저, 앞의 책 중에서

점보 비행기에서 더는 시거 따위를 피울 수 없게 된 지도 이미 오래되었지만, 이어령 선생이 지적한 일본인의 고정관념은 여전히 사라지지 않고 있는 것처럼 보인다.